Franz Maria Sonner · Ethik und Körperbeherrschung

Franz Maria Sonner

Ethik und Körperbeherrschung

Die Verflechtung von Thomas Manns Novelle „Der Tod in Venedig“ mit dem zeitgenössischen intellektuellen Kräftefeld

Westdeutscher Verlag

CIP-Kurztitelaufnahme der Deutschen Bibliothek

Sonner, Franz Maria:

Ethik und Körperbeherrschung: d. Verflechtung von Thomas Manns Novelle "Der Tod in Venedig" mit d. zeitgenöss. intellektuellen Kräftefeld/ Franz Maria Sonner. - Opladen: Westdeutscher Verlag, 1984.

ISBN 3-531-11683-5

Umschlaggestaltung: Horst Dieter Bürkle, Darmstadt
Druck und buchbinderische Verarbeitung:
Lengericher Handelsdruckerei, Lengerich

Printed in Germany

ISBN 3-531-11683-5

VORWORT

Den folgenden Personen möchte ich für ihre Mithilfe am Zustandekommen meiner Arbeit danken:
Stefan Richwien, der meine Versuche sachlich und präzise, aber doch sehr liebevoll kommentiert hat.
Heribert Kuhn, den ich zu einer Zeit kennengelernt habe, als ich mich bereits damit abgefunden hatte, an Problemen herumzudenken, die niemandem klarzumachen sind.
Monika Müllers-Stein und Laurenz Hildebrandt, die meine Arbeit getippt haben.
Prof. von Heydebrand, die meine Arbeit loyal abgestützt hat.

Die vorliegende Arbeit ist 1982 an der Philosophischen Fakultät der Universität München als Dissertation angenommen worden.

Diese Arbeit ist drei Personen
gewidmet, die alle auf ihre
Weise Einwände gegen sie ge-
äußert haben oder hätten:
Meinem Vater (+ 18.09.1980),
Martina und Julian.

INHALT

I. Einführung in das Problem der Arbeit 1

1.1. Orte, an denen die folgende Arbeit plaziert werden möchte 1

Der 'empirische' Autor - Der Autor als Argument in der Textkritik: die Autorenfunktion - Ausschluß dieses Vexierbildes aus der Interpretation - "Habitus" (Bourdieu) - "Letzte Struktur" (Eco) - "disjunktive Praxis" (Foucault) - Aussagenanalyse in der "Archäologie" (Foucault) und die vier regulativen Begriffe: Ereignis und Serie, Regelhaftigkeit, Möglichkeitsbedingung.

1.2. Die intellektuelle Ethik 11

Der Ort des Sprechens und die Metaphysik der Wissenschaften: Eckpunkte dieser Ethik - Ihr religiöser Gehalt - Die gebildete Kunst - Der Idiot - Mögliche Polaritäten dieser Ethik.

1.3. Einige Funktionsprinzipien der intellektuellen Ethik 14

Begehren und Institution - Die undurchdringliche Immanenz des Diskurses - Die Frage nach dem Wert der Wahrheit: Nietzsche und die Genealogie - Wille und Moral - Einige Funktionsprinzipien der intellektuellen Ethik.

1.4. Deleuze/Guattari und noch ein Idiot 20

Der Idiot als Resultat von Ausschlußprozeduren - Drei große Ausschließungssysteme: verbotenes Wort, Grenzziehung Vernunft und Wahnsinn, Wille zur Wahrheit - Der "Schizo" (Deleuze/Guattari) als Genealoge des Wunsches - Foucault zum "Anti-Ödipus" - Der "Anti-Ödipus" in nietzscheanischer Manier: Wunschmaschine - Organloser Körper - Paranoische Maschine - Zölibatäre Maschine.

1.5. Die zölibatäre Maschine: Zwei Beispiele 30

Kafkas "Strafkolonie" - Seidels "Bewußtsein als Verhängnis".

1.6. Die Problemstellung 35

Aschenbachs intellektuelle Ethik - Ihr Verhältnis zum intellektuellen Kräftefeld - Ihr sakrales Potential.

II. Der Tod in Venedig 36

2. Gustav Aschenbachs Haltung 36

2.1. Leistungsmoral 36

Ökonomisches Prinzip - Disjunktives Prinzip der Wertschätzung - Das ökonomische Prinzip als Maßeinheit und Selbstzweck - Kein Ethos, sondern Ethik: Leistungsmoral - Als Körpertechnik - Als Ökonomie der Größe.

2.1.1. Materialien zur Leistungsmoral 42

"Geist des Kapitalismus": Max Weber, Ernst Troeltsch - "Bürgerliche Tugenden": Werner Sombart - Ihre Vergleichbarkeit mit Aschenbachs Leistungsmoral - Jedoch keine Betonung der menschlichen Schwäche - Rationalismus und normatives Vakuum als Themen der Soziologie - "Gemeinschaft und Gesellschaft": Ferdinand Tönnies - Kapitalistische Gesinnung und neue Werte: Alfred Vierkandt - Seelenverkümmerung und Rationalismus: Werner Sombart - Sein "Deutscher Sozialismus" - Ideal- und Realfaktoren: Max Scheler - Dominanz des Körpers vs. Dominanz der (Zweck-) Rationalität? - Körperbilder der Soziologien - Biopolitik am Makrokörper: Rationalismus vs. Seelenlosigkeit und die Strategie der Heilung - Webers Zweckrationalität und Paretos logische Handlung als Mikrokörpertechnik - Aschenbach und die Re-Ethisierung der Zweckrationalität.

2.2. "Heroismus der Schwäche" 61

Abgrenzung der Leistungsmoral von der Vernunft - Der Held als Wunschbild - Die Verwerfung des Schwächlings nach innen und außen - Die glorreiche Synthese: Disjunktive Energie wird ästhetisch-konsumptiv - Die Form als Vermittler zwischen Ethik und Ästhetik - Die genealogische Formation von Ethik und Ästhetik als ästhetische Ethik - Ihre mögliche Labilisierung.

2.2.1. Materialien zum "Heroismus der Schwäche" und zur neuen Ästhetik 72

2.2.1.1. Moralische Entschlossenheit jenseits des Wissens 72

Die Psychoanalyse als Verhängnis des Bewußtseins: Alfred Seidel.

2.2.1.2. "Heroismus der Schwäche" am Gesellschaftskörper 75

Der Geschichtskörper und seine Disjunktionen: Alfred Weber - Der Heroismus der abendländischen Schwäche: Oswald Spengler - Auch hier: "preußische Ethik" als Körpertechnik und "preußischer Sozialismus" als Biopolitik - Die Ästhetik der funktionslosen Technik.

Exkurs: Schönheit und Technik 82

"Ästhetisierung der Politik": Walter Benjamin - Das Menschliche der Maschinen: Dysfunktion als Schönheit im Futurismus - Die Unterwerfung unter die Maschine auf der Mikroebene: Metallisierung - Die Herrschaft des Organischen über die Maschine auf der Makroebene: Stahlmensch als Rasse - Technische Metaphorik in der Natur: Ellen Key.

2.3. Geknechtete Empfindung 88

Das Haushaltsmodell der Psyche - Unmittelbarkeit des Gefühls als reduzierte Lust bei Aschenbach - Die geknechtete Empfindung als wählerischer Hedonismus: Die Wunschökonomie.

2.3.1. Materialien zur geknechteten Empfindung 94

Zwangsneurose: Sigmund Freud - Verschränkung von Gesetz und Begehren in der Moral: Emile Durkheim - Moral als Erhebung über Natur - Ihr Wunschobjekt als 'unnatürliches' - Disjunktiver Syllogismus und Sakrales - Wunschobjekt gleich gemiedenes Objekt?

3. Die Anfechtung: Eine Inversion der ästhetischen Ethik 101

Der Wille zur Form als ethische Selbstgestaltung und ästhetische Gestaltung - Formlosigkeit als Verworfenes - Die Anfechtung als Wille zur Formlosigkeit: eine Inversion von Erstrebtem und Verworfenem - Die Folgen.

4. Der Fall Aschenbach in der Literaturkritik 106

Die Moral der Kritiken - Vernunft vs. Urmensch: Cecil A.M. Noble - Geist vs. Sinnlichkeit: Hermann Luft - Leben vs. Tod: Hermann Stresau - Gott vs. Tod: Anna Hellersberg-Wendriner - Humanität vs. Kannibalismus: Inge Diersen - Werk vs. Barbarismus: Georg Lukács - Lust vs. Masochismus: Yaak Karsunke - Vergeistigung vs. Verlangen nach dem Nichts: Wolfdietrich Rasch - Apollinisches vs. Dionysisches: Peter Heller.

5. Die Mystik der ästhetischen Ethik: eine "zölibatäre Maschine" 122

5.1. Die Problemstellung 122

Das Paradox der Sebastian-Gestalt - Die Inversion der Inversion: der Zirkel von Meiden und Begehren - Aschenbach als Subjekt der Kreisbewegung - Dagegen: das Eingeflochtensein der Sebastian-Gestalt in diesen Kreis - Die Notwendigkeit, die Zustände dieser Gestalt an der christlichen Mystik zu klären.

5.2. Mystik 129

Begriffsbestimmung - Der Mystiker als Ketzer und Krönung des Glaubens - Ein vorläufiger Offenbarungsbegriff - Die Stellung des Bösen - Negative Ethik und Theologie: Meister Eckehart - Der Begriff des Heiligen: Rudolf Otto - Die Einheit von Furcht und Liebe - Die Ethik als Hindernis auf dem Weg dazu - Die Offenbarung des Heiligen als gleichzeitige Erfahrung von Inversion und Re-Inversion - Der Weg des dreifachen Todes zu diesem Ziel: Meister Eckehart - "zölibatäre Maschine" - Differenzierung des Resultats in Bezug auf die christliche Ethik: Mystik und Askese - Natur- vs. Gnadenwille - Abweisung eines ethischen Dualismus: Primat der Zweckabsicht - Sünde und Natur - Sünde wie auch Gnade entsteht nur aus der Überwältigung der Natur - Die Technik der Überschreitung ethischer Polaritäten: Theismus und Atheismus als wesensverwandt - Beispiele: Torheit und Sünde um Christi willen - Der Tod um des Lebens willen - Belege des Ausgeführten an Mystikertexten: - Gottesliebe und Obszönität: Mechthild von Magdeburg - Bejahung der menschlichen Natur und ihre Kenntnis: Hildegard von Bingen - Die Stadien des Mystikerlebens: Heinrich Seuse - Die Rekonstruktion der Sebastian-Gestalt bei Seuse.

6. Aschenbach und Tadzio 160

Die Gemeinsamkeit von Mystik und ästhetischer Ethik: jenseits der Ethik ihr Ziel zu greifen - Die drei Sequenzen der Mystik des Franz von Sales als Richtschnur der Analyse.

6.1. Die intellektuelle Beschäftigung mit der Vollkommenheit: Das Innewerden 161

Tadzios Schönheit als Element der ästhetischen Ethik: Sittlich oder unsittlich? - Die Vollkommenheit des Nichts als Fluchtpunkt - Die Zeugung des Ungezeugten als Selbsterkenntnis des Vaters im Sohne ist Aschenbachs Wiedererkennen in Tadzio - Aschenbach entziffert seinen und Tadzios Körper - Unwiderlegbare Schönheit - Die Wahrheit des Herzens löst das Räsonnement ab: Innewerdung - Die Integration des Unbestimmt-Krankhaften in die ästhetische Ethik: Innewerdung.

6.2. Die Beschäftigung mit der Vollkommenheit im Lichte ihrer übernatürlichen Wahrheit: Die Ergriffenheit 174

Von der aktiven Betrachtung zur passiven Beschauung: Eine Inschrift Gottes in Tadzios Körper - Auf der Schwelle zur Sprachlosigkeit: das Gebet als Sehnsucht und Klage - Das Heilige und Verworfene auf dem einen Nenner der Ergriffenheit.

6.3. Die Hingabe an die Vollkommenheit: Das Wunder der wiedergeborenen Schönheit 182

Das Übel in Venedig - Seine geistige Physiognomie ist die der ästhetischen Ethik - Passion: Leiden und Leidenschaft - Die Wahrheit der Apathie - Die Wiederkehr der Urweltwildnis: das biologisierende Dispositiv - Gesundheit als Sittlichkeit, Krankheit als Unsittlichkeit - Der zölibatäre Körper als Wunschterritorium: das Dach des Tempels.

6.3.1. Materialien zur geistigen Physiognomie der Krankheit 191

6.3.1.1. Psychoanalyse und Körperdispositiv 191

Die Doppelstruktur des Heiligen im Tabu: Sigmund Freud - Eine vorläufige Gemeinsamkeit mit der Novelle - Die Psychoanalyse als Technik, den unsicheren Akkulturationsprozeß des Körpers zu festigen - Die Psychoanalyse und das Tauschgeschäft: Trieb gegen Kultur - Ihre Gegnerschaft zu rassistischen Konzepten: Gesetz des Tauschs vs. Gesetz des Geblüts - Ödipus und Anti-Ödipus - Eros als Kulturstifter und Thanatos als Natur: der Bürgerkrieg auf dem Schauplatz Körper - Ein Paradigma von Psychoanalyse und Novelle: Der Kulturmensch als Dompteur seines inneren Tiers - Der Körper als Zilescheibe von Machttechniken: Mikropolitik, Makropolitik und Ästhetik des Körpers - Lebensmacht und Todesmacht: Die Souveränität des Sexes - Eine Gedankenflucht von Freud.

6.3.1.2. Eine Strategie der Hygiene 208

Die machttechnischen Imaginationen des Nationalsozialismus: Strategie der Hygiene und Codierung von Körperintensitäten - Das Parteiprogramm der NSDAP: das Blut als Sprache des Herzens - Ekel vor der Krankheit - Traum von der Gesundheit - Die Krankheit und ihr Eindringen in den Körper - Ihre Abwehr - Noch eine preußische Ethik - Das Heer an der Spitze - Ein Resümee: Äußeres darf nicht nach Innen, Inneres soll aber nach Außen - "Mein Kampf": Wofür? Wogegen? - Gegen Schwäche - Für Stärke - Gegen Krankheit - Für Gesundheit - Ein Resümee: Der Mensch ist zur Stärke verdammt, weil er zur Schwäche geboren ist - Kraftströme: Alfred Rosenberg - Standhalten oder Bersten: der Kampf mit und gegen den Körper - Phantasmen: Syphilitiker und Kannibalen - Die resümierende Kraftformel: Leben als Überleben - Ein Resümee der Materialteile: Das vierschichtige Körperdispositiv - Natur und kollektive `Gesundheit´ - Natur und individuelle `Krankheit´ - Rationalismus und kollektive Instrumentalisierung - Rationalismus und Selbstinstrumentalisierung.

6.4. Die Hingabe an die Vollkommenheit: Das Wunder der wiedergeborenen Schönheit (Fortsetzung) 227

Aschenbach als Zölibatär - Fortis es ut mors dilectio - Die Losung des fremden Gottes: unteilbare Einheit - Die Wiedergeburt der Schönheit auf Aschenbachs Körper - Sein Tod um des Lebens willen.

Anmerkungen 238

Literaturverzeichnis 253

Meinem Leser

Ein gut Gebiß und einen guten Magen -
Dies wünsch ich dir!
Und hast du erst mein Buch vertragen,
Verträgst du dich gewiß mit mir!

(Friedrich Nietzsche, Die fröhliche Wissenschaft)

I. Einführung in das Problem der Arbeit.

1.1. Orte, an denen die folgende Arbeit plaziert werden möchte.

Kein Platz ist einem "empirischen" Autor in einer wissenschaftlichen Schrift gemäßer als das Vorwort. Wenn überhaupt, dann zeichnen sich dort einige lebensgeschichtliche Partikel ab, die mit der jeweiligen Arbeit zusammenhängen: Wie ein Einfall zustandekam, ob er sich einer Anregung, Leerstelle oder gar Notwendigkeit verdankt, ob die Arbeit eine ganz persönliche Kontinuität markiert ... Kurzum: Irgendein Anlaß hat speziell den Autor motiviert, sich diesem oder jenem Problem zu widmen. Vielleicht sind in einem Vorwort auch noch die Behinderungen und Unterstützungen erwähnenswert, die der Autor erfahren hat. Alles andere, was sich hinter dem hilflosen Wort "empirisch" noch verbergen mag, hat nur den Rang einer Anekdote: Die Tasse voll Kaffee, die über Manuskriptseiten gegossen wurde, die Ordnung des Schreibtisches, die Abschweifungen und Fluchten... Etwas überspitzt könnte man sagen, daß der "empirische" Autor nur die anekdotische Geschichte der Entstehung seiner Arbeit sei. Vielleicht sollte man solche Vorworte als ein Stück wissenschaftlicher Poesie lesen?
Natürlich ist mit dem "empirischen" Autor <u>nicht</u> der Autor als Argument in der Textkritik gemeint, dem kein leibhaftiger Status zukommt. Mit Michel Foucault unterscheide ich beim Autor als Argument zwei Funktionsebenen: die Funktion des Autoren<u>namens</u> und die des <u>Autors</u>.
Der Autorenname besitzt nach Foucault klassifikatorische Funktion. Er grenzt eine Reihe von Texten ab, denen ein homogenes und filiatives Verhältnis zugesprochen wird. Dieser Textmasse

kommt durch den Autorennamen ein besonderes Statut zu, das sie von alltäglichen oder gleichgültigen Worten abhebt und so eine besondere Weise der Rezeption anzeigt. Löst man einen Teil aus einer so bezeichneten Textmasse heraus und schiebt ihn einer anderen zu, ergeben sich weitreichende Veränderungen:

> "Wie, wenn man Louis Ferdinand Céline oder James Joyce die 'Imitatio Christi' zuschriebe: hieße das nicht, diese dünnblütigen geistlichen Anweisungen hinlänglich mit Erneuerungskraft begaben?" (Borges 1970: 171)

Der Autorenname, wiewohl doch Eigenname, gründet nicht im Personenstand eines Menschen und bezeichnet nicht ein reales Individuum, sondern eine Seinsweise des Diskurses.

Die Funktion des Autors, so Foucault, ist zunächst die des Eigentümers von Texten. Gegenüber dieser Zuschreibung erscheint die Konstruktion des Vernunftwesens, das man Autor nennt, wesentlich komplizierter: Drang, Schöpfung und Entwurf gelten hier als der Ursprungsort des Schreibens. Daß die Aura um diese Kategorien herum eine relativ moderne Erfindung ist, zeigt Schücking (1963) am literarischen Autor: Seine Nobilitierung wird auf das 19. Jahrhundert rückdatiert. Die Funktion Autor wirkt nicht gleichermaßen für alle Diskurse, man konstruiert einen Dichter anders als den philosophischen Autor. Zudem hat sich im Bereich der wissenschaftlichen Texte eine Verschiebung ergeben, denn seit dem 18. Jahrhundert versucht man sie um ihrer selbst willen zu akzeptieren.

Die Rolle des Autors entfaltet sich im wesentlichen noch in der Literaturkritik, aber inzwischen sind auch hier Veränderungen und Brüche nicht zu übersehen: Gattung, Typ, Struktur u.ä. als Spezifika des Werks, das Werk als Variation zeitlich eingeschränkter Invarianzen... Gleichwohl ist uns die Anonymität literarischer Texte unerträglich und das Vernunftwesen Autor, das dieser Unerträglichkeit abhilft, wird nach den folgenden Prinzipien konstruiert:

> "Autor ist derjenige, durch den gewisse Ereignisse in einem Werk erklärt werden können, ebenso wie deren Transformationen erklärt werden können, deren Deformationen, deren verschiedene Modifikationen (...). Der Autor ist ebenso das Prinzip einer gewissen Einheit des Schreibens, da alle Unterschiede mindestens durch Entwicklung, Reifung oder Einfluß reduziert werden. Mit Hilfe des Autors kann man auch Widersprü-

> che lösen, die sich in einer Reihe von Texten finden mögen: (...). Schließlich ist der Autor ein bestimmter Brennpunkt des Ausdrucks, der sich in mehr oder minder vollendeter Form genauso und im gleichen Wert in den Werken, den Skizzen, den Briefen und Fragmenten offenbart." (Foucault 1974a: 21f)

All diese zugrundegelegten Einheiten werden bei näherem Zusehen dispers, denn sie beruhen auf Prinzipien wie Tradition, Einfluß, Entwicklung, kurz: Prinzipien der Kontinuität (Foucault 1973: 33ff). Was aber könnte diese Abwandlung des Gleichen beim Autor gewährleisten? Ich denke, man kommt um die Annahme einer Art von Intentionalität nicht herum, wenn von den stabilen Einheiten Werk und Autor ausgegangen werden soll. Welcher Art nun könnte diese Intentionalität sein? Denken wir an den vergeblichen Versuch eines Autors, sich von einem seiner Werke zu distanzieren oder eine Veröffentlichung zu unterdrücken, an das Pseudonym, an dem der Autor festzuhalten wünscht oder an Privataufzeichnungen, die unter Verschluß gehalten werden sollen - all diese Versuche also, mittels derer der Autor einer Selbstdeutung Geltung verschaffen wollte. Gerade in der Literatur existieren viele Werke, die trotz solcher Versuche Eingang in eine Werkeinheit gefunden haben: Diese Intentionalität geht demnach nicht in der Selbstdeutung des Autors auf, trotzdem wird sie mit seinem Namen belegt. Wird also diese Kontinuität unterstellt, so haben wir es mit einer quasi-personalen Intentionalität zu tun, die zwischen den Polen Textmerkmal und Persönlichkeitsmerkmal changiert, die, ob gewollt oder nicht, im Zentrum des Individuellen ein Kollektives fixiert (Bourdieu 1974: 132). Dieses Kollektive gibt uns zwar keine Garantien für die Stabilität dieser "natürlichen" Einheiten, beleuchtet aber Funktionsweisen des Diskurses.
Autor ist demnach, wer solche Funktionen in Anspruch nimmt (Barthes 1969: 11ff). In ihrem allgemeinsten Gehalt läßt sich diese Autorenfunktion als ein Verschwinden des ("empirischen") Autors im Werk verstehen. Dieses Verschwinden hinterläßt eine Leerstelle, die mit jener quasi-personalen Intentionalität noch sehr unzureichend bezeichnet ist: Die Abwesenheit des Autors ist signifikant, zumal in einem Diskurs, der unter seinem Namen firmiert. Der Tod des Autors ist längst schon dia-

gnostiziert, ohne daß wir dazu übergegangen wären, nur mehr anonyme Texte zu produzieren. Dieser Akt des Verschwindens selbst ist nachzuvollziehen und seine fortlaufende Wiederholung. All dies zeigt weniger eine zunehmende Bedeutungslosigkeit des Autors an als vielmehr einen Imperativ des Schreibens. Wie dies weitergedacht werden könnte, zeige ich später.

Einige Folgerungen für die Behandlung von literarischen Texten sollten jetzt schon gezogen werden: Aus den angestellten Überlegungen heraus verbietet sich eine Vorgehensweise, die aus der Biographie des Autors Schlüsse für die Textbehandlung zieht (Barthes 1969: 22). Weiterhin scheint es nicht zulässig zu sein, eine Einheit des Werks mittels jener quasi-personalen Intentionalität zu unterstellen oder letztere - Vexierbild zwischen "Empirie" und Funktion - als Prüfstein für die Plausibilität von Textinterpretationen zu benutzen (Titzmann 1977: 340).

Wenn also nicht ein irreduzibel Individuelles, sondern ein Kollektives als Ursprungsort des Werks anzusehen ist, wie erreicht dann der "empirische" Autor diesen Status? Struktur und Praxis, so Bordieu, vermitteln sich im "Habitus", "der den Künstler mit der Kollektivität und seinem Zeitalter verbindet und, ohne daß dieser es merkte, seinen anscheinend noch so einzigartigen Projekten Richtung und Ziel weist."(Bourdieu 1974: 132). Diesen Habitus will Bourdieu in der Terminologie Chomskys als eine generative Grammatik verstanden wissen, eine "ars inveniendi", die es erlaubt, kulturtypische Produkte zu erzeugen. Was wir von diesem Habitus wissen können, eröffnet sich uns nur rekonstruktiv, in einem "modus operandi", der der je konkreten Textur entnommen werden kann. Dies birgt jedoch die Schwierigkeit eines hermeneutischen Zirkels: Der modus operandi ist nie apriori bekannt und handhabbar, sondern erst a posteriori fällt jedes Werk in den Geltungsbereich der kulturellen Grammatik. Er hat, so Bourdieu, seine Bedeutung nur im Werden und gibt sich im "opus operatum" zu erkennen (S. 151).

Es ist also nicht mehr zu entscheiden, ob der modus operandi das opus operatum bedingt oder umgekehrt. Möglicherweise ist demnach jene generative kulturelle Grammatik eine nur fiktive Kategorie, operationell im Sinne einer regulativen Forschungsidee, wie Eco (1972) dies auch bei Chomsky gezeigt hat. Wollte sie mehr sein als dies, so Eco, wäre ein epistemologisches Risiko unumgänglich, eine Ontologisierung der Struktur und damit ein allzu rascher Übergang von der Verfahrens- zur Substanzkonzeption. Ecos Argumentation, so scheint mir, arbeitet stichhaltig heraus, daß die Struktur nicht zur empirischen Beobachtung gehören kann, weil sie sich nicht in der Beobachtung eines isolierten Systems offenbaren kann, sondern nur durch Systemtransformationen. Was dann als Garantie bleiben könnte, ist eine letzte Struktur, ein System der Systeme, das alles aus sich zu generieren fähig ist. Diese letzte Struktur ist jedoch ein deus absconditus:

> "Wenn es die Letzte Struktur gibt, dann kann diese nicht definiert werden: Es gibt keine Metasprache, die sie einfangen könnte. Wenn man sie identifiziert, dann ist es nicht die Letzte." (Eco 1972: 411)

Diese Figur, die Eco für den ontologisierenden Strukturalismus skizziert, hat jedoch breitere Gültigkeit, denn sie trifft ebenso für jede Wissenschaftskonzeption zu, die ihre Endlichkeit nur unter dem Blickwinkel des Endes der Geschichte betrachten kann. Ein nach wie vor religiöses Potential der Wissenschaft scheint darin auf, eine pastorale Kraft, in der der Sinn des Endlichen sich nur ins Unendliche oder Letzte spiegeln kann ("pastoral power", Foucault 1982: 213ff). Auch hierauf werde ich noch zurückkommen.
Kehren wir nocheinmal zu dem obengenannten modus operandi zurück, der sich bei Bourdieu als so schwierige Kategorie erwiesen hat, wobei ich übrigens nicht ausschließen möchte, daß sich Bourdieu dieser Schwierigkeiten durchaus bewußt ist. Was Bourdieu für seine Soziologie der intellektuellen und künstlerischen Produktion versucht, hat Überschneidungspunkte mit Foucaults Analyse des wissenschaftlichen Diskurses: Auch Foucault sucht einen modus operandi im opus operatum, den er allerdings nicht - und dies ist ein gewichtiger Unterschied! - in eine generative Grammatik einbetten möchte. Er bestimmt als Standpunkt seiner Analyse weder das sprechende Subjekt noch

formale Strukturen, sondern eine "diskursive Praxis", d.h. "Regeln, die nur durch die Existenz solchen Diskurses ins Spiel kommen" (Foucault 1978a: 15).
In der "Archäologie des Wissens" (1973) hat Foucault dieses Vorgehen präzisiert. Er kündigt an, sich nur um "Aussagen" zu kümmern: "Ein Atom des Diskurses." (117) Diese Aussage ist weder Proposition noch Sprechakt oder Satz:

> "Die Tastatur einer Schreibmaschine ist keine Aussage; aber die gleiche Serie von Buchstaben A,Z,E,R,T, in einem Lehrbuch für Schreibmaschinenschreiben aufgezählt, ist die Aussage der alphabetischen Ordnung, die für die französischen Schreibmaschinen angewendet wird." (125)

Diese Aussage bleibt also an Regeln gebunden, die nur durch sie evoziert werden. Damit kann Foucault spezifischer fassen, wie die Analyse der Diskurspraxis aussehen soll. Er nennt vier Punkte (S. 198ff):

1. Der Diskurs wird nicht als Dokument, als Zeichen für etwas anderes behandelt, sondern als Monument mit eigenem Volumen. Gegenstand ist also die Diskurspraxis und die Regeln, die dadurch und nur dadurch ins Spiel kommen.

2. Der Diskurs ist spezifisch zu untersuchen, nicht unter dem Blickwinkel der Identität, sondern der Unverwechselbarkeit.

3. Die Instanz des schöpferischen Subjekts und die um es gruppierten Einheiten sind der Archäologie fremd.

4. Die Archäologie sucht nicht den Ursprung des Diskurses, sie schreibt ihn erneut, indem sie ihn systematisch als Objekt beschreibt: "das heißt in der aufrechterhaltenen Form der Äußerlichkeit eine regulierte Transformation dessen, was bereits geschrieben worden ist." (S. 200)

Deleuze (1977) hat in einer Rezension der "Archäologie" dieses Projekt sehr anschaulich zu systematisieren versucht. Er zeigt, daß die Aussage von drei Räumen umgeben ist: einem angrenzenden, korrelativen und komplementären Raum.

Der angrenzende Raum:
Die Aussage ist mit anderen zu einer azentrischen Familie verbunden, für die Deleuze (Deleuze/Guattari 1977) auch das Bild

des Rhizoms gebraucht. Dieses Verbindungssystem folgt also keiner hierarchischen, sondern einer "nomadischen Verteilung" (vgl. Descombes 1981: 180ff), in der jede einzelne Aussage selbst wiederum eine Vielheit bildet. Diese nomadische Familie der Vielheiten kann diskursive Formation genannt werden (Deleuze 1977: 64).

Der korrelative Raum:
Er ist jener Bezugsraum, der die Spezifität der Aussage ausbildet. Er organisiert die Ordnung der Plätze von Aussagen und das, was sie ausfüllen können, er formiert damit die Objekte und Begriffe. Beispiel:

> "Man kann also nicht mehr zu Recht eine Proposition wie 'Das goldene Gebirge liegt in Kalifornien' verwerfen, indem man sagt, sie habe keinen Referenten, aber es reicht auch nicht mehr, einen allgemeinen Bereich der Fiktion geltend zu machen, wo alles erlaubt ist: man muß die bestimmte imaginäre Welt beschreiben, auf die die Aussage sich bezieht und die 'eine solche geologische Phantasie erlaubt oder nicht.'" (S. 65)

Der komplementäre Raum:
Aussagen sind bezogen auf ein institutionelles Milieu, das deren Horizont bildet, "ohne den weder die Gegenstände von Aussagen auftauchen könnten, noch ein bestimmter Platz in der Aussage selbst bestimmbar wäre." (S. 67) Dieses Milieu ist - wohlverstanden - ein nicht-diskursiver Bereich und stellt so eine äußere Möglichkeitsbedingung dar, die die Zufallsreihe der Aussagen begrenzt.
Jener letzte Punkt gehört sicherlich zu den neuralgischen in der "Archäologie" (vgl. Dreyfus/Rabinow 1982: 79ff) und bedarf daher der genaueren Erläuterung. Die Welt, so Foucault, ist kein Komplize unserer Erkenntnis, vielmehr ist der Diskurs die Gewalt, die den Dingen angetan wird (Foucault 1974b: 36f). So entsteht zunächst einmal das Bild des Diskurses als einer autonomen und selbstregulativen Praxis:

> "However, since at this stage he (scil. Foucault, F.M.S.) is committed to the view that discursive practises are autonomous and determine their own context, Foucault cannot look for the regulative power which seems to govern the discursive practises themselves." (Dreyfus/Rabinow 1982: 84)

Natürlich wissen auch Dreyfus/Rabinow, daß Foucault solche nicht-diskursiven Einflüsse berücksichtigt, richtig ist jedoch, daß die Ausführungen hierzu in der "Archäologie" sehr unverbindlich bleiben (vgl. Foucault 1973: 94ff). Zwar behandelt Foucault diese Einflüsse unter dem Thema "Die Formation der Strategien", dennoch figurieren diese zu sehr als Randbedingungen des Diskurses, als daß ihnen eine produktive Kraft zukommen könnte.

> "Eine diskursive Formation besetzt also nicht das ganze mögliche Volumen, das ihr die Formationssysteme ihrer Gegenstände, ihrer Äußerungen, ihrer Begriffe mit Recht öffnen. Sie ist wesentlich lückenhaft und dies durch das Formationssystem ihrer strategischen Wahl." (S. 99)

In "Sexualität und Wahrheit" (1974c) hat Foucault diese Unverbindlichkeit korrigiert und nimmt die genealogische Fragestellung - die Frage nach der Strategie - sehr dezidiert auf:

> "Es handelt sich hier um das Werden eines Wissens, das wir an seiner Wurzel fassen möchten: in den religiösen Institutionen, in den pädagogischen Maßnahmen, in den medizinischen Praktiken, in den Familienstrukturen, in denen es sich formiert hat,..." (S. 7; Hervorheb. von mir, F.M.S.)

Diesen Ort, an dem dieses Wissen sich formiert hat, beschreibt Foucault als "Dispositiv" (S. 34f), das man als Variationsspielraum nicht unbedingt homogener Strategien verstehen könnte.

Diese Unklarheit in der "Archäologie" ist auch eine Unklarheit meiner Arbeit: Ich bin davon ausgegangen, daß es sinnvoll ist, die von mir ins Auge gefaßten Texte auf ein solches Dispositiv hin zu befragen. Ich hoffe zeigen zu können, daß diese Fragestellung einige Texte in ein überraschend neues Licht stellt. Jedoch: Der Nutzen bleibt auf die Textbeschreibung beschränkt, vielleicht treten einige Formationsregeln deutlicher zu Tage. Was ich nicht einmal ansatzweise versucht habe, ist, wie diese strategischen Formationsregeln selbst wieder in ein nichtdiskursives Feld eintreten und sich dort verteilen. So gesehen scheint mir die Kritik von Dreyfus/Rabinow auch für mich zutreffend zu sein.

Bevor ich den Stellenwert dieser Foucault-Ausbeute für meine Arbeit formuliere, möchte ich das bislang Ausgeführte zusammenfassen. Geht man nochmals auf die Systematisierung von

Deleuze zurück, lassen sich vier regulative Begriffe herausstellen, die Foucault als Prinzipien seiner Analysen reklamiert: Ereignis und Serie, Regelhaftigkeit, Möglichkeitsbedingung.

Ereignis und Serie:
Foucaults Begriffsbildung ist hier deleuzianisch. Er nennt selbst "Différence et répétition" (Deleuze 1968) und "Logique du sens" (Deleuze 1969) als Orientierungszeichen (Foucault 1977: 21 ff). Ereignis und Serie sind durch den "angrenzenden Raum" miteinander verbunden. Dabei kann kein Ereignis betrachtet werden, ohne die Serie zu definieren, in der es steht, die Serie nun wiederum ist in der Einzigartigkeit des Ereignisses ein Zuviel (Foucault 1974b: 37ff. 1977: 35): sie stehen in einem Verhältnis "disjunktiver Affirmation" (1977: 35).
Descombes hat die deleuzianischen Begriffe Differenz - die Signatur des Ereignisses - und Wiederholung - die Signatur der Serie - anschaulich gemacht:

> "(...): je perfekter eine Wiederholung ist (wie im Fall von Zwillingen oder dem von Serienprodukten), um so weniger vermag der rationalistische Philosoph zu sagen, wo die Differenz liegt. Deshalb bieten die Wiederholungsphänomene einen ausgezeichneten Weg zum besseren Verständnis der Differenz, weil sie das Beispiel einer unbestreitbaren, aber anscheinend unzumutbaren Differenz liefern. Man muß aufhören, die Wiederholung durch die Wiederkehr des Selben, durch die Wiederholung des Identischen zu definieren: sie ist im Gegenteil die Produktion (in beiden Wortsinnen: Zeugung und Zeigung) der Differenz." (S. 182)

Dies ergibt einen Begriff der reinen Differenz, der unterschieden ist von der bloß begrifflichen Differenz, d.h. die reine Differenz ist das Sein des Sinnlichen und wird gerade in der Wiederholung markiert: Was ist die Differenz zwischen zwei weißen Blättern desselben Formats?
Es geht, wie Foucault nicht ohne Ironie ausführt, um eine "Metaphysik des Ereignisses" (1977: 29f), denn er faßt das Ereignis als unkörperlichen Effekt des Zusammenprallens von Körpern. Im Umkehrschluß spricht Foucault auch andrenorts von einem "Materialismus des Unkörperlichen" (1974b: 40). Diese paradoxen Charakterisierungen haben zum Ziel, das Ereignis

von Besetzungen durch den Neopositivismus, die Phänomenologie und die Geschichtsphilosophie freizuhalten:

> "Welt als Sphäre, Ich als Zirkel, Gott als Zentrum - das ist die dreifache Blockade des Ereignisdenkens." (1977: 33)

Die Strategie dieser Begriffsbildung ist es, das Ereignis der Schöpfung und die Serie der Einheit entgegenzustellen und so vor allem die Diskontinuität in das Denken einzulassen (1974b: 35ff).

Regelhaftigkeit:
Die Regelhaftigkeit ist die Ordnung des "korrelativen Raumes". Es ist, wenn man so will, eine innere Regelhaftigkeit des Diskurses, die jedoch nur da entsteht, wo sie den Dingen als Gewalt angetan wird - die Ordnung der Dinge ist eine des Diskurses. Diese Ordnung ist spezifisch, denn sie verweist nicht auf vorgängige Bedeutungen, sondern nur auf sich selbst und die Praxis, in der sie sich formiert. Die Regelhaftigkeit steht der Ursprünglichkeit entgegen (S. 36f).

Möglichkeitsbedingung:
Die Möglichkeitsbedingung wird durch den "komplementären Raum" geschaffen, er begrenzt den `autonomen´ Diskurs und gibt dem Raum, was sich in ihm ereignet. Dieser strategische Zuschnitt macht den Diskurs zur Peripherie eines nicht-diskursiven Milieus. Die genealogische Fragestellung nach der Möglichkeitsbedingung steht der Bedeutung entgegen. (S. 37).

Diese vier Begriffe können als Orientierungszeichen meiner Analyse gelten:
Ich habe die Novelle "Der Tod in Venedig" nicht vom Standpunkt des sprechenden Subjekts, noch vom Standpunkt formaler Strukturen ins Auge gefaßt, sondern vom Standpunkt einer diskursiven Praxis. Die ihr innewohnende Regelhaftigkeit habe ich zu entfalten versucht. Ich habe sie als Ereignis in einer Serie zu fixieren versucht, ein Ereignis mit eigenem Volumen, das durch seinen Streuungsspielraum mit anderen verbunden werden kann. Weiterhin habe ich die Frage nach der Strategie dieser Diskurse gestellt und wollte den Bereich ihrer Variation -

Dispositiv - festlegen, um Überschneidungen, Überlagerungen und auch Isolierungen fassen zu können.

1.2. Die intellektuelle Ethik.

Auf ein imaginäres Buch möchte ich hinweisen, es würde den Titel "Die intellektuelle Ethik" tragen. Daß ein solches Buch in diesem Rahmen überhaupt erwähnenswert ist, verdankt sich einer Koinzidenz von Themen, die meine ursprüngliche Einführung nicht genau genug auseinanderhalten konnte: Ich habe an der Novelle eine Ethik herausgearbeitet, die ich ästhetische genannt habe, und im Zuge dieser Ausarbeitung schien mir diese Ethik mehr und mehr eine spezifische Form einer intellektuellen Ethik zu sein, die mein/unser wissenschaftliches Produzieren ebenso beherrscht. Wozu aber das Ganze? Da wäre zum einen die Frage nach dem wissenschaftlichen Subjekt - wie läßt es sich beschreiben, wenn wir es weder als "empirisches", noch als anonymen Agenten fassen können? Oder, um die Assoziation des räsonnierenden Vernunftsubjekts zu vermeiden: Wie läßt sich der prekäre Ort, von dem aus gesprochen wird, bestimmen? Da wäre zum anderen das Problem der Metaphysik der Wissenschaft - wie ist es zu verstehen, daß der wissenschaftliche Diskurs sich an seiner möglichen Abschließbarkeit (Wahrheit, Richtigkeit, Konsensus, Intersubjektivität o.ä.) orientiert, dieses Letzte jedoch, weil es nicht kommentierbar, nicht interpretierbar, nicht kritisierbar, sondern nur wiederholbar sein könnte, nicht mehr den Regeln unseres Diskurses entspräche? Dieses Paradox bleibt selbst dann bestehen, wenn der Wissenschaft diese Substanzkategorien entzogen werden, wie Dreyfus/Rabinow es bei Foucault zeigen wollen:

> "Why spend so much effort constructing an orthogonal theory when detachment undermines any claim to meaning or seriousness that theory might have?" (S. 89)

Die beiden aufgeworfenen Fragen können, so denke ich, verbunden werden: Die Metaphysik der Wissenschaft ist nur ein Indiz für eine pastorale Kraft, die in ihr am Wirken ist, eine Kraft, ähnlich fiktiv, aber auch ähnlich zwingend, wie Eco dies an der Figur des Deus absconditus dargelegt hat. Übersetzt man diese Metaphysik in die Aufgabenstellung eines wissenschaftlichen Subjekts, so ergibt sich, daß es versuchen muß, dieses Ziel der Wissenschaft zu erreichen, ohne es je erreichen zu können und dieses Scheitern nicht als Sinnlosigkeit dieses Unternehmens insgesamt auffassen darf, sondern als individuelle Unzulänglichkeit, die sich fortlaufend korrigieren muß. Scheitert z.B. meine Arbeit an ihren Zielen, so wird niemand den Schluß daraus ziehen, daß Wissenschaft insgesamt in diesem Bereich gescheitert wäre, es bliebe mein Scheitern. Verwende ich hingegen das Argument: Foucault sagt ..., so ist damit nicht eine Aussage gemeint, die nun speziell Foucault und nur ihm zuzuschreiben ist, sondern wird ein gewissermaßen überindividueller Status signalisiert, der im Idealfall zur Anonymität - die Aussage spricht für sich selbst - tendiert. Diese eigenartige Verfransung von Individualisierung und Anonymisierung scheint deshalb wesentlich, weil man ihr entnehmen könnte, daß Metaphern wie: Tod des Autors, Unsterblichkeit des Werks, Genie u.ä. einer intellektuellen Ethik zuzurechnen sind, innerhalb derer sie Imperativ des Schreibens bzw. Modus des Sprechens sind (Richwien 1981: 13ff). Diese noch sehr knapp geratenen Andeutungen, die keineswegs kohärent sind, könnten der Ausgangspunkt jenes imaginären Buches sein. Dieses Buch würde sich in seinem Aufbau an Franz Sales "Anleitung zum frommen Leben" (1947) anlehnen, denn es verstünde sich als eine Anleitung zum intellektuellen Leben. Diese Anlehnung nun wäre keineswegs ironisch, denn im Kern ginge es darum zu zeigen, daß die von dieser Produktion wegstrebenden Kräfte nicht etwa einfach ausgeschaltet werden dürfen, sondern sie für diesen Prozeß urbar gemacht werden sollen, ja sogar zu dessen Träger ausgebildet werden könnten. Freiherrn von Feuchtersleben "Diätetik der Seele" (o.J.) wäre dieses Buch in zweierlei Hinsicht verpflichtet: Es wüßte um den Zusammenhang, daß die Bändigung des Geistes zugleich eine des Köpers ist und daß diese Beherrschung der Kräfte als gebildete "Kunst" darzulegen ist.

Weiterhin würde versucht werden, in Wahrheitstheorien und ihren Ausläufern die letztendlich restriktiven Bedingungen ausfindig zu machen, die sich an das sprechende Subjekt richten. Leitlinie dieser Analyse wäre, unter dem scheinbar unbeschränkten Wuchern des Diskurses Prinzipien der Verknappung (Foucault) zu entdecken. Mit Sicherheit würde man hier auf Habermas' "Konsensustheorie der Wahrheit" stoßen, mithin auf den Unterschied zwischen kompetentem Gesprächspartner und Idiot:

> "Wir erwarten, daß er (scil. der kompetente Gesprächspartner, F.M.S.), sagen wir einmal seiner Sinne mächtig ist, daß er zurechnungsfähig ist. Er muß in der öffentlichen Welt seiner Sprachgemeinschaft leben und darf kein Idiot sein, also unfähig, Sein und Schein zu unterscheiden." (Habermas 1974: 129)

Wären diese Verknappungsprinzipien und ihre Regelhaftigkeit aufgezeichnet, würde das Bild eines intellektuellen Kräftefeldes entstehen, in dem Diskursstrategien sich überkreuzen: der institutionelle Apparat, Verbindlichkeit und Machtwirkungen, mit denen die Diskurse ausgestattet werden. Man würde sodann das, was Metaphysik der Wissenschaft genannt wurde, in die Regeln eines Spiels übersetzen, Einsätze, Risiken und Variationsmöglichkeiten hervorheben und damit einen Ort <u>endlicher</u> Diskursproduktion beschreiben. Das Problem der intellektuellen Ethik könnte unter kriegerischen Vorzeichen wiederaufgenommen werden: wie "Determinismen mit einer Motivation (détermination) zusammenprallen" (Bourdieu 1974: 123). Eine präzisere Vorstellung dessen, was Ethik sei, zugrundelegend - sie könnte sich an Durkheim und Nietzsche orientieren - käme man zur Formulierung von Begriffspaaren, mittels derer dieses System eines disjunktiven Syllogismus funktioniert: "Ausdrucksinteresse und Zensur" (Bourdieu 1976: 7) oder "Begehren und Macht" (Foucault 1974b: 22). Was diese Begriffe leisten könnten, läßt sich auf einen simplen Nenner bringen: Sprechen über Zwang, Regeln etc. ist zugleich das über Wunsch, Interesse und Begehren.

1.3. Einige Funktionsprinzipien der intellektuellen Ethik.

Unterstellen wir also einmal gutwillig, daß es diesem Buch gelingen könnte, ein wenig Ordnung in dieses Vorhaben zu bringen, könnte ich mich nun damit begnügen, einige spezielle Probleme, die im Zusammenhang mit meinen späteren Ausführungen wesentlich werden, gesondert herauszuheben. Daß dabei einige zentrale Begriffe wie Ethik und daraus folgend zölibatäre Maschine mehrfach entwickelt werden, habe ich nicht nur in Kauf genommen, sondern auch gebilligt, denn es scheint mir sinnvoll, durchaus mehrere Zugänge zu ihnen offen zu halten. Insofern geht das folgende über das hinaus, was ich anfänglich als Plazierungswunsch dieser Arbeit bezeichnet habe.

> "Das Begehren sagt: 'Ich selbst möchte nicht in jene gefährliche Ordnung des Diskurses eintreten müssen; ich möchte, daß er um mich herum eine ruhige, tiefe und unendlich offene Transparenz bilde, in der die anderen meinem Erwarten antworten und aus der die Wahrheiten eine nach der anderen hervorgehen; ich möchte nur in ihm und von ihm wie ein glückliches Findelkind getragen werden.' Und die Institution antwortet: 'Du brauchst vor dem Anfangen keine Angst zu haben; wir alle sind da, um dir zu zeigen, daß der Diskurs in der Ordnung der Gesetze steht; daß man seit jeher über sein Auftreten wacht; daß ihm ein Platz bereitet ist, der ihn ehrt, aber entwaffnet; und daß seine Macht, falls er welche hat, von uns und nur von uns stammt.'" (Foucault 1974b: 22)

Dieses Zusammenspiel von Begehren und Institution deckt das ab, was als intellektuelle Ethik zu entwickeln wäre. Die Formulierungen von Foucault haben den Vorzug, daß sie eine Bezugnahme auf ein Ich, das spricht, einen "empirischen" Autor vermeiden. Bei ihm handelt es sich um ein <u>Begehren, das Ich sagt</u>, und um eine <u>Institution, die Wir sagt</u>. Von hier aus läßt die Frage nach dem moralischen Subjekt sich aufnehmen: Das Ich ist nicht Voraussetzung der intellektuellen Ethik, sondern ihr Resultat, insofern sich das "diskursive" Begehren in Form von Ich äußert. Darin kommt zum Ausdruck, daß wir bei dieser Fragestellung auf die scheinbar undurchdringliche Immanenz eines Raumes verwiesen sind, an dem sich jeglicher externe Einwirkungsversuch zu einem internen Mechanismus bricht. Selbst Gegenstrategien haben mit dieser Brechung zu rechnen, denn erfolgreich einwirken werden sie auf die intellektuelle Praxis nur, wenn sie sich in "Objekte der Reflexion und Imagination" (Bourdieu 1974: 124) verwandeln. Dieser Totalisierungsmechanismus, den die intellektuelle Praxis auch mit der Ethik teilt, gibt jedoch einen Hinweis auf eine spezifische Formation jenes Feldes:

> "Wenn der wahre Diskurs seit den Griechen nicht mehr derjenige ist, der dem Begehren antwortet oder die Macht ausübt, was ist dann im Willen zur Wahrheit, im Willen, den wahren Diskurs zu sagen, am Werk - wenn nicht das Begehren und die Macht?" (Foucault 1974b: 14f)

Was aber, so könnte man weiterfragen, könnte sonst auf den Diskurs überhaupt noch einwirken, wenn nicht das Begehren und die Macht? Wenn man also dem Weg Foucaults folgt, müßte jene Ethik als eine Ordnung des Begehrens und der Macht verstanden werden, die bestimmte Weisen des moralischen Subjekts erst hervorbringt: Die Fragen, die an diese Ordnung und nach diesem Subjekt gestellt werden können, lauten dann nicht mehr: Wie kann Wahrheit gedacht oder gesprochen werden?, sondern: Warum gerade Wahrheit?

In diesem Bereich scheint mir das zentrale Problem Nietzsches zu liegen: Wenn Nietzsche Moral kritisiert hat, so hat er dabei versucht, die Verstrickungen, die diese Kritik mit sich bringt, zu umgehen. Im vorliegenden Fall lassen sich diese Verstrickungen mit der Frage bezeichnen, wie man über eine intellektuelle Ethik sprechen soll, wenn sie eben dieses Sprechen wiederum beeinflußt. Nietzsche fordert daher, daß man "moralfrei" über Moral reden müsse, denn nur so gelänge es, ihre subtile Allgegenwärtigkeit aufzuspüren. Moral sei demnach nur überblickbar, wenn man sich jenseits dessen setzt, was diese als gut und böse aufrichtet. Das Programm Nietzsches ist also, das Gute und das Böse einer Moral zu kritisieren, ohne diese Werte durch neue moralische zu substituieren. Was er dabei herausgearbeitet hat, sind Prinzipien und Bedingungen, die vorausgesetzt werden müssen, damit Moral funktionieren kann. Auf dieser Ebene stellt sich nun auch die Frage nach dem moralischen Subjekt: Welche Urteile hat dieses Subjekt vorabgefällt? Was bezwecken diese Urteile? Zu welchen Antworten findet dieses Subjekt? Das Resultat, zu dem Nietzsche gelangt ist, zeigt

Moral als ein System von Wertschätzungen, das in der spezifischen Weise disjunktiver Wertschätzungen gegeben ist: das Trachten nach einem Wert impliziert die Absetzung von einem Unwert, und diese Wertschätzung hat den Rang eines Vorurteils und damit die Tendenz, alle Fragen, die an dieses System gerichtet werden, in der Form zu assimilieren, daß sie mit der getroffenen Wertschätzung kompatibel gemacht werden. In dieser Tendenz liegt es begründet, daß Wertschätzungen als solche nicht mehr kenntlich sind, d.h. Wille, Wunsch, Begehren dieser Urteile verschwinden, und damit verwischt sich auch, daß die Organisation dieser Wertschätzungen zu obligatorischen Anforderungen nicht um ihrer selbst geschieht, sondern dem Transport von Zweckabsichten (Foucault: Machtwirkungen) dient. Dies führt Nietzsche an der intellektuellen Moral der Philosophen aus.

> "Der Wille zu Wahrheit, der uns zu manchen Wagnissen verführen wird, jene berühmte Wahrhaftigkeit, von der alle Philosophen bisher mit Ehrerbietung geredet haben: was für Fragen hat dieser Wille zur Wahrheit uns schon vorgelegt! (...) Was Wunder, wenn wir endlich einmal mißtrauisch werden, die Geduld verlieren, uns ungeduldig umdrehn? (...) Wer ist das eigentlich, der uns hier Fragen stellt? Was in uns will eigentlich 'zur Wahrheit'? - In der Tat, wir machten lange halt vor der Frage nach der Ursache dieses Willens - bis wir, zuletzt, vor einer noch gründlicheren Frage ganz und gar stehenblieben. Wir fragten nach dem Werte dieses Willens. Gesetzt, wir wollen Wahrheit: Warum nicht lieber Unwahrheit? Ungewißheit? Selbst Unwissenheit?" (Nietzsche 1969d: 13)

Nietzsche lenkt also das Interesse auf die Zweckabsicht von Wahrheit, indem er eine Inversion der Werte vornimmt und fragt, warum denn der Unwert nicht lieber gewollt wird. Durch diesen Kunstgriff gelingt es ihm, mögliche Antworten, die auf der Bedingung fußen, daß die Frage nach der Wahrheit nur mit wahren Sätzen angegangen werden kann, auszuschalten. Das Subjekt also, das nicht mehr fragen kann, wer eigentlich die Wahrheitsfrage stellt und was zur Wahrheit will, ist demnach von vorneherein ein moralisches, weil es bereits (Wert-)Urteile gefällt hat. Dieses Subjekt, so folgert Nietzsche, glaubt an die disjunktive Weise der Wertschätzungen: Wer Wahrheit will, kann nicht Unwahrheit wollen, und in diesem Sinne präformiert jener Glaube die logischen Prozeduren.

> "(...); diese Art von Wertschätzungen steht im Hintergrunde aller ihrer logischen Prozeduren; aus diesem ihrem 'Glauben' heraus bemühn sie sich um ihr 'Wissen', um etwas, das feierlich am Ende als 'die Wahrheit' getauft wird. Der Grundglaube der Metaphysiker ist der Glaube an die Gegensätze der Werte. (...) Man darf nämlich zweifeln, erstens, ob es Gegensätze überhaupt gibt, und zweitens, ob jene volkstümlichen Wertschätzungen und Wert-Gegensätze, auf welche die Metaphysiker ihr Siegel gedrückt haben, nicht vielleicht nur Vordergrunds-Schätzungen sind, nur vorläufige Perspektiven, ..." (S. 14)

Von diesem Verständnis her kann man Nietzsches Kritik am moralischen Subjekt ins Auge fassen. Er versucht darzulegen, daß dieses Subjekt, sofern es philosophiert, nur jene vorab gefaßten Urteile ausfaltet. Diese Philosophie hat daher den Charakter von Memoiren, eines Selbstbekenntnisses, weil sich die 'Ursprungshandlung' der moralischen Setzung in alle Ebenen der Argumentation und der logischen Prozeduren hineinverästelt. Wir können demnach den Begriff der "mémoires" im genealogischen Sinne verstehen: Wiederkehr einer Ursprungshandlung. Auf diesen Kern zielt Nietzsche ab, ihn allein will er herausstellen und so genügt es ihm, jede Philosophie, mit der er sich auseinandersetzt, auf diesen Punkt zu bringen. Diese Kritik bedient sich also des Verfahrens, das Nietzsche in der"Genealogie der Moral" umfassend dargestellt hat: die Genealogie als kritisches Instrument. Durch dieses Instrument wendet er das Prinzip der strikten Immanenz von Moral, d.h. das Prinzip, alle nur möglichen Fragen mit ihren Werten kompatibel zu machen, gegen diese, indem er die fortlaufende Rekonstruktion dieser Immanenz de facto als Wiederholungshandlung beschreibt.

> "Allmählich hat sich mir herausgestellt, was jede große Philosophie war: nämlich das Selbstbekenntnis ihres Urhebers und eine Art ungewollter und unvermerkter mémoires; insgleichen, daß die moralischen (oder unmoralischen) Absichten in jeder Philosophie den eigentlichen Lebenskeim ausmachen, aus dem jedesmal die ganze Pflanze gewachsen ist. In der Tat, man tut gut (und klug), (...), sich immer erst zu fragen: auf welche Moral will es (will er -) hinaus? Ich glaube demgemäß nicht, daß ein 'Trieb zur Erkenntnis' der Vater der Philosophie ist, sondern daß sich ein anderer Trieb, hier wie sonst, der Erkenntnis (und der Verkenntnis) nur wie eines Werkzeugs bedient hat." (S. 17)

Diesen anderen Trieb sieht Nietzsche im Willen zur Wahrheit am Werk, und er gibt uns eine äußerst präzise Bestimmung davon, wie der Wille sich triebhaft strukturiert.

> "Ein Mensch, der will -, befiehlt einem Etwas in sich, das gehorcht oder von dem er glaubt, daß es gehorcht. Nun aber beachte man, was das Wunderlichste am Willen ist - an diesem so vielfachen Dinge, für welches das Volk nur ein Wort hat: insofern wir im gegebnen Falle zugleich die Befehlenden und Gehorchenden sind, und als Gehorchende die Gefühle des Zwingens, Drängens, Drückens, Widerstehens, Bewegens kennen, welche sofort nach dem Akt des Willens zu beginnen pflegen; insofern wir andererseits die Gewohnheit haben, uns über diese Zweiheit vermöge des synthetischen Begriffs 'ich' hinwegzusetzen, hinwegzutäuschen, hat das Wollen noch eine ganze Kette von irrtümlichen Schlüssen und folglich von falschen Wertschätzungen des Willens selbst angehängt ..." (S. 28)

So hat Nietzsche also den Willen als herrschsüchtigen Trieb gefaßt, der gegenläufigen oder widerstrebenden Kräften sich aufzuzwingen sucht. Das entscheidende Argument ist die wesentlich innerliche Struktur dieses Willens: das Subjekt als Befehlender und Gehorchender zugleich. Das Willenssubjekt (das moralische Subjekt, wie man sicher schon gemerkt hat) ist demnach eine synthetische Einheit aus Selbstzwang und Begehren: das Ich.

> "Bei allem Wollen handelt es sich schlechterdings um Befehlen und Gehorchen, (...): weshalb ein Philosoph sich das Recht nehmen sollte, Wollen an sich schon unter dem Gesichtskreis der Moral zu fassen: Moral nämlich als Lehre von den Herrschafts-Verhältnissen verstanden, unter denen das Phänomen 'Leben' entsteht.- (S. 29)

Dieser dergestalt radikalisierte Begriff von Moral mündet in eine Morphologie des Willens zur Macht ein: Moral erweist sich als eine Ausprägung des Willens zur Macht, der jedoch im Gegensatz zu ihr keine Festlegungen, was gewollt werden darf und was nicht, trifft, sondern ihr gewissermaßen formloser Extrakt ist als Wille zu wollen, als Wille, beliebige 'Wirkungen' zu erzielen. Entgegen einem verbreiteten Mißverständnis ist dieser Wille zur Macht kein Wille zur Herrschaft oder zur Unterdrückung. Der Wille zur Herrschaft wäre ein bestimmter Wille, er fiele nach Nietzsche originär unter das Problem der Moral, denn nur diese entfaltet bestimmte Machtwirkungen, indem sie andere auszuschalten versucht.

Kehren wir nun zum Ausgangspunkt zurück, zu den Darlegungen Foucaults. Ebenso wie Nietzsche hatte Foucault den Willen zur Wahrheit als eine Ordnung des Begehrens und der Macht behandelt. Der innerliche Aspekt dieser Ordnung ist ein Begehren, das Wahrheiten möchte, ohne in die gefährliche Ordnung des Diskurses eintreten zu müssen, und ein Selbstzwang, der durch eine Machtwirkungen zuteilende Institution abgesichert ist und besagt, daß die gefährliche Ordnung des Diskurses unumgänglich ist. Diesen Aspekt wiederum bezeichne ich als intellektuelle Ethik: Ein Begehren, das nur dadurch zum Ziel kommt, indem es sich in die institutionelle Kanalisierung dieses Begehrens einbettet. Dieser Ethik entspringen zwei synthetische Einheiten, das Ich als Subjekt des Begehrens und des Selbstzwangs und das Wir als Subjekt der Herrschaft, d.h. der begehrten Macht. Ich möchte meine Ausführungen in folgenden Funktionsprinzipien der intellektuellen Ethik zusammenfassen:

- Der Glaube an den Gegensatz der Werte: Wahrheit, Richtigkeit oder Konsensus vs. Unwahrheit, Falschheit oder Dissensus.

- Konstruktion einer innerlichen Struktur: Begehren vs. Selbstzwang.

- Die Absicherung dieser innerlichen Struktur durch die Ordnung der Herrschaft: Institution vs. (Habermas') Idiot.

- Produktion zweier synthetischer Subjekteinheiten: Ich und Wir.

1.4. Deleuze/Guattari und noch ein Idiot.

Betrachten wir nun die Ordnung des Diskurses von der Unordnung aus, vor der dieser sich verschließt. Als Verkörperung dieser Unordnung sind wir durch Habermas auf den Idioten gestoßen, eine großflächige Existenz, die noch zu abstrakt ist. Dieser Idiot ergibt sich nur als Kehrseite eines Vernunftwesens, das Habermas meint unterstellen zu müssen, wenn die Bedingungen für das Erscheinen von Wahrheit in der Rede formuliert werden. Der Idiot ist dabei eine nur negative Existenz, die den Regeln des Diskurses nicht Genüge leisten kann oder will. Worüber spricht man dann eigentlich, wenn man über den Idioten spricht? Man spricht nicht über eine in sich bestimmte und in sich ruhende Existenz, sondern über ein Resultat von Ausschlußprozessen. Es kristallisiert sich zunächst nur eine analytische Fragestellung heraus, die darauf abzielt zu bestimmen, was die Ordnung des Diskurses vom unberechenbar Ereignishaften trennt. Diese Formulierung sollte allerdings nicht den Eindruck erwecken, daß der Diskurs auf einem Sockel des Ungesagten und Unsagbaren ruht: sein Jenseits als Träger tiefster Wahrheiten verpflichtet uns ihm nur noch gründlicher. Einen solchen Mechanismus hat Foucault in der Verkoppelung des Irren mit der Wahrheit des Menschen aufgewiesen:

> "Der Mensch unserer Tage hat nur in dem Rätsel des Irren, der er ist und nicht ist, eine Wahrheit." (Foucault 1969: 550)

Worum es dabei also geht, sind jene bereits genannten Verknappungsprinzipien oder noch prosaischer: die Grenze, die die Ordnung von der Unordnung scheidet.
Foucault nennt drei große Ausschließungssysteme, durch die diese Grenze gebildet wird: "das verbotene Wort; die Ausgrenzung des Wahnsinns; der Wille zur Wahrheit." (Foucault 1974b: 14) Diese Aufzählung kann auch als historische Abfolge gelten, die älteste Prozedur dieser Reihe ist demnach das verbotene Wort. Das verbotene Wort hat religiösen Ursprung, denn es leitet sich von einer verflossenen Bipolarität der Rede zwischen dem Heiligen und dem Profanen her. Das verbotene Wort ist das lästerliche, blasphemische und es gehört dem

Bereich der Übertretung an. Einen Ausläufer davon sieht Foucault nach wie vor wirksam:

> "Man weiß, daß man nicht das Recht hat, alles zu sagen, daß man nicht bei jeder Gelegenheit von allem sprechen kann, daß schließlich nicht jeder beliebige über alles reden kann. Tabu des Gegenstandes, Ritual der Umstände, bevorzugtes oder ausschließliches Recht des sprechenden Subjekts - ..." (S. 7)

Die zweite Prozedur betrifft eine Grenzziehung zwischen Vernunft und Wahnsinn:

> "Seit dem Mittelalter ist der Wahnsinnige derjenige, dessen Diskurs nicht ebenso zirkulieren kann wie der der andern: sein Wort gilt für null und nichtig, es hat weder Wahrheit noch Bedeutung, kann vor Gericht nichts bezeugen, kein Rechtsgeschäft und keinen Vertrag beglaubigen, kann nicht einmal im Meßopfer die Transsubstantiation sich vollziehen lassen und aus dem Brot einen Leib machen; ..." (S. 8)

Diese Grenzziehung hat sich jedoch zunehmend verwischt, denn der Wahnsinn ist aus seiner im psychiatrischen Wissen und anthropologischen Überlegungen verankerten Einheit mit der Geisteskrankheit gelöst worden. (Foucault 1974a: 119ff) Diese Lösung ist uns spätestens mit der Pychoanalyse geläufig, aber sie hat diese Grenze nur modifiziert: Die Worte des Wahnsinnigen wurden nicht mehr einfach verworfen, sondern mit einem Netz von Institutionen und Wissensapparaten überzogen, um sie entziffern zu können. Diese Grenze, so Foucault, bleibt solange bestehen, wie der entziffernde Arzt dem stammelnden Patienten lauscht.

Die letzte Ausschließungsprozedur, den Willen zur Wahrheit, habe ich mit Nietzsche bereits dargelegt. Es handelt sich bei ihm um einen Autorisierungsmechanismus, der die Art und Weise der Diskurse, die in einer Gesellschaft zirkulieren können, festlegt. Dieser Wille ist zugleich, in dem von Bourdieu festgelegten Sinne, eine "ars inveniendi":

> "(...); ein Wille zum Wissen, der dem erkennenden Subjekt (gewissermaßen vor aller Erfahrung) eine bestimmte Position, einen bestimmten Blick und eine bestimmte Funktion (zu sehen anstatt zu lesen, zu verifizieren anstatt zu kommentieren) zuwies; ein Wille zum Wissen, der (in einem allgemeineren Sinn als irgendein technisches Instrument) das technische Niveau vorschrieb, auf dem allein die Erkenntnisse verifizierbar und nützlich sein konnten." (Foucault 1974b: 12f)

Dieser Wille zur Wahrheit, so Foucault, übergreift die beiden erstgenannten Ausschlußprozeduren, insofern das Verbot gerechtfertigt und der Wahnsinn definiert wird.

Diese drei Ausschließungssysteme können die vorläufige Kulisse für das Auftreten einer Gestalt abgeben, die Deleuze/Guattari den "Schizo" nennen. Ich sagte:Kulisse, denn zum geringsten Teil ist der Schizo das Resultat von Ausschlußprozeduren, wie etwa der Idiot, den Habermas fast beiläufig als Nebenprodukt seiner Argumentation ins Spiel bringt. Im Gegenteil wollen Deleuze/Guattari den Schizo, aber auch den Paranoiker von Terminologien der Ausschließung freihalten, Terminologien, die ihrer Ansicht nach "Ausdrücke der Polizei oder der Gerichtspsychiatrie" (Deleuze/Guattari 1977: 64) sind. Es geht also nicht um eine negative Utopie, demnach auch nicht um eine Romantik, die sich um den Idioten herum bilden könnte. Was Deleuze/Guattari im "Anti-Ödipus" entwickelt haben, läßt sich mit dem Programm Nietzsches präzisieren: Es kommt nicht nur darauf an, Ausschlußprozeduren wie etwa den Willen zur Wahrheit zu kritisieren, sondern auch darauf, in diesem Willen Wertschätzungsformen am Werk zu sehen, die Gestaltungen des Willens zur Macht sind. Es geht also um das genealogische Programm Nietzsches, und in diesem Sinne läßt sich sagen, daß Deleuze/Guattari eine Genealogie des Wunsches (Nietzsche: Wertschätzung) darlegen. Der Schizo ist gewissermaßen der neue "Philosoph", der da, wo andere nur Wahrheit und Unwahrheit sehen, nur Werte und Wünsche erblickt.

Foucault hat eine Einführung zum "Anti-Ödipus" gegeben, die mir als "Gebrauchsanleitung" sehr zutreffend scheint:

> "Es wäre ein Fehler, den 'Anti-Ödipus' als die neue theoretische Referenz zu lesen (also als die feierlich angekündigte Theorie, die endlich alles unter Dach und Fach bringt, die endlich totalisiert und beruhigt, als die Theorie, die wir in unserer Zeit der Auflösung und Spezialisierung, in der es uns an 'Hoffnung' fehlt, angeblich 'so dringend benötigen'). Inmitten des außerordentlichen Überflusses neuer Vorstellungen und überraschender Begriffe darf man nicht nach einer 'Philosophie' Ausschau halten: der 'Anti-Ödipus' ist kein aufdringlicher Hegel. Ich denke, am besten kann der 'Anti-Ödipus' wie eine 'Kunst' gelesen werden, in dem Sinn, in dem man zum Beispiel von einer 'Kunst der Erotik'

spricht." (Foucault 1978b: 226f)

Diese "Kunst" versucht also Fragen zu beantworten, die sich um ein Wie drehen:

> "Wie bringt man den Wunsch ins Denken ein, in den Diskurs, in die Aktion?" (S. 227)

Was man, so meine ich, vom "Anti-Ödipus" in erster Linie lernen kann, ist ein Ansatzpunkt zu neuen Strategien, die die intellektuelle Existenz bestimmen könnten: eine "fröhliche Wissenschaft". Auf diese Pointe hat Michel Foucault hingewiesen, wenn er davon spricht, daß sich im "Anti-Ödipus" eine neue intellektuelle Ethik abzeichnet.

> "Ich würde sagen, der 'Anti-Ödipus' (mögen seine Autoren mir vergeben) ist ein ethisches Werk, das erste Ethik-Buch, das in Frankreich seit sehr langer Zeit geschrieben worden ist ..." (S. 228)

Ethik kann hier in der Tat als "Lehre von den Herrschaftsverhältnissen" bezeichnet werden (insoweit wird im "Anti-Ödipus" mit dem Hammer philosophiert!), in denen der Wunsch, der zur Herrschaft geronnen ist, wiederentdeckt werden soll (insoweit ist es eine fröhliche Wissenschaft).

Einer der wesentlichsten Begriffe im "Anti-Ödipus" ist der der "Wunschmaschine" (Deleuze/Guattari 1974: 7ff). Wäre die Charakterisierung nicht pejorativ, könnte man sagen, daß damit ein Wille zur Macht gemeint ist. Der formlose und nach keinem bestimmten Gegenstand drängende Wunsch gilt Deleuze/Guattari als die einzige Besetzung des Unbewußten. Das Unbewußte ist demnach eine nur kommandierende Instanz, in der keine Antwort darauf zu finden ist, wem kommandiert wird und wer gehorcht. Auf dieser Ebene kann eigentlich nichts über das Unbewußte ausgesagt werden (weder Eros, noch Thanatos), es kann nur beobachtet werden, welcher Art die Verbindung ist, die der (kommandierende) Wunsch mit einem (gehorchenden) Gegenstand eingeht. Die Fragen, die Deleuze/Guattari an diese Verbindung stellen, sind: Wie funktioniert sie? Wie wird sie produziert? Diese Fähigkeit des Unbewußten, Funktions- und Produktionseinheit mit einem beliebigen Gegenstand zu bilden, fassen sie im Begriff der "Wunschmaschine" zusammen. Sie betonen damit, daß die Arbeit des Unbewußten nicht auf Bedeutungen, im Sinne von Repräsentationen: wie z.B. Ödipus in der

Psychoanalyse, verweist, sondern auf die Frage, wie es funktioniert. Der Begriff der Maschine ist dabei nicht eine kritisch gemeinte Metapher für ein ganzheitliches Subjekt, sondern die vor- oder nicht-personale Struktur des Wunsches, der sich nicht an ganzheitlichen, sondern an Partialobjekten orientiert. Ein ganzheitliches Subjekt entsteht vielmehr erst als Resultat der Arbeit der Wunschmaschinen, so wie Nietzsche dies mit dem Subjekt des Willens beschrieben hatte: das Ich als synthetische Einheit des Befehlenden und Gehorchenden.

Als eine Etappe in dieser Verbindung des Wunsches mit einem Gegenstand erscheint eine Art von Sättigungspunkt, d.h. der Wunsch hat einen <u>bestimmten</u> Gegenstand gegliedert und es existiert ein Resultat, in dem dieser spezifische Wunsch realisiert, damit erloschen ist. Diese Etappe, in der ein wunschgegliederter Gegenstand aufsteigt, bezeichnen Deleuze/Guattari als die des "organlose(n) volle(n) Körper(s)" (S. 14ff): zunächst Stillstand und Befriedigung. Sie verweisen darauf, daß sich hier ein Konflikt zwischen der Wunschmaschine und dem organlosen vollen Körper abzeichnet, insofern der Wunschmaschine die Bestimmtheit des Gegenstandes äußerlich ist und dem organlosen vollen Körper die Beliebigkeit des Wunsches. Der organlose volle Köper steht für einen Zustand, der zu sagen scheint: "Dies und nichts anderes war das, was gewollt wurde!" Dieser Zustand, so Deleuze/Guattari hat eine Tendenz zur Quasi-Ursache der Wunschproduktion zu werden, indem er den Wunsch mit bestimmten Gegenständen verkoppeln möchte. Als Ursache der Wunschproduktion erscheint so nicht mehr der formlose Wunsch zu wünschen, sondern die "objektive" Beschaffenheit eines Gegenstandes, das Begehrungsvermögen anzuziehen. Mit der Beschreibung dieses Konflikts versuchen Deleuze/Guattari das zurechtzurücken, was in der Psychoanalyse als "Urverdrängung" gilt. Sie erblicken in jener Urverdrängung den Versuch des organlosen vollen Körpers, das Wiederanheben der Wunschmaschine mit einer Abstoßung zu beantworten, eine Abstoßung, die den Einbruch der Maschine ungeschehen machen will. Was sich damit herauskristallisiert, fassen Deleuze/Guattari wiederum als <u>neue</u> Produktionseinheit zusammen, die eben nach diesen Regeln

der Anziehung und Abstoßung funktioniert und sprechen von der "paranoische(n) Maschine" (S. 15f). In diesem Stadium sind die Wunschmaschinen also bereits verwandelt, denn es existiert nun eine bestimmte Weise, in der gewünscht wird, und diese Weise funktioniert nach dem disjunktiven Prinzip der Anziehung und Abstoßung. Diese Verwandlung enthält eine Veränderung der Energie: Was zuerst Energie als Libido war, d.h. die konnektive Arbeit der Wunschproduktion, sich mit einem Gegenstand zu verbinden und "Lust" daraus zu ziehen, unbestimmte "Lust"energie, wird nun disjunktive Einschreibungsenergie, d.h. Verkoppelung der Libido mit einem disjunktiven Code. Von der disjunktiven Einschreibungsenergie sprechen Deleuze/Guattari als dem "Numen", weil die Operation der Zerteilung auf eine gemeinsame, göttliche Macht verweist, eine Einheit des Widerspruchs, die sich in ihm zu erkennen gibt.
Den organlosen vollen Körper, der zunächst nur Etappe innerhalb der Wunschproduktion ist, finden Deleuze/Guattari auch auf gesellschaftlicher Ebene. Dies bedeutet, daß die Wunschproduktion mit bestimmten Weisen und Gegenständen fest assoziiert ist, in denen allein sie stattfinden kann. Diesen gesellschaftlichen organlosen Körper, der der Wunschproduktion wie ein nicht abzuschüttelnder Genosse beigegeben ist, bezeichnen sie als "Sozius" (S. 16ff). Ein solcher Sozius tritt z.B. zum diskursiven Begehren, das mit bestimmten und festgelegten Regeln rechnen und umgehen muß. Verallgemeinert könnte man sagen, daß mit dem organlosen Körper und Sozius Nietzsches Problem der Herrschaft bezeichnet ist. Es handelt sich also um Verfestigungsstrukturen des "gallertartigen" Willens zur Macht. Zumindest von Nietzsche aus lassen sich die Begriffe Macht und Herrschaft präzise unterscheiden: Macht als eine Kraft, die Wirkungen erzielen will, und Herrschaft als eine Verfestigung von Macht zu bestimmten Wirkungen. Sowohl Nietzsche wie auch Deleuze/Guattari wollen Herrschaft genealogisch auflösen, sie demnach auf das zurückführen, was sie möglich gemacht hat und was auch immer gegen sie arbeitet: eine Kristallisationsfigur - neben möglichen anderen - des Willens zur Macht/der Wunschproduktion zu sein, die sich durch das Instrument Genealogie wiederum verflüssigen läßt.

In diesem Problembereich lassen sich auch die allgemeinsten Bestimmungen von Moral formulieren. Von Nietzsche und Deleuze/Guattari aus kann man sagen, daß das Problem der Moral immer dann schon gegeben ist, wenn sich die Unbestimmtheit der Macht bzw. des Wunsches sich zur Bestimmtheit von Machtwirkungen bzw. Wunschproduktionen verfestigen soll. Dies bedeutet immer eine disjunktive Operation durch die Abstoßung der Macht und des Wunsches, die Herrschaft zu überlagern drohen. Dies bedeutet aber auch, daß sich im Innern der Herrschaft immer schon die Macht und der Wunsch angelagert hat. Um die vorliegende Verschränkung herauszuarbeiten, kann man sagen, daß die Macht und der Wunsch eine unberechenbare, nicht-hierarchische Ereignishaftigkeit herstellen wollen, daß aber Herrschaft diese Ereignishaftigkeit in Strukturen bringen möchte. In diesem Sinne ist es plausibel, von Moral als einem Zusammenspiel von Begehren und (Selbst)Zwang zu sprechen, das sich den Regeln strikter Immanenz unterwirft. Der Standpunkt der Nicht-Moral, den Nietzsche einnehmen möchte, ist der der Leugnung dieser Immanenz, der Standpunkt des Willens zur Macht. Deshalb wird Moral als Lehre von den Herrschaftsverhältnissen bezeichnet und unter dem Blickwinkel einer Morphologie des Willens zur Macht betrachtet.

Kommen wir zurück zur paranoischen Maschine! Hier wird, so Deleuze/Guattari, zum ersten Mal eine Einheit gebildet, die den Status eines Subjekts hat. Wir können in dieser Einheit das moralische Subjekt erkennen, wie Nietzsche es beschrieben hat. Dieses Subjekt, so Nietzsche, ist ein leidendes, denn die Operation der Zerlegung (Anziehung, Abstoßung) müssen in es eingeschrieben sein. Analog zum Begriff der disjunktiven Einschreibungsenergie spricht Nietzsche hier von "Mnemotechnik" (Nietzsche 1969b: 248), mittels derer die zerlegten Gegensätze eingeritzt werden, so daß daraus ein Gedächtnis entstehen kann, das die Verbindlichkeit der Zerlegungen memorieren kann. Dieses Subjekt hat das Problem, daß es keinen Sinn seines Leidens festhalten kann:

> "Der Mensch, das tapferste und leidgewohnteste Tier, verneint an sich <u>nicht</u> das Leiden; er <u>will</u> es, er sucht es selbst auf, vorausgesetzt, daß man ihm einen <u>Sinn</u> dafür

> aufzeigt, ein Dazu des Leidens. Die Sinnlosigkeit, nicht das Leiden, war der Fluch, der bisher über der Menschheit ausgebreitet lag - und das asketische Ideal bot ihr einen Sinn!" (S. 345)

Dieses asketische Ideal leistet eine Konsumption des Leidens, das nun "lustvoll" erfahren werden kann. Jene Konsumptionsenergie, mittels derer genossen werden kann, was Lust "eigentlich" zuwiderläuft, bezeichnen Deleuze/Guattari als "Voluptas". Dieser Begriff hebt die Differenz zur Libido hervor, die sich an eine konnektive Synthese bindet, und verdeutlicht, daß es sich um eine Konsumptionsenergie handelt, die als Folge der Verwandlung der Wunschmaschinen erzeugt wird. Diese Voluptas macht die Intensitäten der Anziehung und Abstoßung, die man der Verdeutlichung halber mit (+) und (-) charakterisieren kann, vorzeichenlos und konsumiert sie als formlose, nur quantitativ ausdrückbare Erregungszustände: das Leiden als Selbstgenuß. Die neue Produktionseinheit, die eine zumindest residuale Versöhnung der Disjunktion ermöglicht, fassen Deleuze/Guattari als "zölibatäre Maschine", in nietzscheanischer Begriffsbildung könnte man von einer ˋasketischen Maschineˊ sprechen.

> "Auf die Frage: was produziert die zölibatäre Maschine, was wird vermittels ihrer produziert? scheint die Antwort zu lauten: intensive Quantitäten. Es gibt eine schizophrene Erfahrung intensiver Quantitäten im Reinzustand, die beinahe unerträglich ist - zölibatäre Größe und Elend als höchste Empfindungen, gleich einem Schrei zwischen Leben und Tod, ein Gefühl heftigen Übergangs, Zustände reiner und von jeglicher Formbestimmung entblößter Intensität. (...) Woher stammen diese reinen Intensitäten? Sie entspringen den beiden vorgängigen Kräften, Abstoßung und deren Gegensatz. Nicht, daß die Intensitäten selbst im Gegensatz zueinander stehen und sich um einen neutralen Zustand im Gleichgewicht halten würden: sie sind vielmehr, von einer Nullintensität ausgehend, die den organlosen Körper bezeichnet, alle positiv." (Deleuze/Guattari 1974: 26f)

Damit haben wir nun die drei genealogischen Stadien der Wunschproduktion: die ˋursprünglicheˊ Arbeit der Wunschmaschinen und die Erzeugung eines organlosen vollen Körpers, die paranoische Maschine als "Urverdrängung" und die zölibatäre Maschine als Selbstgenuß des Leidens. Deleuze/Guattari haben diese drei Stadien, "Modi", so zusammengefaßt:

"'Wunschmaschine' ist nicht als Metapher gemeint: sie trennt und wird getrennt entsprechend den drei Modi. Der erste Modus verweist auf die konnektive Synthese und stellt die Libido als Energie der Entnahme bereit; der zweite, auf die disjunktive Synthese verweisend, stellt das Numen als Energie der Aufzeichnung bereit; der dritte Modus schließlich, der auf die konjunktive Synthese verweist, stellt Voluptas als residuale Energie bereit." (S.53)

Tabelle 1

Zusammenfassung der Gegenüberstellung von Deleuze/Guattari und Nietzsche:

Die Modi der WUNSCHMASCHINE	Die Morphologie des WILLENS ZUR MACHT	Die Produktions- und Funktionseinheiten	Die Kräfte der Wertschätzung
Konnektive Synthese: Wunschgliederung eines bestimmten Gegenstandes	Wille als Kraft, einem Etwas zu kommandieren: Wertschätzung	Erzeugung des organlosen vollen Körpers durch die Wunschmaschinen	Macht
Disjunktive Synthese: Aufzeichnung der anziehenden und abstoßenden Intensitäten	Einschreibung eines Wertegegensatzes mittels Mnemotechnik	paranoische Maschine	Moral als Herrschaftsverhältnis
Konjunktive Synthese: Leiden als Selbstgenuß	asketisches Ideal	zölibatäre Maschine	spezifische Moral (z.B. der Philosophen)

1.5. Die zölibatäre Maschine: Zwei Beispiele.

Die "zölibatäre Maschine" wird eines der zentralen Themen meiner Arbeit sein und ich werde daher versuchen, sie anhand von zwei Beispielen, die mir besonders geeignet erscheinen, zu veranschaulichen. Michel Carrouges hat die mit der "zölibatären Maschine" bezeichnete Anordnung in der Literatur gefunden. Den Begriff der "zölibatären Maschine" hat Carrouges aus einem Bild von Marcel Duchamps (Mariée mis â nu ...) entlehnt. (Carrouges 1976) Bei einer dieser Maschinen handelt es sich um den Apparat in Franz Kafkas "Strafkolonie", um den es im folgenden gehen wird. Ich halte mich bei dieser Darstellung weniger an Carrouges, der sich damit begnügt hat, Duchamps und Kafka zu parallelisieren, als vielmehr an die Wendung des Begriffs, die Deleuze/Guattari ihm gegeben haben, wiewohl sie ihn doch von Carrouges bezogen haben.

Diese Maschine bei Kafka ist ein Exekutionsinstrument und besteht aus drei Teilen: einem Zeichner, der Egge und dem Bett.

> "`(...), nun hören Sie! Sowohl das Bett, als auch der Zeichner haben ihre eigene elektrische Batterie; das Bett braucht sie für sich selbst, der Zeichner für die Egge. Sobald der Mann festgeschnallt ist, wird das Bett in Bewegung gesetzt. Es zittert in winzigen, sehr schnellen Zuckungen gleichzeitig seitlich, wie auch auf und ab.Sie werden ähnliche Apparate in Heilanstalten gesehen haben; nur sind bei unserem Bett alle Bewegungen genau berechnet; sie müssen nämlich peinlich auf die Bewegungen der Egge abgestimmt sein. Dieser Egge aber ist die eigentliche Ausführung des Urteils überlassen.´" (Kafka 1976: 154)
>
> (...)
>
> "`Unser Urteil klingt nicht streng. Dem Verurteilten wird das Gebot, das er übertreten hat, mit der Egge auf den Leib geschrieben. Diesem Verurteilten zum Beispiel´ - der Offizier zeigte auf den Mann - `wird auf den Leib geschrieben werden: Ehre deinen Vorgesetzten!´" (S. 155)

Diese Maschine geht also aus von einer einfachen disjunktiven Zerlegung: dem Gebot (+) und der Übertretung (-). Es wird dabei damit gerechnet, daß der Verurteilte nicht in der Lage ist, diese einfache disjunktive Operation nachzuvollziehen, er hat demnach, kurz gesagt, weder eine Vorstellung des Gebotes, noch der Übertretung. Die Maschine begnügt sich nun nicht damit, jene disjunktive Operation zu exekutieren, denn sie ist keine Strafmaschine, wie dies das Gewehr eines schießenden Soldaten oder eine Guillotine wäre, sie will vielmehr zunächst die Reichweite und dann die Bedeutung dieser Operation spürbar machen, um den Verurteilten dazu zu führen, die daraus entspringenden Leiden als Selbstgenuß zu erfahren. Die Maschine bewerkstelligt dies durch Einschreibung: Dem Zeichner wird ein Code des Gebotes, das übertreten wurde, eingegeben und dieser überträgt es mittels Egge (und Bett) auf den Köper des Verurteilten. Die blutige Schrift ist anfänglich nur ein Schmerz, so wie ihn jedes Tier fühlen würde. Nach zwei Stunden hat sich die 'animalische' Reaktion auf den Schmerz erschöpft und es beginnt die Verstehensoperation. Dem Verurteilten wird warmer Reisbrei in einen Napf geschüttet, so daß er von ihm essen kann. Zwei entgegengesetzte Gefühlszustände, Qual und Lust, werden so parallel erlebt und können nach und nach miteinander verkoppelt werden: Lust wird mit Qual codiert. Diese Verstehensoperation konnte der Verurteilte vorher nicht vollziehen, wie z.B. der Soldat, dessen Verurteilung beschlossen wurde, weil er vor der Türe eines Offiziers eingeschlafen ist, anstatt ihn zu bewachen und zu bedienen, und er hat damit einem gewissermaßen naiven Bedürfnis nachgegeben: Er hat nicht verstanden, daß die Lust, die ihm daraus erwächst, mit Schmerz gekoppelt ist. Das Verstehen der Bedeutung der Disjunktion genügt jedoch nicht, denn das Gebot ist nicht negativ: Du sollst deinen Vorgesetzten nicht vernachlässigen!, sondern uneingeschränkt positiv: Ehre deinen Vorgesetzten! Es gilt also die Positivität des Verbotes zu verstehen und sie zu wollen, selbst dann, wenn dieser Wille Schmerz bedeutet. Dieser Verstehens- und Willensakt beginnt um die sechste Stunde, wenn der Verurteilte die Lust am Reisbreiessen verliert, um die Schrift zu entziffern, die Positivität des Gebotes zu bejahen und damit das Leiden als Selbstgenuß zu erfahren. Dies ist die Produktion der "zölibatären Maschine": Sie erzeugt aus einander entgegengesetzten Elementen eine neue Verbindung, die nur mehr formlose, uneingeschränkt positive Intensitäten vermittelt. Diese Produktion vollzieht sich im Entziffern einer schmerzhaften Schrift, die dem eigenen Leib eingeschrieben worden ist.

> "Begreifen Sie den Vorgang? Die Egge fängt zu schreiben an; ist sie mit der ersten Anlage der Schrift auf dem Rücken des Mannes fertig, rollt die Watteschicht und wälzt den Körper langsam auf die Seite, um der Egge neuen Raum zu bieten. Inzwischen legen sich die wundbeschriebenen Stellen auf die Watte, welche infolge der besonderen Präparierung sofort die Blutung stillt und zu neuer Vertiefung der Schrift vorbereitet. Hier die Zacken am Rande der Egge reißen dann beim weiteren Umwälzen des Körpers die Watte von den Wunden, schleudern sie in die Grube, und die Egge hat wieder Arbeit. So schreibt sie immer tiefer die zwölf Stunden lang. Die ersten sechs Stunden lebt der Verurteilte fast wie früher, er leidet nur Schmerzen. Nach zwei Stunden wird der Filz (scil. in den der Verurteilte beißt, F.M.S.) entfernt, denn der Mann hat keine Kraft zum Schreien mehr. Hier in diesen elektrisch geheizten Napf am Kopfende wird warmer Reisbrei gelegt, aus dem der Mann, wenn er Lust hat, nehmen kann, was er mit der Zunge erhascht. Keiner versäumt die Gelegenheit. Ich weiß keinen, und meine Erfahrung ist groß. Erst um die sechste Stunde verliert er das Vergnügen am Essen. Ich knie dann gewöhnlich hier nieder und beobachte diese Erscheinung. Der Mann schluckt den letzten Bissen selten, er dreht ihn nur im Mund und speit ihn in die Grube. Ich muß mich dann bücken, sonst fährt er mir ins Gesicht. Wie still wird dann aber der Mann um die sechste Stunde! Verstand geht dem blödesten auf. Um die Augen beginnt es. Von hier aus verbreitet es sich. Ein Anblick, der einen verführen könnte, sich mit unter die Egge zu legen. Es geschieht ja weiter nichts, der Mann fängt bloß an, die Schrift zu entziffern, er spitzt den Mund, als horche er. Sie haben gesehen, es ist nicht leicht, die Schrift mit den Augen zu entziffern; unser Mann entziffert sie aber mit seinen Wunden. Es ist allerdings viel Arbeit; er braucht sechs Stunden zu ihrer Vollendung. Dann aber spießt ihn die Egge vollständig auf und wirft ihn in die Grube, wo er auf das Blutwasser und die Watte niederklatscht. Dann ist das Gericht zu Ende, und wir, ich und der Soldat, scharren ihn ein.´" (S. 160)

Wir können in Kafkas Maschine jedoch auch noch einen weiteren Apparat erkennen, der bereits angeführt wurde: einen <u>mnemotechnischen Apparat</u> ("paranoische Maschine"), so wie Nietzsche dies verstanden hat.

> "`Wie macht man dem Menschen-Tiere ein Gedächtnis? Wie prägt man diesem teils stumpfen, teils faseligen Augenblicks-Verstande, dieser leibhaftigen Vergeßlichkeit etwas so ein, daß es gegenwärtig bleibt?´(...) Dieses uralte Problem ist, wie man sich denken kann, nicht gerade mit zarten Antworten und Mitteln gelöst worden; vielleicht ist sogar nichts furchtbarer und unheimlicher

> an der ganzen Vorgeschichte des Menschen, als seine Mnemotechnik. 'Man brennt etwas ein, damit es im Gedächtnis bleibt: nur was nicht aufhört, wehzutun, bleibt im Gedächtnis.'" (Nietzsche 1969b: 248)

> "Die Strafe soll den Wert haben, das Gefühl der Schuld im Schuldigen aufzuwecken, ..." (S. 268)

Auf der Basis jener Mnemotechnik kann dann das Ja zum Nein entstehen, in seiner uneingeschränkt positiven Fassung als asketisches Ideal. Wie man sieht, muß die "Strafkolonie" als eine kleine "Genealogie der Moral" gelesen werden.

Das zweite Beispiel, das ich ausgewählt habe, um die "zölibatäre Maschine" zu veranschaulichen, ist Alfred Seidels letzter Brief an seinen Herausgeber.

"Erlangen, 20.10.24

Lieber P.

> Wenn Sie diesen Brief erhalten, lebe ich nicht mehr. Das Buch ist vollständig fertig, mein Lebenssinn, für den ich seit Jahren unter Qualen lebe, ist erfüllt. ---
> Ich habe die Bitte an Sie - sollte es Ihnen möglich sein - an der Herausgabe mitzuarbeiten. --- Ich bitte Sie darum. Man wird mit allen Mitteln das Erscheinen des Buches verhindern wollen.
> Das Kesseltreiben gegen mich beginnt jetzt schon. Ich habe zwar schreckliche Vergehen begangen. Der Tod ist die einzige Sühne. Aber ich mußte so handeln. Ich bereue es nicht. Nicht ich, sondern der Weltgeist, das Schicksal dachten in mir. Ich weiß, welche teuflische Aufgabe ich zu erfüllen hatte. Aber dies alles mußte gesagt werden in dieser Zeit, es ist der Beginn der großen Verzweiflung der abendländischen Kultur, wie es mit Schopenhauer und Weber eingesetzt hat.
> Nur durch sie wird der Weg gehen.
> Ist es Verrat, mein Werk so zu verlassen? Aber wer gelesen hat, wird selbst sagen, daß damit kein Mensch mehr leben kann. Ich habe noch immer mit meiner Stellung gespielt - bin ich doch absolut unfähig dazu -falls ich nicht fertig würde und um die Herausgabe zu überwachen. Aber der Wahnsinn packt mich. Ich könnte ja in eine Anstalt, so viel habe ich immer noch. Aber ich will nicht, das würde das Werk viel mehr komprommittieren. So ist es in guten Händen, man wird es stilistisch verbessern und einige allzu deutliche Züge des Wahnsinns und der Groteskerien ausstreichen. Es ist letztlich die einzige Konsequenz, mich selbst zu nihilisieren. Sorgen Sie für die Herausgabe des Werkes. Ich lege es Ihnen ans herz.
> Sie sind bei seiner Entstehung mitbeteiligt.
> Ich danke Ihnen.
> Ihr Alfred Seidel"

(Seidel 1927: 45f)

Welche unberechenbare Ereignishaftigkeit, welche Bedrohlichkeit von einem Werk ausgeht, das zu töten vermag, kann man aus diesem Brief nur erahnen. Die Einführung des Herausgebers aber liefert ein überzeugendes Beispiel dafür, wie diese Bedrohlichkeit umgangen werden kann, wenn das Werk in die Ordnung der Gesetze gerückt wird. An die Stelle unkontrollierter Wirkungen treten so kalkulierbare:

> "Die Drucklegung dieses Buches (scil. Bewußtsein als Verhängnis, F.M.S.) erfolgt nicht wegen der Reife oder formalen Vollendungsstufe, die es in wissenschaftlicher oder bekenntnishaft-philosophischer Hinsicht etwa besäße - vielmehr stechen Unzulänglichkeiten nach beiden Richtungen so sehr in die Augen, daß gutwillige Leser sich kaum auf eine Prüfung und Zensierung von den Gesichtspunkten kulturhistorischer oder soziologischer Forschung einlassen werden." (Prinzhorn in:Seidel 1927: 3)

Man sollte jedoch nicht allzu schnell aus einer Unruhe heraus, die dieser Brief auslösen mag, Distanzierungen vornehmen, die Seidel als Idioten bezeichnen. Ich werde versuchen, die Zustände, von denen der Brief zeugt, etwas genauer zu erschließen.

Die "paranoische Maschine":

Seidels Werk ist die Inschrift eines polaren Kräftefeldes, in dem Anziehung ("Lebenssinn") und Abstoßung ("größte Qual") gegeneinander wirken. Man kann darin die bis zur Unerträglichkeit gesteigerten Elemente der intellektuellen Ethik, Begehren und Selbstzwang, erkennen. Seidel versucht, sich der Qual zu entledigen, indem er sie nach außen setzt: "das Erscheinen des Buches verhindern", "Kesseltreiben". Doch auch die hinausgesetzte Qual kehrt wieder zurück, wenn er einen Sinn darin zu sehen beginnt, einen Sinn, der nur darin bestehen kann, daß die Qual Folge einer Schuld ist: "schreckliche Vergehen", "Sühne", "teuflische Aufgabe". Ebenso wie beim Verurteilten unter der Egge kann man sagen, daß Lust mit Schmerz codiert wird und daß diese Codierung in einem Gefühl der Schuld präsent ist. Die Codierung wird zur Inschrift im Werk und sie verweist auf ein Numen, das Seidel als "Weltgeist" und "Schicksal" bezeichnet.

Die "zölibatäre Maschine":
In diesem Nicht-Ich, das auf Weltgeist und Schicksal hindeutet, bejaht Seidel das, was ihn zerreißt. Wiewohl es sich doch um Vergehen und teuflische Aufgabe handelt, die der Sühne bedürfen, bereut er nichts, mußte er so sprechen und handeln, und eben darin findet er zu jener uneingeschränkten Positivität, die dies alles bejaht. In dieser Positivität fassen sich tatsächlich Größe und Elend in einer Empfindung zusammen, und Seidel wird so zu der Konsequenz geführt, dem auszuweichen, was diese Bejahung wieder außer Kraft setzen könnte: das Eingeständnis eines Wahnsinns und dadurch die Komprommittierung des Werkes. Diese Konsequenz folgt jenem Nicht-Ich, mit dem das zerrissene Ich überwunden wurde, ja sie realisiert es sogar: "mich selbst zu nihilisieren."

1.6. Die Problemstellung.

Das Leitthema meiner Untersuchung läßt sich in folgender Kurzformel resümieren: Ein Autor konstruiert sich und wird konstruiert gemäß Regeln, die wir als intellektuelle Ethik begreifen können. Solche Regeln lassen sich auch, je spezifisch, für den Künstler und den literarischen Autor formulieren. Ich habe dies für die ästhetische Ethik Gustav Aschenbachs versucht. Meine Verfahrensweise war zweigleisig: Jene Ethik und ihre Folgen sollen immanent an der Novelle erhärtet werden, parallel dazu werden die thematisierten Elemente mit dem intellektuellen Kräftefeld in Beziehung gesetzt. Auch die intellektuelle Ethik verfügt über ein sakrales Potential, dessen Regelhaftigkeit als Konstruktionsprinzip der "zölibatären Maschine" bereits im Kleinformat aufgeschlüsselt wurde. Dies wird den Schlußpunkt meiner Analyse bilden.

II. "Der Tod in Venedig"[1)]

2. Gustav Aschenbachs Haltung

2.1. Leistungsmoral

Versucht man sich zu vergegenwärtigen, was Aschenbach als Antrieb und Befähigung zum Schriftstellertum gilt, so offenbart sich dies zunächst als Teil einer rationalistischen Lebensgestaltung. Die zugrundeliegende Rationalität ist eine ökonomische in dem Sinne, daß der klugen Verwaltung eines Kräftehaushaltes Bestmögliches entspringen soll. Es scheint so, als dekke sich diese Lebensgestaltung mit dem Grundsatz von Ökonomie: Wirtschaften bedeute, daß zur verfügung stehende, knappe Mittel auf einen Zweck hin optimal kombiniert werden.
Diese Deckungsgleichheit wird jedoch unscharf, wenn man die Zwecke, um die es sich hier handelt, näher betrachtet. Sie stehen nämlich nicht unangefochten da, ihr Erscheinen ist vielmehr begleitet von polaren und konkurrierenden Momenten. Konkurrierende Zweckbestimmungen kennt auch die Ökonomie, doch bei den vorliegenden gegensätzlichen Momenten handelt es sich um Eigenschaften und Verhaltensweisen, die jenen Zwecken im Wege stehen. Diese Hemmnisse nun lassen sich nicht einfach abweisen oder umgehen, denn sie sind als physiologische Faktoren in Aschenbach selbst verankert oder sind mit seinem Zweckobjekt untrennbar verknüpft. Was uns Zweck und Hemmnis überhaupt unterscheiden läßt, ist eine Wertschätzungsbeziehung, die Aschenbach zwischen beiden aufrichtet. Als Zweck kann das gelten, was Aschenbach erstrebt, und als Hemmnis das, was er verwirft. Dies ist jedoch kein Auseinanderhalten unterschiedlich geschätzter Objekte, vielmehr sind damit zwei Seiten ein und desselben Prozesses charakterisiert: das eine zu bejahen, bedeutet notwendig, das andere zu verneinen. Erst in diesem Spannungsfeld von Erstrebtem und Verworfenem erhält die rationalistische Lebensgestaltung ihren Sinn, denn sie versucht, die gegenläufigen Bewegungen zugunsten des Erstrebten zu entscheiden. So muß man von dieser rationalistischen Lebensgestaltung

als dem dritten Terminus sprechen, der als synthetische Mitte auf die Disjunktionen der Wertschätzung folgt. In dieser Mitte bleiben die beiden Pole präsent, denn die Überformung zugunsten des Erstrebten trägt die Spuren des Verworfenen noch an sich. Ich habe diese drei Termini, so wie sie in der Novelle auftauchen, zu einer Tabelle zusammengefaßt und einander gegenübergestellt (siehe Tabelle 2, S. 38).

Trotz der Gegenüberstellung mag es den Anschein haben, daß die Verwaltung eines Kräftehaushalts und die Disjunktionen der Wertschätzung zwei Begrifflichkeiten sind, die sich gegenseitig neutralisieren. Kann man bei der linken Spalte der Tabelle überhaupt von Zweckbestimmung sprechen? Prüfen wir den Sachverhalt am Begriff des ökonomischen Zwecks! Von diesem nimmt man an, daß er einer autonomen Setzung entspringe, d.h., daß er nicht der Sphäre angehöre, die ihn ins Werk setzt, sondern einer unterschiedenen, z.B. der Konsumption, in der er realisiert würde. Um den Zweck bewerkstelligen zu können, würden Mittel zu seiner Erreichung in Bewegung gesetzt, die nach dem Prinzip der Sparsamkeit und Adäquanz gewählt sind. Ein ökonomisches Mittel habe daher immer einen utilitaristischen Sinn, sei also immer durch andere ersetzbar.

Aschenbachs Zwecksetzungen sind in diesem Sinne jedoch nicht autonom, denn sie sind mit dem, was er verwirft, untrennbar verhäkelt. Ebenso gut könnte man sagen, daß Aschenbach versucht, etwas zu erreichen, um dem, was er verwirft, nicht nachgeben zu müssen. Zudem gehört die Realisierung der Zwecksetzung keiner unterschiedlichen Sphäre an. Dagegen könnte man nur ins Feld führen, daß es Aschenbach wesentlich um Ruhm und Erfolg gehe: "Da sein ganzes Wesen auf Ruhm gestellt war, ..." (S. 343). Diese Annahme ist jedoch nicht plausibel, denn Ruhm und Erfolg stellen nicht die Sphäre dar, in der Aschenbach die Früchte seiner Entbehrungen genießen kann, im Gegenteil, die Ansprüche an den Erfolgreichen potenzieren sich (vgl. ebd.). Weiterhin würden Ruhm und Erfolg als ausschließliche Ziele eben jenen utilitaristischen Sinn der Mittel bedingen. Doch davon kann bei ihm keine Rede sein. Aschenbach zwingt aus eigentlich unzulänglichen Mitteln ein Maximum an

Tabelle 2

Disjunktionen und Synthesen der Leistungsmoral

ERSTREBTES	SYNTHESE	VERWORFENES
Vernunft Selbstzucht zäher, stolzer, oft erprobter Wille (S. 341)	Kampf (S. 341)	plötzliche Anwandlung Müdigkeit Versagen Laßheit (S. 341)
außerordentliche Leistung Talent (S. 343)	ständige Anspannung tapfere Sittlichkeit Durchhalten leidend-tätige Tugend (S. 343)	Müßiggang Fahrlässigkeit Seltenheit der physischen Basis (S. 343)
Talent Zucht Größe Willensdauer Zähigkeit	Opfer Sieg der Moratät (S. 344)	zarte Schultern Zeitverschwendung Schwärmen Verschieben großer Pläne (S. 344)
alles Große (S. 344)	alles Große ein Trotzdem (S. 344)	Kummer Qual Armut Verlassenheit Körperschwäche Laster Leidenschaft (S. 344)
Arbeit Größe (S. 345)	<u>Moral der Leistung</u> Willensverzückung Verwaltung der Kräfte (S. 345)	Erschöpfung Überbürdung Aufgeriebensein Schmächtigkeit Sprödheit der Mittel (S. 345)

Resultat heraus, und wenn man von Zweck spricht, so ist es diese Selbstüberhebung, die gemeint ist.

> "Zwar liebte er ihn (scil. den Dienst am Werk, F.M.S.) und liebte auch fast schon den entnervenden, sich täglich erneuernden Kampf zwischen seinem zähen und stolzen, so oft erprobten Willen und dieser wachsenden Müdigkeit, von der niemand wissen und die das Produkt auf keine Weise, durch kein Anzeichen des Versagens und der Laßheit verraten durfte." (S. 341)

Wenn man nun von hier aus das Verhältnis zwischen dem ökonomischen Prinzip und dem disjunktiven Prinzip der Wertschätzung präzisiert, so läßt sich sagen, erstrebenswert für Aschenbach ist das, was jenes ökonomische Prinzip des Kräftehaushaltes befördert, und verwerflich ist das, was es behindert. So ist das ökonomische Prinzip nicht nur synthtetische Mitte, sondern auch gemeinsame Maßeinheit, die das Erstrebte mit dem Verworfenen in Beziehung setzt. So ist z.B. Müdigkeit an und für sich nicht verwerflich, sondern nur insofern sie der Selbstzucht entgegenwirkt. Diese Eigenschaften und Verhaltensweisen erhalten Gewicht, insofern sie als Polaritäten durch das gemeinsame Maß des ökonomischen Prinzips aufeinander bezogen sind. Formuliert man den Sachverhalt ökonomisch, so muß man hier von Selbstzweck sprechen, faßt man ihn moralisch, kann man zunächst noch vorsichtig von Aschenbachs Leistungsethos reden.

Mit der Bezeichnung Ethos ist noch die Möglichkeit eingeräumt, daß es sich dabei um eine Art von Privatmoral handeln könnte, die keinerlei allgemeine Billigung genießt. Es wäre sogar möglich, daß Aschenbach einfach ein pathologisches Verhältnis zu Leistung hat.

Von drei verschiedenen Aspekten her legt jedoch die Novelle dar, daß dieses Leistungsethos eine allgemeine Leistungsmoral ist. Das Leistungsethos ist in genealogischer Hinsicht verallgemeinerbar:

> "Seine Vorfahren waren Offiziere, Richter, Verwaltungsfunktionäre gewesen, Männer, die im Dienste des Königs, des Staates ihr straffes, anständig karges Leben geführt hatten." (S. 342)

Mit dem Resultat, das diesem Leistungsethos entspringt, kann sich das mitlebende Geschlecht identifizieren, jedoch nicht trotz dieses Ethos, sondern gerade deswegen. Aschenbachs Leistung ist also anerkannte Leistung.

> "Damit ein bedeutendes Geistesprodukt auf der Stelle eine breite und tiefe Wirkung zu üben vermöge, muß eine geheime Verwandtschaft, ja Übereinstimmung zwischen dem persönlichen Schicksal des Urhebers und dem allgemeinen des mitlebenden Geschlechts bestehen. (...) Aschenbach hatte es einmal an wenig sichtbarer Stelle unmittelbar ausgesprochen, daß beinahe alles Große, was dastehe, als ein Trotzdem dastehe, trotz Kummer und Qual, Armut, Verlassenheit, Körperschwäche, Laster, Leidenschaft und tausend Hemmnissen zustandegekommen sei." (S. 344)

Das Ethos gilt nicht nur für Aschenbachs Bereich, in dem er tätig ist, sondern überall da, wo gearbeitet und etwas geleistet wird.

> "Gustav Aschenbach war der Dichter all derer, die am Rande der Erschöpfung arbeiten, der Überbürdeten, schon Aufgeriebenen, sich noch Aufrechthaltenden, all dieser <u>Moralisten der Leistung</u> (Hervorhebung von mir, F.M.S.), die, schmächtig von Wuchs und spröde von Mitteln, durch Willensverzückung und kluge Verwaltung sich wenigstens eine Zeitlang die Wirkungen der Größe abgewinnen. Ihrer sind viele, sie sind die Helden des Zeitalters. Und sie alle erkannten sich wieder in seinem Werk, sie fanden sich bestätigt, erhoben, besungen darin, sie wußten ihm Dank, sie verkündeten seinen Namen." (S. 345)

Gemäß dieser Textstelle werde ich den behandelten Anteil in Aschenbachs Haltung <u>Leistungsmoral</u> nennen.

Ich werde mir nun die Frage vorlegen, in welchem Bereich die Leistungsmoral ihre Wirkungen entfaltet. Zieht man die Tabelle hier zu Rate, so fällt auf, daß alle Begriffe Befindlichkeiten, Eigenschaften und Verhaltensweisen von Aschenbach ausdrücken. Dies gilt sogar für das Produkt von Aschenbachs Anstrengung, das nicht unabhängig davon gesehen werden kann. So verweist die außerordentliche Leistung darauf, daß sie aus der Verwerfung von Müßiggang und Fahrlässigkeit, sowie aus mangelhafter physischer Basis hervorgegangen ist. So verweist alles Große darauf, daß es ein Trotzdem ist. Die Spuren dieser Befindlichkeiten sind nie getilgt, sie sind im Gegenteil akzentuiert, so daß man immer ermessen kann, was der, der dies erreicht hat, damit überwunden hat. Soweit also die Synthesen nicht das ökonomische Prinzip darlegen (Moral der Leistung, Willensverzükkung, Verwaltung der Kräfte), bezeichnen sie einen aufopfernden Kampf (Kampf, ständige Anspannung, tapfere Sittlichkeit,

Durchhalten, leidend-tätige Tugend, Opfer, Sieg der Moralität, alles Große ein Trotzdem). Wer aber ist der Gegner in diesem Kampf? Gegner ist sich wiederum Aschenbach selbst, und so bezeichnet die Leistungsmoral eine Auseinandersetzung, die mit dem und gegen den eigenen Körper geführt wird. Die Leistungsmoral ist eine Binnenstruktur, die damit ein innerlich Erstrebtes und Verworfenes organisiert. Befindlichkeiten werden nicht durch Ausschluß verworfen, sondern durch Einschluß, so daß aus jeder Not eine Tugend erwächst, die ihre Herkunft nicht verleugnen kann. Die Leistungsmoral kann daher auch nicht befrieden, sie organisiert, genauer gesagt, nach innen gehende Kraftwirkungen, die sie in Techniken des Kampfes übersetzt, wobei sie massive Kraftströme kontrollieren muß (ständige Anspannung, Durchhalten). Die Moral kanalisiert diese Kraftströme, sie bringt sie aber nicht zum Stillstand, deshalb eben kann es nicht Befriedung, sondern nur Sieg oder Niederlage geben. Fragt man also nach dem Bereich, in dem die Leistungsmoral ihre Wirkungen entfaltet, so ergibt sich, daß sie eine Körpertechnik vorstellt, die Kraftströme kontrolliert, die einer disjunktiven Energie entsprungen sind.

Welche Konsequenzen folgen aber nun daraus, daß sich Leistung an Moral gebunden hat? Es bedeutet, daß das sittlich Gute nur das Gelingen sein kann und demgemäß das sittlich Schlechte nur Mißlingen. In den Bedingungen für Ge- und Mißlingen ist der Leistungsmoralist auf sich selbst zurückverwiesen, denn seine Moral verspricht ihm, wenn er nur wenigstens für kurze Zeit seine Kräfte klug verwaltet, könne er sich Größe abgewinnen. Versagen bedeutet also, den inneren Gegner nicht überwunden zu haben. Das Ausfechten dieses Kampfes vereinsamt also den, der sich diese Moral zu eigen macht, denn alles obliegt ihm selbst. Daß Leistung sich an Moral, diese wiederum an eine einzelne Person und nur diese bindet, verbietet dem Versager das Heischen nach Mitleid oder Verständnis. Der Leistungsmoralist will nur an seinem Werk gemessen werden, - er bedarf also notwendig des Ruhmes und Erfolges -, <u>jedoch nur insofern dieses Werk eine sittliche Leistung darstellt</u>.

Diese Folgerung muß noch verdeutlicht werden, denn sie bildet einen Drehpunkt meiner Ausführungen: Sittlich ist die Leistung deshalb, weil der Leistungsmoralist zu ihr eigentlich nicht berufen ist (das Trotzdem!). Die sittliche Gebärde strukturiert also einen Raum, der sich von Mangelhaftigkeit aus zum Gelingen hin öffnet. Gäbe es also das große Werk oder was immer der Moralist erreichen möchte in seiner Unmittelbarkeit, kann es nur entweder unsittlich sein und bildet eine Versuchung für den Moralisten, oder es ist jenseits dieser Sittlichkeit, dann gilt es ihm als Gotteserlebnis, wie ich später ausführlicher darlegen werde.

2.1.1. Materialien zur Leistungsmoral.

Der Materialienteil hat den Sinn, Verbindungen zu zeitgenössischen Diskursen aufzuzeigen. Ich habe dabei versucht, Themenfelder vor allem in der Soziologie, der Psychoanalyse und später in nationalsozialistischen Texten zu lokalisieren, die Schlüsselbegriffe und zentrale Argumente der Novelle enthalten. Das historische Bild, das dabei entsteht, entspricht nicht dem, was man `Zeitgeist´ nennen würde, dessen Teil nun wiederum die Novelle ist, es ist vielmehr heterogen und ist daraufhin angelegt, die Variationsbreite dieser Begriffe und Argumente herauszustellen. Es wird sich dabei zeigen, daß sie durchaus einen lokal verschiedenen Stellenwert haben, daß sie, kurz gesagt, umkämpfte Themen vorstellen. Von diesem Gesichtspunkt her habe ich Verallgemeinerungen vorgenommen: Mit welchen Taktiken und Strategien wird gekämpft? Worum? Das Resultat, das diese Materialteile nach und nach entfalten wollen, wird sein, daß um den Körper gekämpft wird, daß jene Taktiken und Strategien Versuche sind, den Körper neu zu erschließen und zu vermessen. Von zweierlei Körpern wird dabei die Rede sein, von einer Mikrophysis, dem `personalen´ Organismus, und von einer Makrophysis, dem großen gesellschaftlichen Organismus, in den jener Mikrokörper integriert werden soll. Dieses Resultat wird jedoch erst mit dem Abschluß des letzten Materialteils vorliegen, und ich hoffe, daß der Leser die Geduld besitzt, bis dahin zu folgen.

Das Kernstück der Leistungsmoral Aschenbachs ist eben jene Verbindung, die das Ethische mit einem ökonomischen Prinzip eingeht. Darin besteht eines der großen Themen der zeitgenössischen Soziologie, die diese Moral als "Geist des Kapitalismus" (Max Weber, Ernst Troeltsch) oder als "bürgerliche Tugenden" (Werner Sombart) analysiert. Allerdings ist diese Moral hier nur mehr von historischem Interesse, denn sie gilt als verlorengegangene Substanz, die dem kapitalistischen Rationalismus zum Gehen verholfen hat, der jedoch dieser Krücken nicht mehr bedarf. Welche Konsequenzen aus dieser Leerstelle folgen, zeige ich in einem nächsten Schritt.

Die Moral, die MAX WEBER (1864-1920) darstellt, nennt er die "protestantische Ethik" (Weber, M. 1973: 27 - 277). Die protestantische Ethik greift im 18. Jahrhundert Platz, und ihr Kern ist es, daß sie zwar Vorschriften macht, die sich einem Nützlichkeitsprinzip unterordnen lassen, - es handelt sich um Regeln der Geschäftsklugheit -, jedoch ein utilitaristisches Verständnis der Mittel nicht gestattet. So ersetzt z.B. der Schein der Ehrlichkeit keineswegs diese. Das höchste Gut der protestantischen Ethik ist:

> "(...): der Erwerb von Geld und immer mehr Geld, unter strengster Vermeidung alles unbefangenen Genießens, so gänzlich aller eudämonistischen oder gar hedonistischen Gesichtspunkte entkleidet, so rein als Selbstzweck gedacht, daß es als etwas gegenüber dem 'Glück' oder 'Nutzen' des einzelnen Individuums jedenfalls gänzlich Transzendentes und schlechthin Irrationales erscheint. Der Mensch ist auf das Erwerben als Zweck seines Lebens, nicht mehr das Erwerben auf den Menschen als Mittel zum Zweck der Befriedigung seiner materiellen Lebensbedürfnisse bezogen." (S. 44)

Diese Regeln fordern den fortwährenden Appetit dessen, der keinen Hunger haben darf, denn das Streben nach Gewinn ist gut und Selbstzweck, der Genuß des Gewinns gilt nur insoweit als statthaft, als er der Reproduktion dieses Strebens dienlich ist.

Die protestantische Ethik erlaubt keinerlei Entlastung von ihr in irgendeinem Lebensbereich, auch eine zeitweilige Dispensierung von ihr, z.B. Freizeit, ist nicht möglich. Sie kennt daher auch keine Unterscheidung von Außen- und Innenmoral, denn das Streben nach Gewinn gilt auch z.B. beim Handel "unter Brüdern".
Zwar ist diese Ethik Teil eines praktischen Rationalismus, der die Welt bewußt auf die diesseitigen Interessen des einzelnen Ichs bezieht, ihre Quelle ist jedoch ein Irrationalismus, wie dies vor allem in der Berufskonzeption zum Ausdruck kommt. Diese Verquickung zeigt sich darin, daß rationale Berufsbewältigung eine von Gott gestellte Aufgabe ist, der Beruf gilt daher als Berufung.

> "Unbedingt neu war jedenfalls zunächst eins: die Schätzung der Pflichterfüllung innerhalb der weltlichen Berufe als des höchsten Inhaltes, den die sittliche Selbstbestätigung überhaupt annehmen könne." (M. Weber 1973: 67)

Demgemäß ist eine innerweltliche Askese das Ideal und nicht Weltverweigerung und Überbietung der innerweltlichen Sittlichkeit durch außerweltliche Askese. Maßstab des Gelingens der Askese ist nicht der wohlgemeinte Versuch, sondern das Resultat, die Werkheiligkeit. Demnach ist Gewinn eine Notwendigkeit und kann allein das Gelingen darstellen. So wird dem Versager keine Milde und Entlastung eingeräumt, denn eine allgemein menschliche Schwäche als Grund des Scheiterns ist bedeutungslos. Dieser Zusammenhang verschärft sich noch durch die Prädestinationslehre, daß nämlich Gnadenstand und Erlösung nur dem von Gott Auserwählten zuteil werden. Die fast unerträgliche Vereinsamung als Folge kann nur dann ausgehalten werden, wenn es keinerlei Anzeichen gibt, wem diese Auserwählung zukommt. Verwerflich ist es aber, an seine Prädestination nicht zu glauben. Daher ist der Geltungsanspruch der Ethik universell, wiewohl sie nur wenige Auserwählte kennt.
Zusammenfassend kann man sagen: Nicht Arbeit an sich gilt als gut, sondern nur rationale, d.h. erfolgreiche. Die Allgegenwart dieser Moral erfordert nicht partielle, sondern allseitige systematische Selbstkontrolle. Träger ist ein nicht entlastbares einzelnes Individuum.

ERNST TROELTSCH (1865 - 1923) unterscheidet sich in seiner Begriffsbestimmung nicht von Max Weber. Auch er spricht von dieser Ethik als dem "Geist des Kapitalismus".

> "Von dem kapitalistischen System ist der 'kapitalistische Geist' zu unterscheiden, ohne den jenes nie zu seiner Macht über die Gemüter gekommen wäre. Denn dieser Geist zeigt eine dem natürlichen Trieb zum Genuß und zur Ruhe, zur Erwerbung der bloßen Existenzmittel ganz entgegengesetzte Rastlosigkeit und Grenzenlosigkeit, macht Arbeit und Erwerb zum Selbstzweck und den Men schen zum Sklaven der Arbeit um ihrer selbst willen, er bringt das ganze Leben und Handeln unter eine absolut rationalistisch-systematische Berechnung, kombiniert alle Mittel, nutzt jede Minute aus, verwertet jede Kraft, verleiht im Bunde mit der wissenschaftlichen Technik und dem alles verknüpfenden Kalkül dem Leben eine durchsichtige Rechenhaftigkeit und abstrakte Genauigkeit." (Troeltsch 1928: 66 f)

Kernstück dieser Ethik ist auch bei Troeltsch die Prädestinationslehre und die Berufskonzeption. Troeltsch faßt jedoch schärfer, daß es sich nicht nur um eine Arbeitsmoral handelt, sondern - als Herrschaft der Arbeit über den Menschen - um eine <u>Leistungsmoral</u>.

> "Indem die aggressiv tätige Ethik der Pädestinationslehre den Erwählten zur vollen Entfaltung seiner gottverliehenen Kräfte nötigt und ihm an diesen Erkennungszeichen seine Erwählung gewiß macht, wird die Arbeit rationell und systematisch; indem die Askese den Trieb zu Ruhe und Genuß bricht, wird die Herrschaft der Arbeit über den Menschen begründet; und indem der Ertrag dieser Arbeit in keiner Form ein Selbstzweck ist, dem Gemeinwohl zugute kommt und aller über ein gediegenes Existenzminimum hinausgehender Erwerb nur als Aufforderung zu weiteren Verwertung und Verarbeitung empfunden wird, ergibt sich die prinzipielle Unbegrenztheit und Unendlichkeit der Arbeit." (S. 68)

WERNER SOMBART (1836 - 1941) führt zwar als "bürgerliche Tugenden" im wesentlichen das aus, was Weber und Troeltsch "Geist des Kapitalismus" nennen, unterscheidet sich jedoch von diesen in dreifacher Hinsicht: Die bürgerlichen Tugenden gehen schon auf das Quattrocento zurück, wie Sombart dies an den Büchern über den Haushalt (Libri della famiglia) von Leon Battista Alberti nachzuweisen versucht. Als religiöse Quellen kommen für ihn nicht nur der Protestantismus, sondern auch Katholizismus und Judentum in Frage. Zudem relativiert Sombart den Einfluß dieser Faktoren bei der Entfaltung des Kapitalismus.

> "(...): damit eine Religion Wurzeln schlage, müssen bestimmte Vorbedingungen in der Umwelt erfüllt sein. Diese Vorbedingungen sind keineswegs ökonomischer sondern mindestens ebensosehr biologisch-ethnologischer Natur. Von dem Gesamtzustande eines Volkes - seiner Blutsbeschaffenheit und seinen sozialen Lebensverhältnissen - hängt es ab, ob eine Religion (oder eine Philosophie, für die im kleineren Maßstabe dasselbe gilt) aufgenommen wird, ..." (Sombart 1923: 350)

Als bürgerliche Tugenden gemäß Alberti führt Sombart ah: Die "heilige Wirtschaftlichkeit", d.h. Rationalisierung und Ökonomisierung der Wirtschaftsführung. Rationalisierung meint:

> "(...): die Herstellung eines vernünftigen Verhältnisses zwischen Einnahmen und Ausgaben, also eine besondere Haushaltskunst." (S. 138)

Ökonomisierung bedeutet:

> "(...): daß jemand die Mittel hatte und sie doch zu Rate hielt. Denn alsbald kam zu jenem Grundsatz: nicht mehr auszugeben als einzunehmen, der höhere hinzu: <u>weniger</u> auszugeben als einzunehmen: zu sparen." (S. 139)

Es geht jedoch nicht nur um eine Ökonomie der Tätigkeiten, die jemand verrichtet, sondern auch um die Ökonomie, <u>wie</u> er sie verrichtet: die Ökonomie der Kräfte.

> "Aber zur vollendeten Ökonomisierung der Wirtschaft (und des Lebens) gehört (...) auch eine nützliche Anordnung der Tätigkeiten und eine zweckvolle Erfüllung der Zeit, gehört das, was man als <u>Ökonomie der Kräfte</u> bezeichnen mag." (S. 142)

Ebenso wie bei der "protestantischen Ethik" geht es um die moralische Gültigkeit dieser Tugenden.

Faßt man nun die angeführten Ethiken in folgenden Punkten zusammen:

- Verbindung eines ökonomischen mit einem ethischen Prinzip,
- Arbeitsmoral als Leistungsmoral,
- universeller Geltungsanspruch in allen Bereichen des Lebens als Ökonomisierung und Rationalisierung der Kräfte,

so ergibt sich eine Kongruenz mit Aschenbachs Leistungsmoral. Deckt sich also seine Leistungsmoral in ihrer nach innen gehenden strukturierenden und organisierenden Tätigkeit mit jenen Ethiken, so unterscheidet sie sich jedoch von ihnen durch ihre Betonung des Trotzdem und der Schwäche. Zudem ist ja, worauf ich bereits hingewiesen habe, diese protestantische/bürgerliche Ethik nur von historischem Interesse, meint also keine Gegenwartsdiagnose. Ich werde also zunächst mit Max Weber das Problem noch weiter verfolgen.

In Webers eigener Terminologie wäre die "protestantische Ethik" als eine Einheit zweier Handlungstypen zu sehen, die er zumindest analytisch getrennt hat: einem "zweckrationalen" und einem "wertrationalen" Schema (Kiss 1973/1975: 12 ff, 139 ff). Der "zweckrationale" Handlungstypus führt jedoch gegenüber dem"wertrationalen" durchaus eine eigenständige Existenz und verbindet sich nicht notwendig zu jener Einheit. Hier stößt man auf ein weiteres zentrales Thema der Soziologie, die sich mit der Dominanz dieser Zweckrationalität auseinandersetzt. Es besteht breite Übereinstimmung darin, daß dieser Rationalismus ein unerträgliches normatives und ethisches Vakuum darstellt. Demgemäß existiert eine Fülle von Gegenentwürfen, die diesem Vakuum abhelfen wollen. Die Zweckrationalität soll dabei wiederum einer Wertrationalität subordiniert werden, und es entstehen dabei jene 'griffigen' Dichotomien, in denen die beiden Rationalitäten auf einen polaren Nenner gebracht werden.

Am eingängigsten ist hier die Analyse von FERDINAND TÖNNIES (1855 - 1936), der von zwei alternativen gesellschaftlichen Zuständen ausgeht, der "Gemeinschaft" und der "Gesellschaft". Die "Gemeinschaft", ein vorkapitalistischer Zusammenhang, ist bestimmt von einem "Wesenwillen", der von natürlichen Sozialtrieben ("Neigung", "Instinkt", "Gefühl") getragen ist. Die "Gemeinschaft" wird verdrängt von der "Gesellschaft", in der ein rationalistischer, auf Interessen bedachter "Kürwille" die Oberhand gewinnt. Die Möglichkeit, die Zerstörung der sozialen Solidarität aufzuhalten, besteht nun darin, der "Gemeinschaft" wiederum zum Durchbruch zu verhelfen (vgl. König 1955: 361 ff). Tönnies hat seine Dichotomie wie folgt zusammengefaßt:

"A. Gemeinschaft.

1. Familienleben = Eintracht. Hierin ist der Mensch mit seiner ganzen Gesinnung. Ihr eigentliches Subjekt ist das Volk.

2. Dorfleben = Sitte. Hierin ist der Mensch mit seinem ganzen Gemüte. Ihr eigentliches Subjekt ist das Gemeinwesen.

3. Städtisches Leben = Religion. Hierin ist der Mensch mit seinem ganzen Gewissen. Ihr eigentliches Subjekt ist die Kirche.

B. Gesellschaft.

1. Großstädtisches Leben = Konvention. Diese setzt der Mensch mit seiner gesamten Bestrebung. Ihr eigentliches Subjekt ist Gesellschaft schlechthin.

2. Nationales Leben = Politik. Diese setzt der Mensch mit seiner ganzen Berechnung. Ihr eigentliches Subjekt ist der Staat.

3. Kosmopolitisches Leben = Öffentliche Meinung. Diese setzt der Mensch mit seiner gesamten Bewußtheit. Ihr eigentliches Subjekt ist die Gelehrten-Republik." (Tönnies 1970: 251)

Ebenso kritisiert ALFRED VIERKANDT (1867 - 1953) den kapitalistischen Rationalismus und versucht neue Werte ins Spiel zu bringen.

> "Diese Gesinnung (scil. die kapitalistische, F.M.S.) beherrscht heute die Arbeiter ebensogut wie die Massen der Gebildeten und Besitzenden. Der Wahlspruch des Lebens lautet für die kapitalistische Gesinnung: erwirb durch deine Arbeit soviel du kannst von dem höchsten Gut des Lebens, durch das erst alle andern ermöglicht werden, nämlich von Geld. Der erforderliche Wandel der Gesinnung, durch den in Wahrheit erst zusammen mit äußeren Reformen der Kapitalismus entthront würde, kommt darauf hinaus, das Geld in der Lebensauffassung zu entthronen: das Geld muß aufhören als das höchste Gut zu gelten. Der Umgang mit der Natur und die eigene Scholle, Kunst und Religion, Familie und Nation müssen für uns wieder zu höchsten Lebensgütern werden, (...) Wir müssen die Augen öffnen für die Fülle von Werten, die es neben (oder vielmehr vor) den nur durch Wohlstand ermöglichten Luxusgütern gibt." (Vierkandt 1929: 112 f)

Es besteht eine reale Perspektive, so Vierkandt, diese Zersetzung und Normenlosigkeit aufzuhalten darin, daß eine im Gruppenleben implizierte Tendenz zur Selbstheilung sich durchsetzt. (vgl. Vierkandt 1949: 103 ff)

Desgleichen konstatiert WERNER SOMBART eine Verkümmerung der Seele wegen des kapitalistischen Rationalismus:

> "Welche gemeinsamen Züge beobachten wir in dem Seelengefüge des modernen Wirtschaftsmenschen?
> Ich denke, vor allem müssen wir
> 1. nach dem Ideal Ausschau halten, nach den zentralen Lebenswerten, nach denen sich der moderne Wirtschaftsmensch orientiert. Und da stoßen wir denn alsbald auf eine seltsame Verschiebung in der Stellung des Menschen zu den im engeren Sinne persönlichen Werten: eine Verschiebung, die mir für die gesamte übrige Lebensgestaltung von entscheidender Bedeutung geworden zu sein scheint. Ich meine die Tatsache, daß der lebendige Mensch mit seinem Wohl und Wehe mit seinen Bedürfnissen und Anforderungen aus dem Mittelpunkte des Interessenskreises herausgedrängt worden ist, und daß seine Stelle ein paar Abstrakta eingenommen haben: der Erwerb und das Geschäft." (Sombart 1929: 216 f)

Als Gegenbild entwickelt Sombart einen "deutschen Sozialismus", der sich durchaus beabsichtigt in die Nähe des Nationalsozialismus rückt. Das wesentliche Ziel dieses Sozialismus ist es, "Deutschland aus der Wüste des ökonomischen Zeitalters herauszuführen, ..." (Sombart 1934: 160). Dies soll erreicht werden durch einen Umbruch des Wertesystems.

> "Die Deutschen Sozialisten streben mit einem Worte einen Zustand an, den wir Kultur nennen, der bestimmt ist, den heutigen Zustand der Zivilisation abzulösen ..." (S. 162)

> "Wir müssen uns wieder auf die wahre Rangordnung der Werte besinnen, müssen inne werden, daß über den Nützlichkeits- und Annehmlichkeitswerten höhere Werte stehen. Das sind aber die Werte des Heiligen, die Werte des Geistes und des Lebens (die vitalen Werte), die in dieser Reihenfolge zu verwirklichen uns obliegt,..." (S. 162)

Das Gegensatzpaar "Kultur" und "Zivilisation", das Oswald Spengler im übrigen im selben Sinne verwendet, gibt eine ähnliche Antinomie wieder wie Tönnies "Gemeinschaft und "Gesellschaft".

Als letzter sei in diesem Zusammenhang noch MAX SCHELER (1874 - 1928) genannt, der eine Unterteilung der Gesellschaft in zwei Sphären vornimmt, in Idealfaktoren ("Ideen- und Wertreich") und Realfaktoren ("Blut", "Macht", "Wirtschaft"). Diese Idealfaktoren haben gegenüber den Realfaktoren nur eine Appellfunktion, die jedoch nicht ausreicht, die triebhaften Momente zu korrigieren. Vor allem in der gegenwärtigen Phase einer zyklisch auslaufenden Kultur dominiert ein ökonomischer Rationalismus über den ohnmächtigen Geist. Eine Gegenperspektive könnte sich eigentlich nur über eine Art von pädagogischer Revolution vollziehen, die eine Machtergreifung des Geistes ermöglichen würde. (vgl. Scheler 1960: 6 f, 40 f, 382 ff)

Die Verbindung zwischen dem historischen Verschwinden einer bürgerlichen Leistungs<u>moral</u>, dem normativen Vakuum und den Gegenbildern, die sich daraus entwickeln, wäre bedeutungslos, wenn sich diese Entwicklung nicht unter einem Aspekt betrachten ließe, der sie in ein neues Licht rückt. Denn: Diese verschwundene Moral hat etwas Bleibendes in die Welt gesetzt, das sich nach ihrer Auflösung erst in aller Schärfe herauskristallisiert.

> "Es ist bekannt, wie oft man die Rolle einer asketischen Moral im ersten Stadium des Kapitalismus betont hat. Was sich aber im 18. Jahrhundert im Zusammenhang mit der Entwicklung des Kapitalismus in einigen Ländern des Okzidents abgespielt hat, ist ein anderes Phänomen von möglicherweise größerer Tragweite als jene neue Moral, die den Körper zu disqualifizieren schien. Es war nichts geringeres als der Eintritt des Lebens in die Geschichte - der Eintritt der Phänomene, die dem Leben der menschlichen Gattung eigen sind, in die Ordnung des Wissens und der Macht, in das Feld der politischen Techniken." (Foucault 1974 c: 168 f)

> "Zum ersten Mal in der Geschichte reflektiert sich das Biologische im Politischen. Die Tatsache des Lebens ist nicht mehr der unzugängliche Unterbau, der nur von Zeit zu Zeit, im Zufall und in der Schicksalhaftigkeit des Todes ans Licht kommt." (S. 170)

Das von Michel Foucault angeführte Phänomen ist unmittelbar korrelierbar mit dem Auftauchen von <u>Körperbildern</u> in den damaligen Soziologien. In diesen Körperbildern wird die Natur als ein Reservoir von Werten entdeckt. Ich sehe hier im wesentlichen zwei Tendenzen, deren Formulierung ich mit KARL

MANNHEIM (1893 - 1947) vorbereiten möchte. Mannheim spricht von einer "Disproportionalität in der Entwicklung der menschlichen Fähigkeiten" und meint damit vor allem, "(...), daß in einer Gesellschaft das technische und naturwissenschaftliche Wissen den moralischen Kräften und der Einsicht in das Wirken der gesellschaftlichen Mächte vorausgeeilt ist, ..."(Mannheim 1958: 50) Er faßt dies in der These zusammen:

> "Wenn die rationale Beherrschung der Gesellschaft und die Selbstbeherrschung des einzelnen nicht mit der technischen Entwicklung Schritt halten, wird unsere gegenwärtige Gesellschaftsordnung zusammenbrechen." (S. 50)

Für diese Herrschaftsstrategie, die Mannheim anvisiert, lassen sich zwei einander polar gegenüberstehende Tendenzen anführen: Dominanz des Körpers vs. Dominanz der (Zweck-) Rationalität. Durch diese Polarität sind gegensätzliche Wertquellen gegeben, die sich wechselseitig zu subordinieren versuchen. Diese Wertquellen nun sollen darüber Auskunft geben, welches grundlegende Vergesellschaftungsprinzip die jeweiligen Soziologen für wünschenswert halten. Ich werde daher zunächst die Körperbilder der erwähnten Soziologen präzisieren.

Bei Tönnies scheint dieser Zusammenhang evident, denn die "Gemeinschaft" beruht auf den "naturgegebenen Verhältnissen" und kann als ein lebendiger Organismus betrachtet werden, den "Bluts-, Orts- und Geistesverbundenheit" charakterisieren (Tönnies 1970: 8 ff). Gleiches gilt für den "Wesenwillen":

> "Wesenwille ist das psychologische Äquivalent des menschlichen Leibes, oder das Prinzip der Einheit des Lebens, sofern dieses unter derjenigen Form der Wirklichkeit gedacht wird, welcher das Denken selber angehört ..." (S. 87)

Bei Vierkandt zeigt sich dieses organische Fundament, wenn er im Zusammenhang mit sozialen Phänomenen die Begriffe "Gesundheit" und "Krankheit" verwendet:

> "Trotz aller dieser Schwierigkeiten, die sich einem gesunden Verlauf des Gruppenlebens entgegenstellen, ist bei diesem die Gesundheit die Regel, die Störung die Ausnahme." (Vierkandt 1949: 106)

> "(...) (wir können sie (scil. die Störungen, F.M.S.) auch als Krankheiten bezeichnen) ..." (S. 103)

> "Man kann hier von einer weitreichenden Tendenz zur Selbstheilung sprechen." (S. 107)

Bei Sombart geht es nun gar um eine Homogenität des Blutes: das Geblüt, die Rasse der Deutschen. Das deutsche Land ist ein "Leib", zu dem "Seele" und "Geist" gehören (Sombart 1934: 122 ff). Die Vermischung des Geblüts mit anderem hat, so Sombart, krankhafte Folgen.

> "In manchen Gebieten Deutschlands, namentlich natürlich in den Großstädten, hat die übertriebene Mischung bereits zu einer erheblichen Verschlechterung der Art beigetragen, das heißt: ist eingetreten, was man eine Verköterung nennt." (S. 125)

Nun ist ja die Rolle des Blutes in einer Markierungsfunktion historisch nicht neu, denn schon der mittelalterliche Adel hatte sich ein besonderes Blut zugesprochen, um Standesunterschiede zu kennzeichnen. Für das adlige Blut gilt die Gleichung: rein gleich edel, für das "bürgerliche" Blut, das Sombart meint, hingegen: rein gleich gesund und unrein gleich krank. Die Blutsreinheit, mithin Rasse, ist daher mit einem hygienischen Prinzip assoziiert, dessen Konsequenzen ich erst im letzten Materialteil entfalten werde. Von Sombart läßt sich zunächst nur sagen, daß er in abgeschwächter Form eine Tendenz repräsentiert, die versucht, eine umfassende Körpersprache für alle gesellschaftlichen und kulturellen Bereiche zu entwikkeln.[2)]

Bei Scheler taucht ein Körperbild im organischen Prozeß der Kulturentwicklung auf, die einem Aufblühen, Reifen und Vergehen unterworfen ist (vgl. Scheler 1960: 29 ff). Diese Vorstellung findet sich allerdings noch schärfer in der Kultursoziologie, vor allem bei Alfred Weber und Oswald Spengler, und ich werde sie im nächsten Materialteil entwickeln.

Überblickt man das bisher Ausgeführte, so scheint es, daß die Formulierung der zwei polaren Tendenzen modifikationsbedürftig ist, ja sie ist gewissermaßen irreführend, insofern sie die von den erwähnten Soziologien angebotene Dichotomie aufgreift. Denn: Wird die Dominanz des Körpers ins Spiel gebracht, so wird der angegriffene Rationalismus als etwas behandelt, was man eher "Seelenlosigkeit" nennen sollte. Das Körperbild, das dabei verwendet wird, ist das eines Makrokörpers (Gruppe, Rasse) und die Kenntnis dieses Körpers legt einen strategischen Zugang nahe, der gemäß dem Prinzip der Heilung und der Gesundheit verfährt. In dieser strategischen Zuspitzung wird sich zeigen, daß der Rationalitätsbegriff, den z.B. Max Weber verwendet, unangetastet bleibt. Wenn auch Weber sich vor allem darum bemüht hat, die Entstehung und die Bedingungen dieses modernen Typus von Rationalität herauszuarbeiten, so hat er dessen faktische Geltung doch eingeschränkt: Der Gebrauch dieses Handlungstypus hat in erster Linie strategische Bedeutung, insofern durch ihn soziale Vorgänge erst theoretisierbar sind. Demgemäß hat Weber diese strategische Bedeutung auch methodisch reflektiert und sie als Konstruktion von Idealtypen zu fundieren gesucht.

> "Die Konstruktion eines streng zweckrationalen Handelns also dient in diesen Fällen der Soziologie, seiner evidenten Verständlichkeit und seiner - an Rationalität haftenden - Eindeutigkeit wegen, als Typus ('Idealtypus'), um das reale, durch Irrationalitäten aller Art (Affekte, Irrtümer) beeinflußte Handeln als 'Abweichung' von dem bei rein rationalem Verhalten zu gewärtigenden Verlaufe zu verstehen.
> Insofern und nur aus diesem methodischen Zweckmäßigkeitsgrunde ist die Methode der 'verstehenden' Soziologie 'rationalistisch'. Dies Verfahren darf aber natürlich nicht als rationalistisches Vorurteil der Soziologie, sondern nur als methodisches Mittel verstanden und also nicht etwa zu dem Glauben an die tatsächliche Vorherrschaft des Rationalen über das Leben umgedeutet werden. Denn darüber, inwieweit in der Realität rationale Zweckerwägungen das tatsächliche Handeln bestimmen und inwieweit nicht, soll es ja nicht das Mindeste aussagen." (M. Weber 1960: 7)

Der Wert dieser Idealtypen liegt, so scheint mir, in erster Linie in ihrem operativen Gehalt, denn sie ermöglichen Gedankenexperimente, wie ein Ziel, der "gemeinte Sinn", erreichbar ist und welche Faktoren, "Abweichungen", kontrolliert werden müssen. Von da aus hat ja Weber auch das Postulat der Wertfreiheit aufgestellt, in dem Sinne, daß die Konstruktion des zweckrationalen Idealtypus das eine, die Wertentscheidung - jedem unbenommen, nur nicht wissenschaftsfähig, so Weber - das andere sei. Diesem operativen Wert der Idealtypen ist zu verdanken, daß Webers Ausführungen die Vorwürfe, daß Wirklichkeit unter der Bedingung der Wertfreiheit nicht zu erkennen wäre, überdauert haben. Weber hat sogar den heuristisch-strategischen Nutzen proportional zur Weltfremdheit gesetzt:

> "Je schärfer und eindeutiger konstruiert die Idealtypen sind: je weltfremder sie also in diesem Sinne sind, desto besser leisten sie ihren Dienst, terminologisch und klassifikatorisch sowohl wie heuristisch. Die konkrete kausale Zurechnung von Einzelgeschehnissen durch die Arbeit der Geschichte verfährt der Sache nach nicht anders, wenn sie, um z.B. den Verlauf des Feldzuges von 1866 zu erklären, sowohl für Moltke wie für Benedek zunächst (gedanklich) ermittelt (wie sie es schlechthin tun muß): wie jeder von ihnen, bei voller Erkenntnis der eigenen und der Lage des Gegners, im Falle idealer Zweckrationalität disponiert haben würde, um damit zu vergleichen: wie tatsächlich disponiert worden ist, und dann gerade den beobachteten (sei es durch falsche Information, tatsächlichen Irrtum, Denkfehler, persönliches Temperament oder außerstrategische Rücksichten bedingten) Abstand kausal zu erklären." (S. 17 f)

Daß sich der operative Gehalt gerade an diesem Beispiel bewährt, ist nicht zufällig, denn er bezieht aus dem Modell der kriegerischen Strategie seine Überzeugungskraft. Der Idealtypus geht von einer Streuung verschiedener Faktoren aus, wobei er versucht, die ihnen inhärenten Kraftwirkungen zu isolieren, um festzustellen, was die gewünschte Kraftwirkung befördert, was sie behindert, welche Wirkungen ausgeschaltet, kontrolliert und eingesetzt werden müssen. Diese Strategie rechnet mit einer kriegerischen Auseinandersetzung der Kräfte und erstellt demgemäß ihr Kalkül. Die Wertfreiheit dieses Kalküls, Weber nennt es "Chance", ermöglicht das Studium der vorhandenen Kräfte in ihrer Reinform, d.h. zur Anwendung gedacht werden darf, ja muß sogar prinzipiell alles, und erst dies ermöglicht die Erstellung eines strategischen Tableaus.

> "Kampf soll eine soziale Beziehung insoweit heißen, als das Handeln an der Absicht der Durchsetzung des eigenen Willens gegen Widerstand des oder der Partner orientiert ist." (S. 31)

Was Weber hier für die sozialen Beziehungen feststellt, läßt sich eben auch vom Idealtypus feststellen: Rekonstruktion einer Handlung unter der Bedingung, daß ihr gemeinter Sinn auch tatsächlich durchgesetzt werden soll.

Eine Weber sehr verwandte Vorstellung findet sich bei VILFREDO PARETO (1848 - 1923), dessen Begriffspaar der "logischen" und "unlogischen" Handlungen dem besprochenen Rationalitätsbegriff entspricht. Gleich Weber geht auch Pareto nicht etwa davon aus, daß logisches Handeln die Regel sei, im Gegenteil sogar versucht er nachzuweisen, daß dies eine irrationale Struktur hat. Wiewohl sich Wissenschaft, so Pareto, nur der Wahrheit verpflichtet fühlen darf, bedeutet dies nicht, daß wahre Theorien die sozial nützlichen und unwahre die sozial schädlichen sind. Man könnte sagen, daß der Geltungsanspruch von Wahrheit sich auf Wissenschaft beschränkt. Mit Nietzsche ließe sich dieser Versuch als die Systematisierung des Werts der Unwahrheit bezeichnen.

> "Wir sind weit davon entfernt, die soziale Nützlichkeit von Theorien zu leugnen, die von der unseren verschieden sind, und wir glauben sogar, daß sie sehr nützlich sein können. Die Gleichsetzung der sozialen Nützlichkeit einer Theorie mit ihrer experimentellen Wahrheit ist gerade eines der Prinzipien a Priori, die wir ablehnen ..." (Pareto 1955: §72)

Die logische Handlung hat allerdings für Pareto einen strategischen Wert, denn es lassen sich von diesem Kriterium her Gruppen und Untergruppen von Handlungen bilden, deren Distanz zur Handlungslogik dadurch hervortritt. Als logisch bezeichnet Pareto eine Handlung, wenn objektiver und subjektiver Zweck übereinstimmt.

> "(...) wir werden logische Handlungen diejenigen nennen, die nicht nur für ihr Subjekt, sondern auch für Besitzer ausgedehnterer Kenntnisse mit ihrem Zweck logisch verbunden sind, d.h. Handlungen, die subjektiv und objektiv (...) den Sinn (scil. haben, F.M.S.), (...) einem Zweck angemessene und mit diesem logisch verbundene Mittel darzustellen." (§150)

So wirkungslos nun auch die wahre Theorie sein mag, so kann sie doch feststellen, was jene logische Handlung behindert und kann mit einem Kalkül der abweichenden Kräfte deren mögliche Wirksamkeit bestimmen. Sie kann, pointiert gesagt, Unlogik berechenbar machen und so ein Handlungsmuster erstellen, das sich die Kenntnis jener Faktoren als erweiterte Chance zur Durchsetzbarkeit eigener Zwecke zunutze macht.

Diesen strategischen Rationalitätsbegriff, der sich nun abgezeichnet hat, kann man mit Karl Mannheim resümieren. Mannheim spricht hier von einer "funktionellen Rationalität":

> "Dabei verstehen wir unter 'rational' keineswegs die Tatsache, daß ein Mensch Denk- und Erkenntnisakte vollzieht, sondern daß eine Reihe von Handlungen so organisiert ist, daß sie zu einem vorgeschriebenen Ziel führt, wobei jedes einzelne Glied dieser Handlungskette einen funktionalen Stellenwert erhält. (...) Zur funktionellen Durchorganisierung in diesem Sinne gehört es jedoch keineswegs, daß dieses Optimum erreicht wird oder daß das Ziel selbst, an irgendeinem Maßstab gemessen, als vernünftig gelten kann. Man kann zur Erreichung eines irrationalen Heilziels, wie z.B. der Erlösung, sein asketisches Verhalten so durchorganisieren, daß es zu diesem Ziel oder zumindest zu einer irrationalen Ekstase führt. Dennoch werden wir um dieser Durchorganisierung willen von einem rationalen Verhalten sprechen, da jede Handlung vom Endziel her gesehen einen funktionellen Stellenwert besitzt." (Mannheim 1958: 63)

Die funktionelle Rationalität ist also ein Handlungsschema, das jedem beliebigen Ziel offensteht und so ein flexibles Kalkül kriegerischer Kräfte vorstellt. Mannheim gibt diesem Problem die entscheidende Wendung, wenn er eine Voraussetzung einführt, die unabdingbar mit der Anwendung dieses Handlungstypus verknüpft ist:

> "Dies führt uns aber unmittelbar zur Beschreibung einer besonderen Art der Rationalisierung, die mit der funktionellen aufs engste verknüpft ist, zum Phänomen der 'Selbstrationalisierung'.
> Unter Selbstrationalisierung will ich eine systematische Kontrolle der Triebe verstehen, die der Einzelne zunächst an sich vornehmen muß, wenn er sein Leben so einrichten will, daß jede Handlung von seinen Grundsätzen und Zielen her bestimmt wird."[3)]

Das bedeutet, kurz gesagt, die Übertragung des kriegerisch-strategischen Kalküls auf den eigenen Körper. Damit ist, so meine ich, eine befriedigende Erklärung dessen möglich, was ich bei Aschenbach als <u>Körpertechnik</u> bezeichnet habe: Organisation disjunktiver, d.h. feindlicher Kräfte, gemäß einem funktionell-rationalen Kalkül und damit die <u>Herausbildung des Körpers als Kriegsschauplatz</u>.

Geht man nun noch einmal auf das zurück, was ich zunächst als polare Tendenzen eingeführt habe, so kann man festhalten, daß diese Polarität ihren Sinn nur darin hat, Extrempunkte abzustecken, in deren Spannungsfeld sich die unterschiedlichen Theoriekonzepte erst herausbilden können. Als Polarität miteinander verknüpft können sie sich nur wechselseitig als Residuen erzeugen: Die Dominanz des Körpers macht aus dieser Rationalität nur Seelenlosigkeit, die Dominanz der Rationalität nun wiederum macht aus dem Körper ein beliebig vielen Zwecken offenes Kräftefeld. Ich habe nun versucht darzulegen, daß die Substanz der jeweiligen Konzepte ihre polare Verknüpfung nicht notwendig macht. Man muß, so scheint mir, die polare Verknüpfung als einen Ausschnitt aus dem Interferenzbereich behandeln, den jene beiden Positionen miteinander bilden. Berücksichtigt man die strategische Spitze dieser Konzepte, so zeichnet sich sogar eine wechselseitige Verstärkung ab: Rationalität als ein mikrologischer Regulierungsmechanismus, der den personalen Organismus neu erschließt und vermißt, und die Dominanz des Körpers als ein makrologischer Regulierungsmechanismus, der den gesellschaftlichen Körper neu erschließt und vermißt. Es macht die Leistungsfähigkeit dieser Doppelstrategie aus, daß der Bereich zwischen diesen Polen eine weitgespannte Variationsbreite für Versuche der Verknüpfung, der Vereinheitlichung, des Ausschlusses, der Überlagerung etc. der beiden Punkte bietet. Die Produktivität der Doppelstrategie ist die des Multiplikators, sie erzeugt, wie man noch sehen wird, brachiale Globalstrategien, wie die Spenglers, aber auch sich ins Körperinnere verästelnde Substrategien, wie die Freuds. Michel Foucault hat diese Doppelstrategie zusammengefaßt:

> "Konkret hat sich die Macht zum Leben seit dem 17. Jahrhundert in zwei Hauptformen entwickelt, die keine Gegensätze bilden, sondern eher zwei durch ein Bündel von Zwischenbeziehungen verbundene Pole. Zuerst scheint sich der Pol gebildet zu haben, der um den Körper als Maschine zentriert ist. Seine Dressur, die Steigerung seiner Fähigkeiten, die Ausnutzung seiner Kräfte, das parallele Anwachsen seiner Nützlichkeit und seiner Gelehrigkeit, seine Integration in wirksame und ökonomische Kontrollsysteme - geleistet haben all das die Machtprozeduren der Disziplinen: politische Anatomie des menschlichen Körpers. Der zweite Pol, der sich etwas später - um die Mitte des 18. Jahrhunderts - gebildet hat, hat sich um den Gattungskörper zentriert, der von der Mechanik des Lebenden durchkreuzt wird und den biologischen Prozessen zugrundeliegt. Die Fortpflanzung, die Geburten- und die Sterblichkeitsrate, das Gesundheitsniveau, die Lebensdauer, die Langlebigkeit mit allen ihren Variationsbedingungen wurden zum Gegenstand eingreifender Maßnahmen und

regulierender Kontrollen: Bio-Politik der Bevölkerung." (Foucault 1974c: 166)

Mit diesem Ergebnis komme ich nun wieder zu Aschenbach zurück. Aschenbach hat vorläufig die Dominanz der Rationalität durchgesetzt. Er hat seinen Körper zu einem Kriegsschauplatz gemacht und ihm so die Offenheit für hochgesteckte Zwecke abgepreßt: aus unzulänglichen Mitteln kann Großes werden. Damit hat Aschenbach seine körperliche Natur als Residuum der Schwäche etc. erzeugt. Hier wird man jedoch beobachten können, daß dies nicht das letzte Wort jener Natur ist, denn aus dem konstruierten Gegensatz Rationalität - Natur entspringen Körperbilder, die ihre Macht über Aschenbach erst noch gewinnen werden. Auch dieses Verhältnis der beiden Elemente ist unerhört produktiv. Als Interferenzbereich der Elemente können Aschenbachs Synthesen verstanden werden, und diese Synthesen organisieren die beiden Pole sogar in spezifischer Weise: als ethische Polaritäten. Diese Herausbildung einer Leistungsmoral scheint einen irrationalen Riß in der rigide durchgeführten Zweckrationalität darzustellen: Aschenbachs Verzicht auf den Primat des autonomen Zwecks oder Zweckrationalität als Selbstzweck. Es handelt sich hier um ein fast unerträgliches Paradox, dessen Lösung vermeintlich nur darin bestehen kann, daß eine "protestantische Ethik" wiedergekehrt ist. Dies muß jedoch präzisiert werden!

Webers Analyse der "protestantischen Ethik" zielte darauf ab, die Durchsetzung eines Rationalitätsbegriffs nachzuzeichnen, der in diesem Fall noch mit Wertrationalität unlösbar verknüpft ist. Was hat nun Weber mit der "protestantischen Ethik" entdeckt? Auf der einen Seite hat er mit der "protestantischen Ethik" eine unlösbare Verklammerung von Zweck- und Wertrationalität entdeckt, auf der anderen Seite damit zugleich die Bedingung der Lösung dieser Verklammerung. Mit anderen Worten: Weber ist auf eine Veränderung des religiösen Deutungssystems gestoßen, denn die "protestantische Ethik" löst Religion in den Alltag (des Werkens) auf und sie ist damit ihrem Kern nach eine Technik der Lebensführung. Diesem Auflösungsprozeß ist (ein himmlischer) Gott zum Opfer gefallen, jedoch in dem Sinne, daß er nun überall ist. Diese Doppeldeutigkeit kommt auch der Leistungsmoral Aschenbachs zu, einerseits ist sie Gipfel der Profanität, andererseits findet sie das Sakrale im Alltag wieder, sofern man, was noch gezeigt werden wird, das Sakrale als notwendige Einheit jeglicher ethischen Polarität bezeichnet. Zusammengefaßt könnte man sagen, daß Weber mit der "protestantischen Ethik" die Möglichkeit entdeckt hat, daß an die Stelle einer sakralen Idee Gottes eine nun aber nicht weniger sakrale Idee des Menschen tritt, die die Spitze einer Ethik der Lebensführung bildet. Auch hiervon wird noch zu sprechen sein, welch großes sakrales Potential Aschenbachs Leistungsmoral enthält, ein Potential, das nahezu beliebige Religiositäten reaktivieren und assimilieren kann.

Alles spricht dafür, daß Weber das sakrale Potential der Idee des Menschen nicht gesehen hat, wiewohl er doch den konsequentesten Ausdruck davon geliefert hat: zweckrationales Handeln als Idealtypus. Natürlich hat Weber diesen Idealtypus in erster Linie als theoretisches Kalkül angelegt und wollte mit der Bezeichnung eine Entfernung zur Wirklichkeit angeben. Er hat damit jedoch auch einen operativen Begriff gegeben, der dazu tendiert, die Reichweite, die er ihm gegeben hat, zu überschreiten, insofern er wiederum zur Basis einer auf strategischem Kalkül beruhenden Lebensführung wird. Dies würde gewissermaßen eine Re-Ethisierung der Zweckrationalität bedeuten: der Idealtypus als ethischer Idealtypus. Wie ist diese Entwicklung zu denken?

Es wäre zunächst einmal zwischen einer "weichen" und einer "harten" Verwendung des Idealtypus zu unterscheiden. Als weiche Variante des Begriffs läßt sich bezeichnen, was Habermas "erfolgskontrolliertes Handeln" nennt, das autonome Zwecke mit adäquaten Mitteln zu realisieren sucht. Dieser Begriff verweist auf das System der Arbeit. Unterstellt man, daß die Verständigung darüber, was Zweck sei und was nicht, möglich ist, so entsteht ein friedliches Bild von Ökonomie. Als harte Variante kann verstanden werden, was Weber als "Kampf" bezeichnet hat, daß nämlich der Idealtypus als Kalkül taugt, um gegenläufige Zweckbestimmungen, d.h. feindliche Kräfte, auszuschalten. Diesen Fall hatte ich unter Einbeziehung von Mannheims Argument der Selbstrationalisierung bei Aschenbach dargelegt: der Körper als Kriegsschauplatz. Beim Idealtypus als Kriegsstrategie geht es nicht mehr nur um Erfolg oder Mißerfolg, sondern auch um Sieg oder Niederlage. Bei Aschenbach läßt sich ersehen, daß die Frage nach Sieg oder Niederlage noch über der Frage nach Erfolg oder Mißerfolg steht: im Bild des Kämpfers wird zweckrationales Handeln als Lebensführung re-ethisiert. Deshalb ist das Große, das Aschenbach schafft, in erster Linie ein "Sieg der Moralität", in dem die feindliche Schwäche überwunden wurde und dieser Sieg stellt jenen eigenständigen Wert dar, der sich nur selbstzweckhaft in das System der Selbstrationalisierung einfügt. Die Abfolge dieser Schritte scheint mir zwingend: Die Übertragung des zweckrationalen Schemas auf den Körper macht diesen zum Kriegsschauplatz, dieses bedeutet wiederum den Sieg zu erstreben und die Niederlage zu verwerfen und bedeutet damit eben jene Re-Ethisierung. Dieses kriegerische Moment der Leistungsmoral wird man in Spenglers "preußischer Ethik", wie auch in der Arbeitsmoral des Nationalsozialismus wiederfinden. Wie man sieht, kann von einer Wiederkehr der "protestantischen Ethik" nur bedingt die Rede sein, denn die zentrale Unterscheidung ist die feindliche Schwäche, die nur die kriegerische Leistungsmoral kennt, aber nicht die "protestantische Ethik".[4)]

Das folgende Kapitel wird sich nun mit den nach Außen gehenden Wirkungen der Leistungsmoral beschäftigen und wird versuchen, ihren kriegerischen Charakter auszudifferenzieren.

2.2. "Heroismus der Schwäche"

Werfen wir zunächst die Frage nach der Legitimität der Leistungsmoral auf. Es ist übrigens nicht von Belang, ob sich diese Frage an der Novelle erschöpfend klären läßt, ich begreife sie vielmehr in erster Linie als Bezugspunkt, um das Spezifische von Aschenbachs Moral deutlicher hervortreten lassen zu können. Benutzt man Kants "Kritik der praktischen Vernunft" als kontrastierenden Hintergrund, so scheint es bei diesem evident, daß die Legitimität und die Verallgemeinerbarkeit von Moral in ihrer vernünftigen Absicherung besteht.

> "Reine Vernunft ist für sich allein praktisch und gibt (dem Menschen) ein allgemeines Gesetz, welches wir das Sittengesetz nennen." (Kant 1929/1974: 37)

> "Dieses Prinzip der Sittlichkeit nun, eben um der Allgemeinheit der Gesetzgebung willen (...) erklärt die Vernunft zugleich zu einem Gesetze für alle vernünftigen Wesen, sofern sie überhaupt einen Willen, d.i. ein Vermögen haben, ihre Kausalität durch die Vorstellung von Regeln zu bestimmen, (...) Es schränkt sich also nicht bloß auf Menschen ein, sondern geht auf alle endlichen Wesen, die Vernunft und Willen haben, ja schließt sogar das unendliche Wesen, als oberste Intelligenz, mit ein." (S. 37 f)

Kant hält also moralische Selbstgewißheit als vernünftige für möglich, denn die Verbindlichkeit des Sittengesetzes ist die der Vernunft.

Das Entgegengesetzte findet sich bei Aschenbach, der "(...) einer ganzen dankbaren Jugend die Möglichkeit sittlicher Entschlossenheit jenseits der tiefsten Erkenntnis zeigte;"(S.342). Warum aber wird Erkenntnis verworfen? Zu erkennen würde für Aschenbach bedeuten, der Tatsache Rechnung zu tragen, daß seine Moral auf Schwäche beruht: auf Müdigkeit, Versagen, Laßheit, zarten Schultern ... (siehe Tabelle 2, rechte Spalte!). Eine vernünftige Wägung all dieser Faktoren würde ihn dazu führen, sich mit weniger als Großem zu bescheiden. Einem 'vernünftigen Ökonomieprinzip' entspräche die Einsicht, daß aus geringen Möglichkeiten und Fähigkeiten auch nur Geringes entstehen kann. Ein 'vernünftiges Ökonomieprinzip' wäre jedoch auch nicht moralisch, denn es würde lediglich Fähigkeiten und Ziele

miteinander vereinbaren. Das Moralische bei Aschenbach beginnt erst, ökonomisch gesprochen, in der überproportionalen Nutzung der vorhandenen Möglichkeiten, ja es beruht sogar auf der systematischen Überschreitung dieser Möglichkeiten als Prinzip. Es ist leicht einzusehen, daß diese Selbstüberhebung nicht an Vernunft rückbindbar ist, sie entspricht ja nicht einmal zweckrationaler Vernunft im ökonomischen Sinne.
Aus diesen Überlegungen folgt auch, daß Vernunft nicht nur abgelehnt wird, weil sie keine Legitimationsbasis für die Leistungsmoral abgeben kann, sondern auch, weil sie - mehr noch - als Wägung der vorhandenen Möglichkeiten die Leistungsmoral schwächen würde.

> "(...); und gewiß ist, daß die schwermütig gewissenhafteste Gründlichkeit des Jünglings Seichtheit bedeutet im Vergleich mit dem tiefen Entschlusse des Meister gewordenen Mannes, das Wissen zu leugnen, es abzulehnen, erhobenen Hauptes darüber hinwegzugehen, sofern es (...) im geringsten zu lähmen, zu entmutigen, zu entwürdigen geeignet ist." (S. 346)
>
> "Aber moralische Entschlossenheit jenseits des Wissens, der auflösenden und hemmenden Erkenntnis,..." (S. 346)

Erkenntnis ist also unmoralisch, weil sie dazu angetan ist, die Leistungsmoral zu untergraben.
So hat also die Frage nach der Legitimität der Leistungsmoral noch keine positive Bestimmung ihrer äußeren Wirkungen erbracht, wohl aber eine negative: sie grenzt sich von Vernunft ab und verwirft dadurch den Anspruch verallgemeinerungsfähig zu sein.
Welchen kategorischen Imperativ fordert sie aber dann? Was ist ihr Wunschbild? Es muß etwas sein, das dies Trotzdem enthält und auch stark genug ist, Vernunft in die Schranken zu verweisen. Es ist der "Heroismus der Schwäche".

> "(...): betrachtete man all dies Schicksal und wieviel Gleichartiges noch, so konnte man zweifeln, ob es überhaupt einen anderen Heroismus gäbe als denjenigen der Schwäche. Welches Heldentum aber jedenfalls wäre zeitgemäßer als dieses? (...) Ihrer sind viele, sie sind die Helden des Zeitalters." (S. 345)

Ich habe schon darauf hingewiesen, daß das ökonomische Prinzip Aschenbachs disjunktive Energie in Techniken des Kampfes übersetzt. Derjenige nun, der einen Sieg seiner Moralität erfochten hat, ist ein Held. Der Held ist ein erfolgreicher, aber auch anerkannter Kämpfer. Der Held hat mehr gegeben, als man von ihm erwarten konnte; er hat ein gängiges Maß überschritten und ist somit über seine Möglichkeiten hinausgewachsen. Die Realisierung des eigentlich Unmöglichen trennt den Helden vom 'braven Kämpfer', noch mehr von dem, der sogar unter dem geblieben ist, was ihm möglich ist. Die Selbstüberhebung des Leistungsmoralisten findet also allgemeine Billigung als Heldentum und eröffnet einen Wertungsraum, in dem folgende Kategorien von Bedeutung sind: 'Dieser ist ein Held, dieser tut seine Pflicht und jener da ist ein Schwächling.' Der Schauplatz des Kampfes bleibt vorläufig noch der eigene Körper, mit dem und gegen den gefochten wird.

Legen wir uns nun noch einmal die Frage nach der Legitimität dieser Moral vor, scheiden wir jedoch jetzt den Begriff der Legitimität aus, weil er zu sehr mit einem Vernunftprinzip assoziiert scheint, und fragen: Was macht die Leistungsmoral allgemein akzeptabel? Die Antwort lautet: Die Leistungsmoral ist allgemein akzeptabel, insofern sie als Wunschbild und höchstes Ziel den Helden inauguriert.

Als nächstes gilt es, die Wirkungen der Leistungsmoral nach außen hin genauer zu bestimmen. Mit der eigenen, inneren Schwäche wird der Leistungsmoralist durch Überformung, durch Einschluß fertig, mit der der anderen jedoch durch ausschließende Verwerfung. Gegen die amoralische Erkenntnis, Schwäche verstehen zu müssen, setzt er eine Rebellion des Gefühls, die dem Schwächling gilt, der unter seinen Möglichkeiten bleibt und dafür sogar noch Verständnis heischt.

> "Wie wäre die berühmte Erzählung vom 'Elenden' wohl anders zu deuten denn als Ausbruch des Ekels gegen den unanständigen Psychologismus der Zeit (Hervorhebung von mir, F.M.S.), verkörpert in der Figur jenes weichen und albernen Halbschurken, der sich ein Schicksal erschleicht, indem er sein Weib, aus Ohnmacht, aus Lasterhaftigkeit, aus ethischer Velleität, in die Arme eines Unbärtigen treibt und aus Tiefe Nichtswürdigkeiten begehen zu dürfen glaubt. Die Wucht des Wortes, mit welcher hier das Verworfene verworfen wurde, verkündete die Abkehr von allem moralischen Zweifelsinn, von jeder Sympathie mit dem Abgrund, die Absage an die Laxheit des Mitleidssatzes, daß alles

verstehen alles verzeihen heiße, ..." (S. 346)

Hier wird also das Gegenbild des Schwächlings dargelegt, von dem der Held sich abwendet: weich, albern, Halbschurke (d.h. noch nicht einmal ein Ganzschurke), ohnmächtig, lasterhaft, von ethischer Velleität, nichtswürdig mit Überzeugung. Was den Weichling vom Helden trennt, ist nicht, daß er Weichheit, Ohnmacht, Lasterhaftigkeit in sich hat, sondern daß er dieser Seite in sich nachgibt, also "(...) aus Tiefe Nichtswürdigkeiten begehen zu dürfen glaubt." Auch der Held kennt ja diese Schwächen (siehe wiederum Tabelle 2, rechte Spalte), jedoch ringt er sich zu jenem Trotzdem durch. Natürlich <u>könnte</u> der Held Verständnis für jene Schwächen haben, deshalb bedarf es eines zusätzlichen Akts, sich davon abzuwenden, eben der Negation des Wissens: Das Verworfene muß nochmals verworfen werden; von moralischem Zweifelsinn muß man sich abkehren; der Sympathie mit dem Abgrund, die man ja zweifellos (in sich) hat, muß eine Absage erteilt werden. Man sieht daraus, daß es sich nicht um eine selbstgewisse Moral handelt, die im Bewußtsein ihrer Legitimität Erstrebtes von Verworfenem scheidet, sondern um einen Kraftakt, die disjunktiven Energien in sich zu bändigen, um dann umso rigoroser das Nicht-Gebändigte bei anderen zu verwerfen. Ein gefährlicher Gegner ist der Leistungsmoral jedoch in dem amoralischen Wissen erwachsen, das dieser ablehnt, nicht weil es unvernünftig oder falsch wäre, sondern weil es lax ist. Dies amoralische Wissen ist der Psychologismus, der Nichtswürdigkeiten Verständnis entgegenbringt und sie von daher verzeiht. Der Kriegsschauplatz hat sich um die Verwerfung durch Ausschluß erweitert.

Eine neue, glorreiche Synthese bahnt sich jedoch an, die vor dem Hintergrund der Verwerfung durch Einschluß und der durch Ausschluß tatsächlich als "Wunder" gelten darf: "jenes 'Wunder der wiedergeborenen Unbefangenheit'" (S. 346). Verfolgen wir den Weg dieses Wunders nochmals zurück: Ausgangspunkt ist disjunktive Energie, die in Techniken des Kampfes übersetzt wird. Jedoch ist auch das gesellschaftliche Feld von diesen entgegengesetzten Kräfteströmen durchzogen. Der Held begegnet dem durch die Erweiterung des Kriegsschauplatzes und ergänzt seine Kampftechniken um die des Ausschlusses. Nun aber verspricht die glorreiche Synthese der wiedergeborenen Unbefangenheit eine Überwindung der disjunktiven Schmerzen, ihre Verwandlung in produktiv-ästhetische Voluptas. Sehen wir genauer zu!

> "Die Wucht des Wortes, mit welcher hier das Verworfene verworfen wurde, verkündete die Abkehr von allem moralischen Zweifelsinn, von jeder Sympathie mit dem Abgrund, die Absage an die Laxheit des Mitleidssatzes, daß alles verstehen alles verzeihen heiße, <u>und was sich hier vorbereitete, ja schon vollzog</u>; (Hervorhebung von mir, F.M.S.) war jenes 'Wunder der wiedergeborenen Unbefangenheit', auf welches ein wenig später in einem der Dialoge des Autors ausdrücklich und nicht ohne geheimnisvolle Betonung die Rede kam. Seltsame Zusammenhänge! War es eine geistige Folge dieser 'Wiedergeburt', dieser neuen Würde und Strenge, daß man um dieselbe Zeit ein fast übermäßiges Erstarken seines Schönheitssinnes beobachtete, jene adelige Reinheit, Einfachheit und Ebenmäßigkeit der Formgebung, welche seinen Produkten fortan ein so sinnfälliges, ja gewolltes Gepräge der Meisterlichkeit und Klassizität verlieh?" (S. 346)

War bisher von Synthesen die Rede, so waren es kriegerische, also solche, in denen die auseinanderstrebende Kraft der Disjunktionen unmittelbar präsent war. Die disjunktive Energie war damit eingegangen in eine der Aufzeichnung: ihre Übersetzung in Techniken des Kampfes. Die Synthese der wiedergeborenen Unbefangenheit ist hingegen eine energetische Umwandlung zu höherer Qualität, denn die Qual der Trennung emanzipiert sich zu einem <u>positiven</u> Triumph (S. 345). Der positive Triumph hat sich seiner <u>negativen</u> Momente vorläufig entledigt und tritt als <u>ästhetisches Phänomen</u> zu Tage ("adelige Reinheit, Einfachheit und Ebenmäßigkeit der Formgebung"). Doch nicht nur Aschenbachs Resultate erhalten durch diese Umwandlung ästhetische Dignität, auch die Binnenstruktur der Leistungsmoral erfährt eine solche Veredelung: aus z.B. "ständiger Anspannung" wird "neue Würde und Strenge" und aus z.B. "Durchhalten" wird ein "übermäßiges Erstarken des Schönheitssinnes". Die energetische Umwandlung ist demgemäß eine zweifache: Aus disjunktiver Energie wird ästhetisch-produktive ("Reinheit", "Einfachheit", "Ebenmäßigkeit") und zugleich ästhetisch-konsumptive, d.h. es entsteht eine neue, libidinöse Struktur, mit

mit deren Hilfe Aschenbach die Polarität der Leistungsmoral genießen kann ("Würde", "Strenge", "Erstarken des Schönheitssinnes").

Im Zugewinn der ästhetischen Dimension erreicht die Leistungsmoral Selbstgewißheit, denn sie darf sich nun in Schönheit selbst betrachten, so wie sich die Kantsche Ethik in der Vernunft betrachten durfte. Das fehlende Bindeglied zwischen Leistungsmoral und dieser Ästhetik ist der "Heroismus der Schwäche", denn durch die Wendung nach außen vollendet sich die Abkehr von moralischen Zweifelsinn und eben darin vollzieht sich, wie es heißt, das "Wunder" der neuen Ästhetik.
Verbleiben wir noch bei dieser Ästhetik und versuchen das Charakteristische an ihr herauszuarbeiten! Zu diesem Zweck werde ich wiederum einen Kontrasthintergrund einführen, Friedrich Theodor Vischers "Ästhetik", weil sie eine scheinbar ähnliche Verbindung zwischen Ethik und Ästhetik herstellt.

> "Indem die Idee sich zuletzt in höchster Bedeutung als der sich verwirklichende sittliche Zweck, hiermit als das Gute dargestellt hat, so ist das Schöne seinem Gehalte nach einfach als identisch mit diesem zu fassen." (Vischer 1922: 77)

Die Identität des sittlich Guten mit dem ästhetisch Schönen muß in der Tat an Aschenbach erinnern, wie kommt jedoch Vischer zu dieser Gleichsetzung?

> "Das Schöne ist also die Idee in der Form begrenzter Erscheinung. Es ist ein sinnlich Einzelnes, das als reiner Ausdruck der Idee erscheint, so daß in dieser nichts ist, was nicht sinnlich erschiene, und nichts sinnlich erscheint, was nicht reiner Ausdruck der Idee wäre." (S. 52)

Diese Idee nun, die das Schöne sinnlich darstellt, erscheint ebenso als sittlicher Zweck in der Religion.

> "Einen solchen Inhalt scheint die Religion darzubieten als der Glaube an die Wirklichkeit eines Einzelnen, welches zugleich absolut ist." (S. 81)

Das Gute und das Schöne sind also identisch, insofern sie beide auf das gemeinsame Dritte, die absolute Idee, bezogen sind. Es sind also zwei Weisen zu diesem Absoluten hin und ihr Auseinandertreten ist ebensosehr möglich:

> "Das Schöne ist gut, aber darum das Gute noch nicht schön." (S. 77)

> "Es erhellt nun aber, daß in dieser Identität mit dem Guten, der Religion und dem Wahren das Schöne etwas Besonderes gar nicht ist ..." (S. 91)

Diese Fragestellung ist es jedoch wert, übernommen zu werden: Worin besteht das gemeinsame Dritte von Aschenbachs Leistungsmoral und Ästhetik? Das Gemeinsame ist hier die "Form", die "(...) sittlich als Ergebnis und Ausdruck der Zucht ..." (S. 346 f) ist. Reformuliert man von hier aus die Polaritäten der Leistungsmoral, so kann man das Erstrebte als Geformtes und das Verworfene als Formloses bezeichnen. Diese Wertschätzung kann zugleich als ästhetische gelten, das Geformte ist das Schöne und das Formlose das Häßliche.

> "Etwas Amtlich-Erzieherisches trat mit der Zeit in Gustav Aschenbachs Vorführungen ein, sein Stil entriet in späteren Jahren der unmittelbaren Kühnheiten, der subtilen und neuen Abschattungen, er wandelte sich ins Mustergültig-Feststehende, Geschliffen-Herkömmliche, Erhaltende, Formelle, selbst Formelhafte, und wie die Überlieferung es von Ludwig XIV. wissen will, so verbannte der Alternde aus seiner Sprachweise jedes gemeine Wort." (S. 347)

Diese Form steht für sich selber, nicht etwa wie bei Vischer für die und in der Idee, denn dann müßte ja wiederum eine vernünftige Verankerung vorausgesetzt werden. Der Dienst an der Form wird daher in anderem Zusammenhang als leerer und strenger (S. 345) erläutert.

Kann man aber jetzt nicht die Ästhetik Aschenbachs als Resultat festhalten und ihre Geburtshelferin, die Leistungsmoral, vernachlässigen? Nein, man kann es nicht, denn als Dominanz der Form und als Verwerfung des Formlosen vollzieht sich die genealogische Wiederkehr der Leistungsmoral. Allerdings lassen sich verschiedene genealogische Schichten unterscheiden, die ich in nachfolgender Tabelle aufführe (siehe S. 68).

Tabelle 3:

Die Abfolge der genealogischen Schichten

ETHIK	Erstrebte Formen:	Synthesen:	Verworfene Formlosigkeiten:
Binnenstruktur	Größe	Leistungsmoral	Trotzdem
Außenstruktur	Held	Heroismus der Schwäche	Schwächling
ÄSTHETIK			
Binnenstruktur	Erstarken des Schönheitssinnes	Wunder der wiedergeborenen Unbefangenheit	libertinischer Puppenstand
Außenstruktur	Adeligkeit Reinheit	Wunder ...	Gemeines, Kühnes

Zwar kann Aschenbachs Gelangen zu Adeligkeit und Reinheit als `letzte´ Stufe in dieser Abfolge gelten, blickt man jedoch, wie die Novelle auffordert, in die erzählte Welt (S. 345), so zeigt sich, daß sich eben jene Schichtabfolge im Werk <u>wiederholt</u>. Sie beginnt bei der Größe als Trotzdem:

> "Aber das (scil. daß beinahe alles Große als ein Trotzdem dasteht, F.M.S.) war mehr als eine Bemerkung, es war eine Erfahrung, war geradezu die Formel seines Lebens und Ruhmes, der Schlüssel zu seinem Werk; und was Wunder also, wenn es aubh der sittliche Charakter, die äußere Gebärde seiner eigentümlichsten Figuren war?" (S. 344)

Sie endet ebenso bei den ästhetischen Kategorien Schönheit und Häßlichkeit:

> "Blickte man hinein in diese erzählte Welt, sah man: (...) die gelbe sinnlich benachteiligte Häßlichkeit, die es vermag, ihre schwelende Brunst zu reiner Flamme zu entfachen, ja, sich zu Herrschaft im Reiche der Schönheit aufzuschwingen;" (S. 345)

Im Werk findet also eine Wiederkunft der genealogischen Schichten statt und man könnte für es dieselbe Tabelle erstellen, wie ich es oben für Aschenbach getan habe. in dieser genealogischen Formation ist also jedes Element unverzichtbar, ebenso wie jedes Element auf ein vorgängiges verweist, also Station einer Wiederkunft des Gleichen ist. Dies gilt übrigens auch für den Anfang und das Ende der Kette, Größe kann nur bezogen sein auf ihr Ins-Werk-Gesetzt-Werden durch Adeligkeit und Reinheit. Präzisieren wir also: Die Abfolge der genealogischen Schichten ist eine kreisförmige, insofern Anfang und Ende miteinander verhäkelt sind. Diese Kreisförmigkeit wird wiederholt durchlaufen, insofern die Genealogie des Autors die des Werks ist und beide in dieser Wiederholung aufeinander verweisen. Um das Ganze dieser genealogischen Formation zu bezeichnen, spreche ich hier in Zusammenziehung von einer ästhetischen Ethik.

Innerhalb dieser ästhetischen Ethik bildet der "Heroismus der Schwäche" das entscheidende Bindeglied zwischen den beiden Termen: dieser Heroismus hält die Leistungsmoral präsent und schafft zugleich die Voraussetzung für das Wunder jener Wiedergeburt. Um das Bild dieser ästhetischen Ethik zu vervollständigen, gilt es noch, die 2. Tabelle der Disjunktionen und Synthesen um die des "Heroismus der Schwäche" und die der neuen Ästhetik zu vervollständigen. Zwischen Autor und Werk habe ich hierbei nicht unterschieden (siehe S. 70).

Überblickt man die bisherige Analyse, so könnte man mit Recht folgern, daß es sich bei dieser ästhetischen Ethik um eine sehr stabile Struktur hanelt. Diese Stabilität beruht jedoch auf folgenden Voraussetzungen:

- die bruchlose Verzahnung von Ethik und Ästhetik,
- die Abwesenheit von Grenzfällen (z.B. Adeligkeit und Reinheit als unmittelbare und nicht als Produkte der Leistungsmoral),
- die Unmöglichkeit der Inversion der Disjunktionen, die Sicherheit der Wertschätzung zwischen Erstrebtem und Verworfenem also.

Tabelle 4:
Disjunktionen und Synthesen des "Heroismus der Schwäche" und der neuen Ästhetik

ERSTREBTES	SYNTHESE	VERWORFENES
	sittliche Entschlossenheit jenseits der tiefsten Erkenntnis (S. 342)	
Haltung	Dulden	Schicksal
Anmut	aktive Leistung	Qual
Selbstbeherrschung	positiver Triumph	Unterhöhlung, Verfall
Schönheit	Dienst der Form	Häßlichkeit
Heroismus (S. 345)	Heroismus der Schwäche (S. 345)	Schwäche (S. 345)
Wille, Tat, Gefühl, Leidenschaft (S. 346)	Leugnung des Wissens (S. 346)	Reiz der Erkenntnis (S. 346)
	Ausbruch des Ekels	unanständiger Psychologismus
	Verworfenes verwerfen	weicher, alberner Halbschurke, Ohnmacht, Lasterhaftigkeit, ethische Velleität, Nichtwürdigkeit
	Absage an den Mitleidsatz	Laxheit des Mitleidsatzes
Schönheitssinn, adelige Reinheit, Einfachheit, Ebenmäßigkeit der Form, Meisterlichkeit, Klassizität (S. 346)	Wunder der wiedergeborenen Unbefangenheit, neue Würde, Strenge (S. 346)	moralischer Zweifelsinn, Sympathie mit dem Abgrund (S. 346)
Amtlich-Erzieherisches, Mustergültig-Feststehendes, Geschliffen-Herkömmliches, Erhaltendes, Formelles, Formelhaftes (S. 347)	Würde des Geistes, Hofsitten der Einsamkeit (S. 347)	libertinischer Puppenstand, unmittelbare Kühnheit, subtile Abschattung, gemeines Wort (S. 347)

Entlang dieser drei Voraussetzungen ist also zu untersuchen, ob die ästhetische Ethik tatsächlich jenes Maß an Stabilität hat, das ihr zuzukommen scheint. Ich werde zunächst den ersten Punkt behandeln, weil sich seine Problematik an das eben Ausgeführte unmittelbar anschließt. Der zweite Punkt, den ich früher schon als Drehpunkt bezeichnet habe, wird vor allem mit dem Erscheinen Tadzios aufgenommen werden. Der dritte wird im übernächsten Kapitel zur Sprache kommen.

> "Aber moralische Entschlossenheit jenseits des Wissens, der auflösenden und hemmenden Erkenntnis, - bedeutet sie nicht wiederum eine Vereinfachung, eine sittliche Vereinfältigung der Welt und der Seele und also auch ein Erstarken zum Bösen, Verbotenen, zum sittlich Unmöglichen? Und hat die Form nicht zweierlei Gesicht? Ist sie nicht sittlich und unsittlich zugleich, - sittlich als Ergebnis und Ausdruck der Zucht, unsittlich aber und widersittlich, sofern sie von Natur eine moralische Gleichgültigkeit in sich schließt, ja wesentlich bestrebt ist, das Moralische unter ihr stolzes und unumschränktes Szepter zu beugen." (S. 347)

Hier ist eine mögliche Kollision von Aschenbachs Moral mit einer vernünftigen vorgezeichnet. Da Aschenbach die Verbindlichkeit einer vernünftigen Moral nicht akzeptiert, kommt diese Kollision hier nur insoweit in Betracht, als sie eine immanente Schwäche seiner Moral aufweist.

Aschenbach hatte sich von der vernünftigen Moral abgesetzt, weil er ihren letztendlich legitimatorischen Charakter, zusammengefaßt in jenem laxen Mitleidssatz, verwarf. Die Kehrseite dieser Verwerfung der Vernunft ist der Verlust ihres regulativen Charakters, d.h. nicht nur das Böse durch Verständnis zum Verzeihen hin zu relativieren, sondern auch durch die Bindung des Bösen an Vernunft seine autonome Kraft zu schwächen. Für den, der wie Kant Vernunft als höchste Instanz begreift, wird dadurch ein Bereich eröffnet, in dem diese durch ihre Eigengesetzlichkeit Gutes und Böses nach ihrem Maßstab wägt. Natürlich gibt es keine Gewähr dafür, daß diese Wägung als Regulativ wirkt. Es ist jedoch wesentlich, daß Aschenbachs Moral nicht einmal die Möglichkeit zu einem solchen Regulativ bietet. Aschenbach richtet einen schroffen moralischen Gegensatz auf, in dem die Kraft des Guten die Stärke eine Ideals hat und das Böse die umgekehrt proportionale Gegenbesetzung bildet. Zudem sind Gutes und Böses so miteinander verkettet, daß der Größe des moralischen Sieges die entsprechende Mühe, das Verworfene niederzukämpfen, gegenübersteht. Je mehr also Aschenbach sein Ideal erreicht, je heldenhafter sein Kampf, desto stärker der Gegner. Vor diesem Hintergrund kann man in der Tat von einer "sittlichen Vereinfältigung" sprechen, die ein "Erstarken zum Bösen" bedeutet.

Aber kann nicht die Form als vermittelndes Drittes von Aschenbachs Ethik wie auch Ästhetik den Platz der Vernunft einnehmen? Form kann nur sittlich sein, insofern sie an Arbeit und Leistung gebunden ist, also dem Trotzdem entspringt. Als ästhetische Kategorie legt die Form jedoch <u>auch</u> die Beurteilungsweise eines Resultats fest. Räumt man also die Möglichkeit ein, daß dieses Resultat nicht notwendig mit der Sittlichkeit der Leistung verknüpft sein muß, so muß man auch die Unsittlichkeit der Form annehmen. Als ästhetische Kategorie ist demnach Form ein moralisch gleichgültiger Maßstab, sofern sie nicht mehr auf die sie vermittelnde sittliche Leistung verweist. Es ist daher evident, daß sie nicht dem Vernunftregulativ in seiner Funktion entsprechen kann.[5)]

Vor allem im Rekurs auf eine vernünftige Moral zeigt sich also, daß die ästhetische Ethik ihre beiden Anteile eben nicht widerspruchsfrei verzahnen kann, daß sogar die Möglichkeit besteht, daß beide gegeneinander wirken können. Dies ist zweifellos eine ihrer Instabilitäten.

2.2.1. Materialien zum "Heroismus der Schwäche" und zur neuen Ästhetik.

2.2.1.1. Moralische Entschlossenheit jenseits des Wissens.

Eine Moral jenseits des Wissens mag vielleicht als leere, wenn nicht gar gewaltsame Abstraktion erscheinen. Daß jedoch diese Position auf dem Wege der Erkenntnis selber erreichbar ist, dies möchte ich an ALFRED SEIDEL (1895 - 1924) zeigen. Seidels Problemstellung sind die "auflösenden" und "hemmenden" (Seidel 1927: 71) Wirkungen des Bewußtseins.

> "Wir stellen demgegenüber die Frage, ob die Erkenntnis der sozialen und psychischen Vorgänge nicht gerade ihre Beeinflussung unmöglich macht, zumindest hemmt - die Frage nach dem Bewußtsein als Verhängnis." (S. 74)

Seidel zweifelt nicht nur den praktischen Wert des Bewußtseins an, sondern sogar Erkenntnis insgesamt. Er zeigt daher deren zerstörerische Wirkung zunächst an der Hemmung instinktiv-reflektorischer Reaktionen.

> "So weiß man, daß reflektorische Vorgänge gestört oder aufgehoben werden können einfach dadurch, daß sich das Bewußtsein darauf richtet. Diese unheilvolle Wirkung veranschaulicht am besten die Parabel vom Tausendfüßler ..." (S. 88)

Einen krankhaften Reflexionszwang sieht Seidel in der Psychoanalyse am Werk, insofern sie dazu gelange, Kultur und Neurose auf dieselben Strukturprinzipien zurückzuführen.

> "Das Analysieren psychischer Phänomene kann sich zum Reflexionszwang steigern, einem quälenden Zustand des Denkenmüssens, in dem das Wissen und das Wissenwollen jeden Augenblick das Tun vergiftet." (S. 89)

> "Sollten etwa die genannten psychischen Vorgänge (scil. Kunst, Religion. soziale und politische Betätigung, F.M.S.) nach demselben Prinzip aufgebaut sein wie die Neurosen?" (S. 92)

> "Die Kultur beruht demnach (scil. nach der Auffassung der Psychoanalyse, F.M.S.) ebenso wie die Neurose auf Verdrängungen." (S. 92)

Analog Aschenbach ließe sich Seidels Verständnis der Psychoanalyse als "unanständiger Psychologismus" zusammenfassen, in dem Sinne jedoch, daß sie Werte zerstöre und auflöse, ohne an ihre Stelle etwas anderes zu setzen. Vom Standpunkt des Bewußtseins aus gesehen hält Seidel die Erkenntnis der Psychoanalyse für unausweichlich, ebenso unausweichlich ist jedoch auch die verhängnisvolle Alternative, die sich für ihn stellt.

> "(...); entweder man bejaht die Sublimierung, d.h. die Verdrängung von Trieben und nimmt dabei die Neurosen in Kauf - oder man tritt für (...) die Heilung der Neurosen ohne Rücksicht auf die Kultursublimierung ein ..." (S. 94)

Auf diesem Wege kommt Seidel dazu, Werte und damit eine moralische Entschlossenheit anzunehmen, die sich vom Wissen nicht beeinträchtigen lassen, also jenseits desselben sind. (S. 99) Wem, so Seidel, nur mehr dieser Weg offensteht, der weiche vor einem Gefühl des Ekels zurück, das jeden Wissenden letztendlich überkommen müsse.

> "Beginnt einmal diese psychologische `Selbst- und Fremdzerfleischung´, so wird sie so leicht kein Ende finden, es sei denn im Ekel vor der Banalität und Niedrigkeit der menschlichen Motive. Steigt man in die Abgründe des Unbewußten hinab, so vergeht oft jeder Schimmer des Wertes, der vorher alles Tun umstrahlte." (S. 120)

Wie Aschenbach so führt auch Seidel die Empfindung des Ekels zu Werten hin und läßt die Verwerfung des Bewußtseins als das Notwendige erscheinen.

> "Die Motive dieser Ablehnung (scil. des Bewußtseins, F.M.S.) sind von den meisten Weltanschauungen als wertvoller zu bezeichnen, als die Motive, die zu diesen psychologischen Analysen führen." (S. 102)

Man kann an Seidel beobachten, daß die Ausbreitung der Psychoanalyse eine z.T. traumatische Erfahrung verursachte, selbst bei denen, die wie Seidel gegen ihre Wissenschaftlichkeit nichts einzuwenden hatten. Aber diese Wissenschaftlichkeit ist ja nicht das Problem, um das es Seidel geht, Problem ist es vielmehr, daß das Wissen letztlich eine Einstülpung der menschlichen Kulturleistung bewirke, indem es diese Leistungen auf ihre Triebbasis zurückführe und so eine "Hypertrophie des Trieblebens" (S. 94 ff) begünstige. Daß überhaupt ein solcher `Rückfall´ für möglich gehalten wird, dahin, daß die Triebe die Kultur bedrohen, scheint mir das Entscheidende zu sein. Ich werde mich daher mit dieser Polarität Kultur vs. Triebe später noch genauer befassen.
Oberflächlich gesehen ist die Rolle der Psychoanalyse durchaus zwiespältig: Auf der einen Seite bildet sie eine Gegenposition zu den diversen Konzepten, die eine Art gesellschaftlichen Verfall diagnostizieren (Freud 1930: 367 ff; 1925: 59 f), auf der anderen Seite verstärkt sie diese, weil sie selbst als Teil dieser `Entartung´ gesehen wird und die höchsten Kulturgüter durch Sexualisierung von ihr entheiligt würden. Freud selbst hat dieses Problem gesehen und dazu Stellung genommen.

> "Die partielle Ableitung der Kunst, Religion, sozialer Ordnung von der Mitwirkung sexueller Triebkräfte wurde als eine Erniedrigung der höchsten Kulturgüter hingestellt und mit Emphase verkündet, daß der Mensch noch andere Interessen habe als immer nur sexuelle."
> (Freud 1925: 56)

Diese Kritik empfindet Freud als Mißverständnis, denn die Psychoanalyse wolle nicht die Entfesselung der Triebe, sondern im Gegenteil ihre (rationale) Beherrschung. Daher teilt Freud die Angst vor diesen Trieben mit Seidel: "Wehe, wenn sie befreit würden; ..." (S. 57). Die Angst vor der Rationalität aber, die dazu verleite, den Sack (Psychoanalyse) statt des Esels (Triebe) zu schlagen, sei "Kulturheuchelei" (S. 57)

> "Die starken Widerstände gegen die Psychoanalyse waren also nicht intellektueller Natur, sondern stammten aus affektiven Quellen. Daraus erklärten sich ihre Leidenschaftlichkeit wie ihre logische Genügsamkeit."(S. 58)

Was die Affektivität dieser Kritiker angeht, hat Freud im Falle Seidels sicher recht, und er hätte auch im Falle Aschenbachs recht. Diese Replik geht jedoch ins Leere, wenn diese Affektivität sich per Anspruch jenseits des Wissens stellt. Freuds Argument läuft daher auf eine Verlängerung der vernünftigen Moral hinaus, so wie ich sie dargestellt habe: Die Anerkennung der Vernunft könnte ein Regulativ bedeuten. Eine Hilflosigkeit müßte sich allerdings bei Freud ausbreiten, wenn die Dominanz der Vernunft verworfen wird.

2.2.1.2. "Heroismus der Schwäche" am Gesellschaftskörper.

Worauf ich bereits hingewiesen habe, ist, daß in der Kultursoziologie Makrokörper thematisch werden, wie bei ALFRED WEBER (1868 - 1958), der eine Periodisierung der Geschichte durch die Herausarbeitung verschiedener "Physiognomien" (A. Weber 1951: 21) versucht. Für jede dieser Physiognomien sind drei Strukturebenen von Bedeutung: eine "(...) <u>Gesellschaftsstruktur</u>, d.h. Allgemeinformung der (...) lebendigen Trieb- und Willenskräfte ..." (S. 21), der "Zivilisationsprozeß", d.h. fortschreitende Intellektualisierung (S. 23) und eine Kulturbewegung, "(...) begriffen als seelisch-geistige Ausdrucksform in der Lebenssubstanz ..." (S. 24). In dieser Kulturbewegung formt sich die sinnhafte Existenz dieses Körpergebildes aus, und es entsteht ein dem Organischen analoger Wachstumsrhytmus:

> "Die Kulturphysiognomie eines Geschichtskörpers (...) fixiert sich in ihren Grundzügen stets zu einem bestimmten Moment, meist eine gewisse Zeit nach dem Eintreten seiner Bevölkerung in den großen Geschichtsstrom, in einer (...) mütterlichen Landschaft. Es entsteht dann etwas wie eine seelische Entelechie dieses Volkes, dieses Geschichtskörpers, die sich nun nach allen Richtungen hin kulturell auszusprechen und auszuformen trachtet, wie etwa eine biologische Entelechie auch." (S. 28)

Demnach ist diese Entwicklung einer Körperzeit unterworfen, dem "Aufblühen" und "Altern" (S. 51). Die Gegenwart (d.h. 1930) begreift Weber als altersbedingte Endzeit, die sich schon ab Ende des 19. Jahrhunderts als solche zu erkennen gibt und krisenhaft manifest im ersten Weltkrieg zu Tage tritt (A. Weber 1950: 391 ff).

> "Der derart skizzenhaft umrissene Umbruch, der schon 1934 sichtbar die Züge eines in alle Tiefen greifenden Endes trug, hat inzwischen zu der Katastrophe geführt, die alle bisherige Geschichte in ihren Dimensionen sprengt." (S. 416)

Wenn man mit Weber die Tendenzen der Zeit bis 1930 zusammenfaßt, so zeigt sich, daß auf diesen Makrokörpern eine ungeheure disjunktive Energie frei wird: eine Desintegration der Mikrogebilde. So steht kapitalistische Hochblüte gegen den Zusammenbruch der alten Ideen- und Wertewelt, steht Herausbildung eines national geschlossenen Körpers gegen Vermassung, steht Volk gegen Volk und Staat gegen Staat, stehen also Gegensätze gegeneinander, deren Heterogenität nur mehr unter eine allgemeine Terminologie des Kampfes subsumierbar ist.

> "Und - das ist das zweite Wesentliche - nicht ein äußeres Problem, sondern auch ein ideelles. Zum erstenmal seit der Zeit der Humanisierung durchbricht das kriegerische Ringen in seinen Mitteln alle Schranken." (S. 395)

Was sich bei Weber nur als Tendenz andeutet, kulminiert bei OSWALD SPENGLER (1880 - 1936): Spengler versucht die "Umrisse einer Morphologie der Weltgeschichte" (Spengler 1923) aufzuzeigen und entwickelt damit einen unverhohlenen Heroismus der (abendländischen) Schwäche. Spengler ist sich mit Weber darin einig, daß sich die gegenwärtige Kulturepoche, genannt die "abendländische", ihrem Ende zuneigt. Zwei Stadien sind jeder Epoche inhärent, ein kulturelles und ein zivilisatorisches. Das kulturelle Stadium wäre analog Weber als Höhepunkt der seelischen Entelechie zu fassen, das zivilisatorische hingegen als imperialistische Wendung des sterbenden Geschichtskörpers nach außen.

> "Ich lehre hier den Imperialismus, (...) Imperialismus ist reine Zivilisation. In dieser Erscheinung liegt unwiderruflich das Schicksal des Abendlandes. Der kultivierte Mensch hat seine Energie nach innen, der zivilisierte nach außen. (...) Die expansive Tendenz ist ein Verhängnis, etwas Dämonisches und Ungeheures, das den späten Menschen des Weltstadtstadiums packt, in seinen Dienst zwingt und verbraucht, ob er es weiß oder nicht." (S. 50)

Symbol dieses dämonischen Drangs ist der "Wille zum unendlichen Raum", der, so Spengler, als eine Eigenschaft der faustischen Seele gelten kann (S. 237). Dieser Symbolisierung entspricht die faustische Moral:

> "Im Ethischen des Abendlandes ist alles Richtung, Machtanspruch, gewollte Wirkung in die Ferne. In diesem Punkt sind Luther und Nietzsche, Päpste und Darwinisten, Sozialisten und Jesuiten einander völlig gleich. Ihre Moral tritt mit dem Anspruch auf allgemeine und dauernde Gültigkeit auf. Das gehört zu den Notwendigkeiten faustischen Seins." (S. 437)

Das Wunschbild dieser Moral ist der "preußische Sozialismus", der eine geradezu vollkommene staatliche Organisation des bereits ausgeführten ökonomischen Prinzips darstellt.

> "Der ethische Sozialismus ist das überhaupt erreichbare Maximum eines Lebensgefühls unter dem Aspekt von Zwekken. Denn die bewegte Richtung des Daseins, in den Worten Zeit und Schicksal fühlbar, bildet sich, sobald sie starr, bewußt, erkannt ist, in den geistigen Mechanismus der Mittel und Zwecke um, Richtung ist das Lebendige, Zweck das Tote." (S. 465)

Bei diesem Sozialismus beruft sich Spengler auf einen preußisch modifizierten Protestantismus, allerdings nicht auf den Calvinismus, der ihm als englisch gilt.

> "Arbeit gilt dem frommen Independenten als Folge des Sündenfalls, dem Preußen als Gebot Gottes. Geschäft und Beruf als zwei Auffassungen der Arbeit stehen sich hier unvereinbar gegenüber. Man denke sich tief in Sinn und Klang dieser Worte hinein: Beruf, von Gott berufen sein - die Arbeit selbst ist da das sittlich wertvolle. Dem Engländer und Amerikaner ist der Zweck der Arbeit: der Erfolg, das Geld, der Reichtum." (Spengler 1920: 41)

Arbeit und Leistung ist also ein sittlicher Selbstzweck, der eine verwerfliche Schwäche des Menschen ausschalten soll.

> "Um die angeborne menschliche Trägheit zu überwinden, sagt die preußische, die sozialistische Ethik: es handelt sich im Leben nicht um das Glück. Tu deine Pflicht, indem du arbeitest." (S.41)

Trotz der eigenen, angeborenen Schwäche tritt der preußische Moralist mit einer verwerfenden Gebärde nach außen, da, wo es sich um die Schwäche der anderen handelt.

> "Der ethische Sozialismus ist - trotz seiner Vordergrundsillusionen - kein System des Mitleids, der Humanität, des Friedens und der Fürsorge, sondern des Willens zur Macht. Alles andere ist Selbsttäuschung. Das Ziel ist durchaus imperialistisch: Wohlfahrt, aber im expansiven Sinne, nicht der Kranken, sondern der Tatkräftigen, denen man die Freiheit des Wirkens geben will, ..." (Spengler 1923: 466)

Es muß allerdings verwundern, wenn Spengler den "preußischen Sozialismus" auf Kant zurückführt. Es ist jedoch kein Versuch, die "preußische Ethik" auf Vernunft zurückzuführen, wie Spenglers Reformulierung des kategorischen Imperativs zeigt:

> "Handle so, als ob die Maxime deines Handelns durch deinen Willen zum allgemeinen Gesetz werden sollte. Und diese tyrannische Tendenz ist selbst den flachsten Erscheinungen der Zeit nicht fremd." (S. 466)

Man sieht, daß die praktische Vernunft, die Einsehbarkeit der Moral, auf eine imperative Struktur reduziert worden ist. Rekapituliert man Spenglers Ausführungen unter dem Aspekt von Aschenbachs ästhetischer Ethik, so zeigt sich in wesentlichen Punkten eine Übereinstimmung: In der Mikrostruktur, vergleichbar mit der Binnenstruktur Aschenbachs, herrscht die "preußische Ethik" vor. Diese Ethik überwindet eine menschliche Schwäche und gelangt zu Pflichterfüllung. Das Prinzip, nach dem die "preußische Ethik" die Gegensätze organisiert, ist ein strikt ökonomisches ("Beruf", "Arbeit", "Pflicht") und es ist mit demselben Paradox behaftet wie Aschenbachs Ökonomie: eine Realisierung von Zwecken ("Glück" o.ä.) wird nicht gewollt. Dieses Prinzip ist ein sittlicher Selbstzweck, es ist begleitet von der Polarität Schwäche vs Pflicht, Beruf, und eben darin gleicht die preußische Ethik Aschenbachs Leistungsmoral. In die Makrostruktur, vergleichbar mit Aschenbachs Außenstruktur, tritt diese Ethik mit einem tyrannischen Anspruch ein, sie fragt nicht nach der Legitimität ihres Allgemeinheitsanspruchs, sie will diese Allgemeinheit und deshalb kann auch sie sich nicht an Vernunft rückbinden. Demgemäß schaltet sie Mitleid und Humanität aus, denn sie verwirft das Kranke und Schwache zugunsten des Tatkräftigen. Ebenso wie es bei Aschenbach hieß, heißt es auch hier, daß dem Verworfenen nicht Verständnis und Mitleid, sondern Verwerfung zukommt. Desgleichen ist es eine Verwerfung durch Ausschluß und analog wird die kriegerische Terminologie manifest: "Imperialismus".

Hier scheint mir ein Innehalten notwendig: Hat denn nun dieser imperialistische Sozialismus ein Ziel?

> "Und hier wird der Sozialismus (...) tragisch. Es ist von tiefster Bedeutung, daß Nietzsche vollkommen klar und sicher ist, solange es sich um die Frage handelt, was umgewertet werden soll; er verliert sich in nebelhaften Allgemeinheiten, sobald das Wozu, das Ziel in Rede steht. Seine Kritik der Dekadence ist unwiderleglich, seine Übermenschenlehre ist ein Luftgebilde. (...) Und darin liegt eine tiefe Notwendigkeit, denn von Rousseau an gibt es für den faustischen Menschen nichts mehr zu hoffen. Hier ist etwas zu Ende. Die nordische Seele hat ihre innern Möglichkeiten erschöpft und es blieb nur noch der dynamische Sturm und Drang, wie er sich in welthistorischen Zukunftsvisionen äußert, die mit Jahrtausenden messen, der bloße Trieb, die nach Schöpfung sich sehnende Leidenschaft, eine Form ohne Inhalt. Diese Seele war Wille und nichts anderes; (...) sie <u>mußte</u> einen Sinn und Zweck ihrer Wirksamkeit sich wenigstens vortäuschen, (...). Ibsen hat es die Lebenslüge genannt. Nun, etwas von ihr liegt in der gesamten Geistigkeit der westeuropäischen Zivilisation, insoweit sie auf eine religiöse, künstlerische, philosophische Zukunft, ein sozialethisches Ziel, ein drittes Reich sich richtet, während in der tiefsten Tiefe ein dumpfes Gefühl nicht schweigen will, daß dieser ganze atemlose Eifer die verzweifelte Selbsttäuschung einer Seele ist, die nicht ruhen darf und kann." (S. 468 f)[6]

Die Tragik des späten "faustischen Menschen" ist also ein "Heroismus der Schwäche", oder sagen wir genauer: ein Heroismus der Sinnlosigkeit. Der imperialistische Sozialismus ist demnach eine Organisation dieses heroismus. Wie auch Aschenbachs Heldentum ist das Spenglersche unvernünftig, denn Erkenntnis müßte auch hier heißen, die Sinnlosigkeit zu erkennen.[7]

Desgleichen ist dieser Heroismus eine Dominanz des Willens zur Form ohne Inhalt. Um die Parallelität zu vervollständigen, kann man sagen, daß bei Spengler wie auch bei Aschenbach das Trotzdem im Zentrum des Heldentums steht.

Woher aber bezieht das Abendland die Kraft, sich trotz der Sinnlosigkeit nach außen zu wenden? "Der kultivierte Mensch hat seine Energie nach innen, ..." d.h. er vermag diese Energie an Gegenstände zu binden und so Kulturschöpfungen hervorzubringen. Im Stadium der "Zivilisation" wird die Energie von ihrem Wirkungsbereich getrennt, denn: "Die nordische Seele hat ihre innern (Hervorhebung von mir, F.M.S.) Möglichkeiten erschöpft ...". Diese Disjunktion der Energie von ihrem Gegenstand, der ihr nun als Hemmnis gegenübertreten wird (Sinnlosigkeit!), bewirkt eine energetische Richtungsänderung, nach außen nämlich. Die Freisetzung der Energie ist also Folge einer Disjunktion. Die ungebundene Reinform dieses Potentials bezeichnet Spengler als den "Willen zum unendlichen Raum". Dieser Wille ist in Worten Spenglers "die bewegte Richtung des Daseins", "das Lebendige". Die lebendige Richtung nun wird in den ethischen Sozialismus eingeschrieben und "(...) bildet sich , sobald sie starr, bewußt, erkannt ist, in den geistigen Mechanismus der Mittel und Zwecke um, ...". Dieser Mechanismus aber ist "das Tote". Die freigesetzte Energie wird also in ein ökonomisches Prinzip eingebunden, das sie von innen heraus belebt, dessen autonomen Primat der Zwecke sie jedoch nicht übernimmt (Form ohne Inhalt!). Der Wirkungsbereich dieses Prozesses ist also weder in dem ökonomischen Modus gegeben, dessen er sich bedient, noch ist er an irgendeinen anderen Inhalt bindbar, er besteht vielmehr in einer energetischen Umsetzung: innere Schwäche (Kulturverlust) wird zu expansiver Stärke ("Imperialismus").

Dieser Umsetzungsprozeß hat seine Entsprechung in der Mikrostruktur: Es findet eine Trennung der Energie von ihrem Gegenstand statt, denn "(...): es handelt sich im Leben nicht um das Glück." Das freigesetzte Potential wird durch ein "Höherspannen der Richtungsenergie" (Spengler 1923: 450) in das System der "preußischen Ethik" gebunden. Auch hier ist die energetische Verwandlung als solche das wesentliche: innere

Schwäche ("angeborene Trägheit") wird zu nach außen gerichteter Stärke ("Pflicht", "Beruf", "Arbeit"). Bleibt noch hinzuzusetzen, daß dieser Umsetzungsprozeß im Mikrobereich dem Aschenbachschen gleicht.

Durch diese Synchronität von Mikro- und Makroebene wird nocheinmal deutlich, daß es sich im kleinen Bereich um eine politische Anatomie des menschlichen Körpers handelt ("Preußische Ethik" als Körpertechnik), die in den großen der Biopolitik ("preußischer Sozialismus", "Imperialismus") einmündet. Den Eintritt des Biologischen ins Politische unterstreicht Spengler selbst, wenn er von dem "preußischen Sozialismus" als einer Herrschaft des Blutprinzips spricht.(Spengler 1922: 634)

Wie aber steht es mit dem ästhetischen Bereich, endet hier die Parallele zu Aschenbach? Ich habe schon vorher in einer Fußnote darauf hingewiesen, daß sich Aschenbachs ästhetische Ethik, die sich gemäß einem ökonomischen Prinzip organisiert, derselben Abstraktion bedient, wie eine Auffassung, die die Schönheit der Technik inauguriert. Letzteres nun findet sich bei Spengler:

> "Ich liebe die Tiefe und Feinheit mathematischer und physikalischer Theorien, denen gegenüber der Ästhetiker und Physiolog ein Stümper ist. Für die prachtvoll klaren, hochintellektuellen Formen eines Schnelldampfers, eines Stahlwerks, einer Präzisionsmaschine, die Subtilität und Eleganz gewisser chemischer und optischer Verfahren gebe ich den ganzen Stilplunder des heutigen Kunstgewerbes samt Malerei und Architektur hin." (Spengler 1923: 60)

Eine Ästhetik der Technik muß vom Primat der Funktion absehen, denn sie kann keine Auskunft darüber geben, ob z.B. die prachtvoll klaren, hochintellektuellen Formen ihrem Dasein als Mittel gerecht werden. Die Vermutung liegt nahe, daß er tragische, nach einem leeren Muster von Ökonomie konstruierte Sozialismus ebenfalls ins Ästhetische hineinreicht, zumindest aber teilt er dieselbe Abstraktion mit der schönen Technik. Es scheint mir daher sinnvoll, die Äußerung dieses Sozialismus mit dem Begriff der "unproduktiven Verausgabung" zu bezeichnen, zumal dieser die ästhetische Verausgabung unter sich subsumiert.[8] Das eigentlich Neue dieser Verausgabung, die es früher in anderer Form auch schon gegeben hat(Bataille 1975: 72 - 163), läßt sich in drei Punkten zusammenfassen:

- Sie bindet sich an ein funktionsloses Prinzip von Technik oder ein zweckloses Prinzip von Ökonomie.
- Durch das Verschwinden der Kategorien Funktion und Zweck, die diesem Prozeß ein Ziel<u>ende</u> vorgeben würden, tendiert dieser zur Unendlichkeit.
- Das leere Prinzip von Technik und Ökonomie <u>kann</u> ein ästhetisches werden.

Allerdings hatte die traditionelle Verausgabung in diesem Sinne auch kein Ziel, wohl aber eine zeitliche Begrenzung, indem sie an eine Periodizität der Feste und Rituale gebunden war. Spengler hingegen bezeichnet diese Endlosigkeit als "Willen zum unendlichen Raum". Diese Terminologie ist auch insofern sehr präzise, als die traditionelle Verausgabung eine eigenständige Sphäre bildete, die als Widerpart zur Sphäre der Arbeit deren Gesetze und Zwänge mißachtete. Bei Spengler fällt nun auch diese Grenze zwischen den zwei Sphären weg, und Ökonomie und Anti-Ökonomie wachsen zu einem universellen Bereich zusammen.

Exkurs: Schönheit und Technik

Walter Benjamin hat versucht darzulegen, daß die Verbindung von Schönheit und Technik nur in eine "Ästhetisierung der Politik" münden kann. Diese Ästhetisierung beruht auf zwei parallelen Prozessen: Die Vergewaltigung der Massen hat ihre Entsprechung in der funktionslos gemachten Apparatur.

> "Der Faschismus läuft folgerecht auf eine Ästhetisierung des politischen Lebens hinaus. Der Vergewaltigung der Massen, die er im Kult eines Führers zu Boden zwingt, entspricht die Vergewaltigung einer Apparatur, die er der Herstellung von Kultwerten dienstbar macht." (Benjamin 1974: 48 f)

Die Ästhetisierung der Politik gipfelt, so Benjamin, im Krieg, denn erst hier kommt die funktionslose Apparatur zu ihrem

Recht.

> "Nur der Krieg macht es möglich, die sämtlichen technischen Mittel der Gegenwart unter Wahrung der Eigentumsverhältnisse zu mobilisieren." (S. 49)

Dieses Argument scheint mir jedoch nicht zwingend, denn es macht nur klar, daß eine ihrer funktionellen Orientierung beraubte Apparatur nur zu einem zerstörerischen Einsatz kommen kann, es vernachlässigt jedoch, warum dieser Einsatz eben jene ästhetische Dimension hat. Gerade letzeres ist aber ein zentrales Argument von Marinetti, dessen futuristisches Manifest Benjamin als Beleg anführt.

> "In Marinettis Manifest zum äthiopischen Kolonialkrieg heißt es: 'Seit siebenundzwanzig Jahren erheben wir Futuristen uns dagegen, daß der Krieg als anti-ästhetisch bezeichnet wird. ... Demgegenüber stellen wir fest: ... Der Krieg ist schön, weil er dank der Gasmasken, der schreckenerregenden Megaphone, der Flammenwerfer und der kleinen Tanks die Herrschaft des Menschen über die unterjochte Maschine begründet. Der Krieg ist schön, weil er die erträumte Metallisierung des menschlichen Körpers inauguriert. Der Krieg ist schön, weil er eine blühende Wiese um die feurigen Orchideen der Mitrailleusen bereichert. Der Krieg ist schön, weil er das Gewehrfeuer, die Kanonaden, die Feuerpausen, die Parfums und Verwesungsgerüche zu einer Symphonie vereinigt. Der Krieg ist schön, weil er neue Architekturen, wie die der großen Zanks, der geometrischen Fliegergeschwader, der Rauchspiralen aus brennenden Dörfern und vieles andere schafft. ... Dichter und Künstler des Futurismus ... erinnert euch dieser Grundsätze einer Ästhetik des Krieges, damit euer Ringen um eine neue Poesie und eine neue Plastik ... von ihnen erleuchtet werde!'" (S. 49)

Zwei Begründungen Marinettis für die Schönheit des Krieges stechen besonders hervor:

- "(...), weil er die erträumte Metallisierung des menschlichen Körpers inauguriert."
- "(...), weil er (...) die Herrschaft des Menschen über die unterjochte Maschine begründet."

Die Schönheit, die Marinetti propagiert, entspringt einer <u>neuen</u> Verbindung des Körpers mit der Maschine. Unverständlich muß zunächst bleiben, wie der Mensch die Maschine beherrschen soll, wenn er sich selbst in eine verwandelt hat.

Die Metallisierung des Körpers ist sicherlich keine originäre Erfindung des Futurismus, er teilt vielmehr diese Utopie z.B. mit dem pädagogischen Ideal Spenglers: der "preußischen Ethik". Die Maschinisierung kann nur das Resultat einer Köpertechnik sein, die diesen gemäß einer funktionellen Anatomie umwandelt. Die Maschine ist dabei ein Wunschbild des menschlichen Körpers, und sie leitet einen Umbildungsprozeß an, aus dem heraus der neue Mensch entstehen soll.[9)]

> "Der 'neue Mensch', gezeugt aus dem vom Drill organisierten Kampf des alten Menschen gegen sich selbst, ist lediglich der Maschine verpflichtet, die ihn geboren hat. Er ist eine wirkliche Zeugung der Drillmaschine, gezeugt ohne Zuhilfenahme der Frau, ohne Eltern. Verbindungen, Beziehungen hat er zu anderen Exemplaren des Neuen Menschen, mit denen er sich zusammenfügen läßt zur Makromaschine Truppe." (Theweleit 1978: 185 f)

Das Wesentliche an dieser Maschinengeburt ist, daß sie jenen energetischen Umsetzungsprozeß, der Schwäche in Stärke verwandelt, vollzogen hat und daß ihr damit, in den Worten Spenglers, ein Höherspannen der Energie nach außen gelungen ist. Die Tätigkeit, die dieser Energie entstammt, wurde von Spengler als die imperialistische Geste des "Zertrümmerns" und "Umwertens", die Schaffung von "Formen ohne Inhalt", "ohne Zweck und Sinn" beschrieben. Zugleich war ja dieser "Imperialismus" selbstbezogen als eine Äußerung, die das Gefühl oder sogar die Gewißheit zum Schweigen bringen will, daß alles gar keinen Sinn hat. Genau denselben Mechanismus deckt Theweleit an der Makromaschine Truppe auf:

> "Die notwendigste Arbeit der Stahlnaturen: alles zu verfolgen, einzudämmen, zu unterwerfen, was sie zurückverwandeln könnte in das schrecklich desorganisierte Gewimmel aus Fleisch, Haaren, Haut, Knochen, Därmen, Gefühlen, das Mensch heißt, alter mensch." (S. 186)

Hieran wird auch nochmals der Verzahnungsprozeß zwischen innerer Schwäche (die große Sinnlosigkeit im Hintergrund!) und äußerer Stärke sichtbar: je größer die eigene Schwäche, desto massiver wird sie nach außen als Stärke wirken.

Wie aber, um die angesprochene Unverständlichkeit aufzugreifen, kann der Maschinenmensch die Maschine beherrschen? Das Menschliche der Maschinen, die Herrschaft über sie, besteht darin, sich nicht ihrem funktionellen Diktat zu unterwerfen. Dieses Diktat beruht auf dem Dasein der Maschine, Mittel zu einem Zweck zu sein. Die Herrschaft des Menschen über sie kehrt also deren mögliche funktionelle Verwendung um zu der dysfunktionalen und zwecklosen Verausgabung schlechthin: der Zerstörung. Die menschliche Zwecksetzung, die der funktionellen zuwiderläuft, nennt Marinetti Schönheit. Versucht man sich von hier aus zu vergegenwärtigen, welche eigenständige Bestimmung des Menschlichen im Gegensatz zur Maschine überhaupt noch bleibt, so kann diese nur in der Vorstellung einer organischen Struktur bestehen. In Spenglers Sozialismus dominiert jedenfalls das Blut, und dies zeigt, daß der Stahlmensch als neue Rasse mit spezifischen Blutseigenschaften imaginiert werden kann. Die Verbindung des Organischen mit dem Maschinellen verliert seine Zufälligkeit, wenn man berücksichtigt, daß das Gegenbild der Soziologien,die ich angeführt habe, zum technokratischen, durchrationalisierten Kapitalismus ebenfalls ein Organisches war. Es wäre sicher unsinnig, diesen Soziologien die Verbindung von Biologie und Maschine anzulasten, sie haben jedoch eine Problemstellung dargelegt, innerhalb derer die Dominanz des Menschlichen über das Rationalistische nur eine Dominanz des Organischen sein kann.

Walter Benjamins These von der Ästhetisierung der Politik samt deren Konsequenzen beruht also auf einer Vereinigung von drei Strängen zu einer neuen Verbindung: Schönheit, Technik und Biologisches. Diese Ästhetisierung kann sich nur vollziehen, ich folge damit Marinetti, wenn Voraussetzungen auf zwei Ebene gegeben sind:

- Die Durchsetzung der Metallisierung mittels Körpertechnik (z.B. "preußische Ethik") auf der Mikroebene.
- Die Aufrichtung der Herrschaft des Organischen (z.B. Blut, Rasse) über die Maschine auf der Makroebene.

Es wäre nun aufschlußreich nachzufragen, wo und wie sich diese neue Verbindung hergestellt hat. Klaus Theweleit findet sie im wesentlichen in der sogenannten Trivialliteratur zwischen

1920 und 1940. Auch beim Problem des Wunschbilds Maschinenmensch verweist Theweleit unter Berufung auf Manfred Nagl (Nagl 1972) auf eine Tradition in der Trivialliteratur hin:

> "(...): es handelt sich um ein Zentralstück der `präfaschistischen´ Literatur des 19. Jahrhunderts, die zum großen Teil aus der Betrachtung der Literaturgeschichte herausgefallen ist." (S. 188, Fußnote 3)

Faßt man jedoch den Aspekt etwas weiter und fragt, wo eine Verbindung jener drei Stränge überhaupt zum Problem geworden ist, welche vorläufigen Lösungen vorgeschlagen wurden, so findet man auch Parallelen in durchaus `seriösen´ Ausführungen. Ich möchte hierfür wenigstens ein Beispiel geben, nämlich den von Ellen Key verfaßten Aufsatz "Schönheit", der in der der Trivialität sicherlich unverdächtigen Neuen Deutschen Rundschau veröffentlicht wurde (Key 1899: 106 ff).

Ihr Grundproblem ist der Versuch, Natur, Schönheit und Industrialismus zuzuordnen. Sie geht dabei von einem Primat der Schönheit aus, die sich in der Natur realisiert, im Bereich des Kulturellen jedoch vom Industrialismus depraviert ist. Ellen Key fordert eine ästhetische Ethik, um mit dieser Depravierung fertig zu werden:

> "In unserer Welt leben noch die meisten Menschen ehrsam und vergnügt in der heimisch gewohnten Häßlichkeit. Der Ausdruck des ästhetischen Sittlichkeitsgefühls ist für ihre massive Tugend Nonsens oder Ketzerei. Behauptungen wie die, daß ein Gebäude eine Sittlichkeitsverbrechen oder ein Gottesdienst sein kann, gehören für sie zu einer Begriffssphäre, die - das Narrenhaus oder das Strafgesetz streift. (...) Und für einen Bekenner dieser Religion der Schönheit sind schon jetzt alle ethischen Werte durch die ästhetische Heiligung, die er ihnen gibt, umgewandelt. Er lächelt so über Fehden, die über die Unsittlichkeit eines Bildes von Faunen, einer nackten Statue, einer Dichtung von dem Unschuldzustand in dem arischen Urheim entbrennen. Aber sein Rechtsbewußtsein wird tief durch alle Verfälschungen der Schönheit verletzt, zu denen Geldgewalt die Künstler zwingt. Sein Anständigkeitsbegriff wird durch all die unreinen Eindrücke gekränkt, welche Steinhäuser in der Stadt und die Villen auf dem Lande seinen Blicken aufdrängen, und durch all die Liederlichkeit, die ihm in den Einrichtungsgegenständen oder Zierarten öffentlicher Lokale oder privater Wohnungen begegnet." (S. 104)

Die Einsicht, "(...), daß der Industrialismus die Schönheit vernichtet hat, ..." (S. 98) führt Ellen Key dazu, eine Durchdringung des Industrialismus mit Schönheit zu verlangen.

> "Man hat gefunden, daß der große Feind der Schönheit, die Kunstindustrie, nur dadurch überwunden werden kann, 'daß die Kunst so ganz die Industrie durchdringt, daß eine neue Kunst auf den Plan tritt, die nicht länger ein industrielles, sondern ein individuelles Gepräge hat.'" (S. 101)

Ellen Keys Intentionen scheinen auf eine zu überwindende Antinomie von Schönheit und Industrialismus hinauszulaufen. Eine Schönheit der Technik ist demnach vermeintlich nicht inauguriert, denn letztere soll sich ja der Schönheit unterordnen. Das Bild verändert sich jedoch da, wo Ellen Key ihr Schönheitsideal in der Natur beschreibt und sich die Gewichte, allerdings implizit, zugunsten der Technik verschieben.

> "Ich erlebte mehrere solche Nächte (scil. in Schweden, F.M.S.). In einer ruderte ich einen der langen Hjallseen des nördlichen Sämtlandes hinauf. Der Wasserspiegel lag wie ein länglicher <u>Stahlschild</u> da, aber von ein paar Seiten in ein breites <u>Goldband</u> eingerahmt, und rings um dieses ging eine sich schlängelnde dunkelblaue <u>Emailkante</u> (Hervorhebungen von mir, F.M.S.) ..." (S. 99)

Die Terminologie, die Key benutzt, um die Naturschönheit auszudrücken, ist eine industrielle, denn sie könnte der Fabrik entsprungen sein. In dieser Beschreibung nun laufen jene drei Stränge, hier als Schönheit, Technik und Natur, zusammen und präsentieren sich in dem eigentümlichen Gepräge einer Ethik.

2.3. Geknechtete Empfindung

Der folgende Abschnitt wird der ästhetischen Ethik Aschenbachs kein neues Element hinzufügen, er wird jedoch das bereits Ausgeführte unter einem neuen Aspekt betrachten. Dieser neue Aspekt wird um die Frage kreisen, die ich des öfteren schon gestellt habe: Gibt es nichts zu diesem so in sich geschlossenen System der ästhetischen Ethik, was wir als ihr Ziel, als ihren Zweck bezeichnen könnten? Ich habe diese Frage bislang verneint, denn ich habe den autonomen Zweckbegriff der Ökonomie unterstellt. Diese Verneinung läßt sich daher so zusammenfassen: Es existiert nichts außerhalb der ästhetischen Ethik, wofür sie nur Instrument oder Mittel wäre; sie ist ein Selbstzweck. Wenn ich mit Widerspruch auf diese Feststellung hin rechne, so deshalb, weil die Frage nach der Zweckbestimmung eine Implikation enthält, die ich noch nicht klargelegt habe: Nichts scheint "natürlicher" als das Verständnis, wenn sich jemand, so wie Aschenbach, Selbstbeschränkung und Qual auferlegt, daß er es für einen Zweck oder ein Ziel tut, das eben nur durch diese harten Maßnahmen befördert werden kann, die aber wiederum nur unumgängliches Übel zur Erreichung desselben sein können. Gerade für die innere Struktur des Menschen soll dieses Haushaltungsmodell Überzeugungskraft besitzen, so jedenfalls legt es die Psychoanalyse dar. Schon Freuds topischem Modell der Psyche ist dieser Zusammenhang unterstellt. Demnach verfügen wir über eine Instanz, genannt Es, die das "Hauptreservoir der psychischen Energie" bildet. Diese Energie kann nun nicht frei abströmen, sondern sie geht die (kulturell) notwendigen krummen Wege. Dabei steht sie unter dem maßregelnden Einfluß des Ichideals, der Instanz, "die aus der Konvergenz des Narzißmus (...) und den Identifizierungen mit den Eltern, ihren Substituten und den kollektiven Idealen entsteht." Zwischen den Ansprüchen des Es, den Forderungen des Ichideals und denen der Realität schlichtet der adaptive Apparat des Ichs, der als "Mittler der Interessen der ganzen Person auftritt".[10] Der Tatsache Rechnung tragend, daß die Energie des Es nie auf direktem Wege zu ihrem Ziel kommt, bezieht die Psychoanalyse den "ökonomischen Gesichtspunkt" in ihre Betrachtungsweise ein. Dieser Gesichtspunkt ermißt die Distanz, die den Trieb von seinem ursprünglichen Objekt trennt, und fällt von da aus ein Urteil über Normalität oder Pathologie der Verschiebung. Weiterhin liegt es in dieser Betrachtungsweise begründet, die Energie, die sich mit einem Objekt verbunden hat, über die verschiedenen Stationen der Ablenkung zu ihrem ursprünglichen und eigentlichen Ausgangspunkt zurückzuverfolgen. Nun ist diese Ökonomie zwar wesentlich komplizierter als die, die ich einmal unterstellt habe, denn die Psychoanalyse geht vorab von einer Vielfalt der Zweck- bzw. Triebobjekte aus. Dennoch bezieht auch sie sich letztlich auf den einfachen Zusammenhang von Weg und Ziel zurück, indem sie diese elementare Beziehung als Maßstab benutzt, um ihm gemäß die Distanz der Abweichung zu messen. So problematisch nun auch der dargestellte Überblick in der psychoanalytischen Theorie sein mag, so leicht dürfte es dennoch zu erraten sein, daß eine psychoanalytische Interpretation der Novelle nur im pathologischen Sinne von einem Selbstzweck der ästhetischen Ethik sprechen würde. Heinz Kohuts Betitelung seiner Interpretation ist paradigmatisch für den Status, der der ästhetischen Ethik eingeräumt wird: "Zerfall einer künstlerischen Sublimierung" (Kohut 1972: 142 ff).

Die Pathologie der Sublimierung stellt Kohut an zwei Punkten fest: "Aschenbachs Verhalten verrät einen masochistischen Leidenssolz." (S. 146) Zudem ist Aschenbach (Thomas Mann inbegriffen) eine Zwangspersönlichkeit, gekennzeichnet durch das hierfür charakteristische Nebeneinander von Verstandeskraft und Aberglauben, sowie durch eine Angst vor der (Psycho-)Analyse, die ihnen vermeintlich ihre schöpferische Potenz raubt (vgl. S. 159 und 165). Die eigentliche und ursprüngliche Ebene, die der Sublimierung immer schon impliziert ist, ist daher die Auseinandersetzung des Vaters mit seinem (ödipalen) Sohn.(vgl. S. 160)[11]

Ich habe nun entgegen meinem bisherigen Vorgehen der Behandlung der Novelle eine Interpretation vorangestellt. Dies schien mir unumgänglich, weil ich die Implikation meiner Fragestellung erst benennen mußte, um klarzulegen, was ich in der Textbehandlung beiseite lasse. Zwar werde ich auf die Psychoanalyse zurückkommen, doch gilt es zunächst am Text zu argumentieren. Den Aspekt, um den es geht, habe ich soweit eingeengt, daß nicht mehr ein äußeres Ziel oder ein solcher Zweck in Frage steht, sondern eine innere Befriedigungsfähigkeit der selbstzweckhaften ästhetischen Ethik.

> "Er dachte an seine Arbeit, dachte an die Stelle, an der er sie auch heute wieder, wie gestern schon, hatte verlassen müssen und die weder geduldiger Pflege noch einem raschen Handstreich sich fügen zu wollen schien. Er prüfte sie aufs neue, versuchte die Hemmung zu durchbrechen oder aufzulösen und ließ mit einem Schauder des Widerwillens vom Angriff ab. Hier bot sich keine außerordentliche Schwierigkeit, sondern was ihn lähmte, waren die Skrupel der Unlust, die sich als eine durch nichts mehr zu befriedigende Ungenügsamkeit darstellte. Ungenügsamkeit freilich hatte schon dem Jüngling als Wesen und innerste Natur des Talents gegolten, und um ihretwillen hatte er das Gefühl gezügelt und erkältet, weil er wußte, daß es geneigt ist, sich mit einem fröhlichen Ungefähr und mit einer halben Vollkommenheit zu begnügen." (S. 341)

Aschenbach befindet sich offensichtlich im Zustand einer Krise, die den Fortgang seiner Arbeit betrifft. Diese Lähmung ist jedoch nicht Resultat einer inhaltlichen Schwierigkeit, sondern eines Überhangs von Unlustgefühlen. Dieser Tatbestand wäre keiner weiteren Untersuchung wert, wenn die Arbeit Aschenbach unter günstigen Umständen Lust, unter ungünstigen hingegen Unlust bereiten würde. Wäre dies so, hätte man es mit einer klaren Alternative zu tun, innerhalb derer sich Lust und Unlust gegenseitig ausschließem. Die Unlust befördernde Ungenügsamkeit bleibt aber auch im Zustand der Lust erhalten, denn als "Wesen und innerste Natur des Talents" ist sie integraler Bestandteil von Aschenbachs Arbeit. Würde nun Aschenbach dieser Ungenügsamkeit freien Lauf lassen, erbrächte sie als "fröhliches Ungefähr" und "halbe Vollkommenheit" nur ein reduziertes Resultat und damit keine Lust mehr. Weil er sich mit einem Weniger nicht begnügen will, befindet sich Aschenbach eben im Zustand der Krise. Diese Krise ist also dadurch charakterisiert, daß aus Ungenügsamkeit nicht Genügen und aus halber Vollkommenheit nicht Vollkommenheit werden kann. Ähnliche Polaritäten und die Versuche, diese zugunsten des jeweils Erstrebten zu entscheiden, habe ich ja schon aufgezählt. Auch deren Kennzeichen war es gewesen, das jeweils Verworfene nicht eliminieren zu können, sondern dessen Präsenz nur überformen zu können. Das Neue der vorliegenden Polarität ist, daß zu der entgegengesetzten Wertschätzung eine Ambivalenz der Gefühlsregungen, also Lust und Unlust, tritt. Innerhalb dieser Ambivalenz ist nun ebenfalls ein vermittelndes Prinzip tätig, das die gewünschte Überformung leistet: Zügelung und Erkältung des Gefühls. Die Charakteristika, Präsenz der ambivalenten Gefühle und ihre Überformung, zusammengenommen, prägen Aschenbachs Arbeit zu einem "starren, kalten und leidenschaftlichen Dienst(es)" (S. 341). Aschenbach will also nicht die unmittelbare Befriedigung seiner Leidenschaft, - dies wäre Ungenügsamkeit - er will vielmehr eine höhere Form derselben, die ihm als "Lust und Entzücken an der Form und am Ausdruck" gilt. Um diese höhere Form zu erreichen, hatte er sich die unmittelbaren Empfindungen dienstbar gemacht.

> "Rächte sich nun also die geknechtete Empfindung, indem sie ihn verließ, indem sie seine Kunst fürder zu tragen und zu beflügeln sich weigerte und alle Lust, alles Entzücken an der Form und am Ausdruck mit sich hinwegnahm?" (S. 341)

Mit einem kurzen Einschub möchte ich hier nochmals auf meine Anfangsfrage zurückkommen: Von Sublimation bei Aschenbach ließe sich nur dann sprechen, wenn die Triebenergie das Objekt wechseln würde oder sich auf dem Wege zu einem Eratzobjekt erschöpfen würde. Keine von beiden Möglichkeiten ist aber gegeben, denn der Gegenstand der Begierde ist jedesmal derselbe: Kunst, Form, Ausdruck. Die geknechtete Empfindung ist nicht das Resultat eines Triebs, der sich nicht äußern darf, sondern erscheint im Gegenteil als das eines wählerischen Hedonismus, der sich um die Frage bekümmert, wie der Genuß sich noch steigern läßt.

Die höhere Form der Lust, nach der Aschenbach strebt, ist auch nicht durch äußere Entschädigungen ersetzbar, selbst dann, wenn das Publikum einen scheinbar unverändert hohen Rang von Aschenbachs Produkten goutiert.

> "Nicht, daß er Schlechtes herstellte: dies wenigstens war der Vorteil seiner Jahre, daß er sich seiner Meisterschaft jeden Augenblick in Gelassenheit sicher fühlte. Aber er selbst, während die Nation sie ehrte, er ward ihrer nicht froh, ..." (S. 341 f)

Die angeführten Gefühlsambivalenzen samt ihrer Synthesen lassen sich nun wiederum in einer entsprechenden Tabelle zusammenfassen.

Tabelle 5

Disjunktionen und Synthesen der geknechteten Empfindung

ERSTREBTES	SYNTHESE	VERWORFENES
Lust, Entzücken an der Form und am Ausdruck	starrer, kalter, leidenschaftlicher Dienst <u>geknechtete Empfindung</u> Zügelung und Erkältung des Gefühls	Hemmung Widerwille Unlust Ungenügsamkeit halbe Vollkommenheit fröhliches Ungefähr
(S. 341)	(S. 341)	(S. 341)

Es ist offensichtlich, daß die Gefühlsambivalenzen der ästhetischen Ethik noch etwas hinzufügen, einen Aspekt, den diese nicht ohne weiteres zu erkennen gibt. Das Hinzugetretene drückt aus, daß das Erstrebte Lust und das Verworfene Unlust bedeutet. Ich nenne daher die geknechtete Empfindung eine <u>Wunschökonomie</u>. Insofern sich diese Vermittlung an die haushälterische Tätigkeit der Leistungsmoral bindet, handelt es sich um eine Ökonomie, und insofern sie die Resultate des ästhetischen Bemühens mit Lust bzw. Unlust besetzt, handelt es sich um eine des Wunsches.

Hieran läßt sich noch einmal die Spezifität der Zusammenziehung von Ästhetik und Ethik ablesen. Kant hatte z.B. den Begriff des Interesses und damit den der Lust aus dem Schönen herausgehalten:

> "Geschmack ist das Beurteilungsvermögen eines Gegenstandes oder einer Vorstellungsart durch ein Wohlgefallen oder Mißfallen ohne alles Interesse. Der Gegenstand eines solchen Wohlgefallens heißt schön." (Kant 1924/1974: 48)

Das Interesse fällt originär in den Bereich der Moral und ordnet sich so vernünftiger Wägung unter, kann also demgemäß nur als allgemeines und legitimes, nicht aber als individualisiertes oder gar unmittelbares sich ausbreiten.

> "Gut ist das, was vermittelst der Vernunft, durch den bloßen Begriff, gefällt. Wir nennen einiges wozu gut (das Nützliche), was nur als Mittel gefällt; ein anderes aber an sich gut, was für sich selbst gefällt. In beiden ist immer der Begriff eines Zwecks, mithin das Verhältnis der Vernunft zum (wenigsten möglichen) Wollen, folglich ein Wohlgefallen am Dasein eines Objekts oder einer Handlung, d.i. irgendein Interesse enthalten!" (S. 43)

Von daher konnte Kant folgern:

> "(...) von Begriffen gibt es keinen Übergang zum Gefühl der Lust oder Unlust ..." (S. 49)

Bezieht man nun die Trennung des Schönen vom Guten auf die ästhetische Ethik zurück, so kann man ersehen, daß diese Punkt für Punkt Bestimmungen außer Kraft gesetzt hat, die der Vermischung der beiden Bereiche im Wege stehen. Aus der Ethik wurde der Begriff der Vernunft entfernt und sie bindet sich deshalb nur an das (unvernünftige) Interesse. In das Urteilsvermögen des Geschmacks wurde hingegen das sinnliche Interesse eingeführt, und so steht der Zusammenziehung der beiden Bereiche nichts mehr im Wege.

Die Funktionen der Wunschökonomie sind zweierlei Art: Sie schafft eine Verteilung von Lust und Unlust entlang der ethischen und ästhetischen Polaritäten. Indem aber die Entstehung der Polaritäten eine Folge von Tätigkeiten, des Erbringens von Leistung und der Schaffung der schönen Form, ist, fungiert die Wunschökonomie nicht nur als konsumptive Verteilung, sondern auch als Produktion. Und gerade der Aspekt der Produktion ist es, der die eingangs gestellte Frage beantworten kann: Die ästhetische Ethik zeugt und verzehrt den Wunsch in ein und derselben Tätigkeit, sie kann daher nicht auf eine äußere Instanz verweisen, die ihr jenen Wunsch diktiert.

2.3.1. Materialien zur geknechteten Empfindung

Mit diesem Materialteil tritt ein neues Problem in den Vordergrund, das sich dem der vorher ausgebreiteten Materialien deutlich abhebt. Ich habe bereits darauf hingewiesen, daß sich die Psychoanalyse durchaus als Gegenposition zu den diversen Theorien des gesellschaftlichen und kulturellen Verfalls verstehen läßt. Explizit wird dieser Gegensatz vor allem eugenisch-rassistischen Konzepten gegenüber (Reich 1971: 95 ff), die die Sexualität in das "Dispositiv"[12] des Blutes einlagern. Die Gegnerschaft ist weder zufällig, noch bloße Zutat der psychoanalytischen Theorie, denn sie betrifft, so Foucault, ein Kernstück der Psychoanalyse: Sie setzt gegen die Herrschaft des Blutes die der Gesetze.

> "Es macht die politische Ehre der Psychoanalyse - oder zumindest ihres konsistenten Kernes - aus, daß sie von Anfang an (d.h. seit ihrem Bruch mit der Neuro-Psychiatrie der Entartung) dem unaufhaltsamen Expansionismus der Machtmechanismen, die den Alltag der Sexualität zu kontrollieren und zu verwalten vorgaben, mißtrauisch gegenüberstand. In Reaktion auf den zeitgenössischen Aufstieg des Rassismus bemühte sich Freud, der Sexualität das Gesetz zugrundezulegen - das Gesetz der Allianz (scil. der familialen, F.M.S.), das Gesetz der verbotenen Blutschande, das Gesetz des Vater-Souveräns." (Foucault 1974c: 179)

Die Herrschaft des Gesetzes ist dabei ein durchaus doppeldeutiger Terminus, denn die Psychoanalyse ist "(...) sowohl eine Theorie der wesenhaften Zusammengehörigkeit von Gesetz und Begehren (...) wie auch eine Technik zur Beseitigung der pathologischen Gesetzesstrenge." (S. 155) Es liegt auf der Hand, daß als Analogie zur Aschenbachschen Wunschökonomie hier nur die Verschränkung von Gesetz und Begehren in Frage kommt. Am deutlichsten tritt diese Analogie bei Freud im Begriff der Zwangsneurose (vor allem: 1907: 193 ff; 1912/1913: 201 ff) hervor. Laplanche/Pontalis haben die Symptome dieser Neurose als "(...): Zwangsgedanken, Zwang zur Ausführung unerwünschter Handlungen, Kampf gegen diese Gedanken und Neigungen, Beschwörungsriten etc." (S. 645) beschrieben. Das Wesentliche der Zwangsneurose ist es dabei, daß die Verbotsenergie des Zwangs und die Triebenergie des Begehrens letztlich in dieselbe Richtung einmünden, so daß der Zwang das Begehren befördert.

> "Der Verdrängungsprozeß, der zur Zwangsneurose führt, ist als ein unvollständig gelungener zu bezeichnen, der immer mehr zu mißlingen droht." (Freud 1907: 198)

> "Ja, mit dem Fortschritte der Krankheit nähern sich die ursprünglich eher die Abwehr besorgenden Handlungen immer mehr den verpönten Aktionen an, durch welche sich der Trieb in der Kindheit äußern durfte." (S. 198)

Ich werde mich mit dieser zunächst noch sehr oberflächlichen Analogie begnügen, denn die Ausführungen Freuds zur Zwangsneurose enthalten Kongruenzen zur weiteren Entwicklung der Novelle, die ich hier noch nicht antizipieren möchte. Eine ausführliche Erörterung, also auch eine Stellungnahme zur Pathologie Aschenbachs, trage ich deshalb nach, wenn die Novellenanalyse bis zu diesem Punkt gediehen ist.

Parallel und der Problemstellung der Psychoanalyse vergleichbar arbeitet EMILE DURKHEIM (1858 - 1917) eine Verschränkung von Gesetz und Begehren in der Moral aus.[13] Sein Ausgangspunkt ist eine Kritik der Vernunftmoral Kants, die Moral auf Pflicht verkürzt und so die Bedeutung des Wunschobjekts in ihr verkennt.

> "Doch entgegen dem, was Kant sagte, erschöpft der Begriff der Pflicht keineswegs den der Moral. Es ist uns unmöglich,eine Handlung nur deshalb zu vollziehen, weil sie geboten ist, ohne Rücksicht auf ihren Inhalt. Damit wir uns zu ihrem Agens machen können, muß sie in gewissem Maße unsere Sensibilität ansprechen, sie muß uns in irgendeiner Hinsicht erstrebenswert erscheinen. Die Obligation oder die Pflicht bringt zwar einen abstrakten Aspekt der Moral zum Ausdruck. Ein gewisses Erstrebenswertsein ist ein weiters, nicht minder wesentliches Merkmal." (Durkheim 1976: 85)

Durkheim beharrt nachdrücklich auf der Untrennbarkeit von Selbstzwang und Begehren in der Moral und weist demgemäß daraufhin, daß keine Untergruppen von Handlungen bildbar sind, von denen die einen nur Pflichterfüllung, die anderen aber Realisierung des Erstrebten sind. Indem er also beide Elemente als in Moral immer schon enthaltene Kategorien behandelt, erweist sich der Selbstzwang als eine Form, in der sich das Begehren äußert und von der es nicht ablösbar ist. Ein Begehren als <u>formloses</u> und <u>unmittelbares</u> ist in diesem Zusammenhang nicht denkbar.

> "Wir erstreben die durch eine Regel gebotene Handlung auf eine besondere Weise. Unser Elan, unser Trachten nach ihr wird stets von einer gewissen Mühe, einer Anstrengung begleitet. Auch dann, wenn wir die moralische Handlung mit enthusiastischem Eifer vollziehen, spüren wir, daß wir aus uns selbst heraustreten, daß wir uns überwinden, daß wir uns über unser natürliches Sein erheben, und das geht nicht ohne eine gewisse Spannung, einen gewissen Selbstzwang vor sich. Wir sind uns bewußt, daß wir einem erheblichen Teil unserer Natur Zwang antun." (S. 96)

Moral ist also eine Selbsterhebung über die Natur, weil letztere, wenn man sie ließe, sich diesen Zwang nicht antun würde. Die Natur spielt also die Rolle eines <u>Trägheitsmoments</u> in der Moral. Wir kennen diesen Zusammenhang von der gleichgestalten Natur Aschenbachs her, über die dieser sich ebenfalls mittels Moral erhob. Auch Durkheim hat hier eine Wunschökonomie entwickelt, wenn man sie hier als ein an den Selbstzwang gebundenes und von diesem nicht entbindbares Begehren versteht. Von da aus gelangt Durkheim konsequenterweise dazu, bei Kant nicht nur ein Fehlen des moralischen Wunschobjektes zu bemängeln, sondern auch dessen zugrundegelegte Unverträglichkeit von Vernunft und sinnlichem Interesse zurückzuweisen. Damit setzt sich Durkheim im selben Punkt wie die ästhetische Ethik von der Vernunftmoral ab.

> "Die kantische Hypothese, nach der das Bewußtsein der Pflicht aus der absoluten Heterogenität von Vernunft und Sinnlichkeit entspringt, ist schwer mit der Tatsache vereinbar, daß die moralischen Zwecke in einem ihrer Aspekte Wunschobjekte sind. Wenn die Sinnlichkeit bis zu einem gewissen Grade denselben Zweck verfolgt wie die Vernunft, dann erniedrigt sie sich nicht dadurch, daß sie sich der letzteren unterwirft." (S. 97)

Hier kristallisiert sich ein Problem heraus, bei dem sich nicht mehr entscheiden läßt, ob Durkheim es klar genug überblickt hat. Einerseits beharrt er ja darauf, daß Moral eine Erhebung über die Natur sei, andererseits verweist er auf den Tatbestand, daß diese Moral nun wieder ohne Sinnlichkeit nicht verstanden werden kann. Hieraus läßt sich nur folgern, daß Durkheim als ein sinnliches Wunschobjekt nicht ein natürliches Objekt begreift, das nun wiederum ein natürlich verankertes Begehrungsvermögen anspricht. Sinnlichkeit, wie auch ihr Wunschobjekt setzen sich demnach - zumindest in der Moral - über Natur hinweg und sind in diesem Sinne "unnatürlich". Mir scheint dieser Zusammenhang bei Durkheim nicht eindeutig zu sein, ein Beleg hierfür findet sich jedoch bei ihm, wenn er die Wertzubemessung, die Wunschobjekte schafft, nicht auf Eigenschaften der Objekte zurückführt.

> "Ich gehe von der These aus, die besagt, daß die Objekte aus sich selbst keinen Wert besitzen. Diese Wahrheit gilt selbst für die ökonomischen Dinge." (S.111)

Verfolgt man dieses Problem weiter, so zeigt sich doch eine Schwäche der Durkheimschen Argumentation: Es ist nicht mehr plausibel, warum sich das Trachten nach dem moralischen Wunschobjekt nur als Selbstzwang äußern kann, warum dieses Trachten sich nicht selbst tragen kann. Der Selbstzwang ist nur dann notwendig, wenn zu diesem Wunschobjekt eine Gegenbesetzung existiert, die stark genug ist, von dem Gewünschten abzulenken. Für diese Gegenbesetzung kommt bei Durkheim nur die Natur in Frage, der dieser Zwang angetan wird und die somit eine zum Wunschobjekt gegenläufige Tendenz haben muß. Diesen Sachverhalt hat Durkheim nicht klar genug ausgedrückt, denn er behandelt Moral nur als das Trachten nach einem Wunschobjekt mittels Selbstzwang, er vernachlässigt dabei jedoch, daß dieses Trachten zugleich eine Absetzungsbewegung ist von etwas, das im gleichen Zuge verworfen wird. Diese Verwerfung der Natur ist übrigens im selben Sinne wie bei Aschenbach eine Überformung, denn es ist nicht vorstellbar, daß Natur im Gefolge der moralischen Zwecksetzung eliminiert wird, sie wird vielmehr nach Maßgabe des Wunschobjekts durch die Form des Selbstzwanges umgemodelt. Dabei ist aber die Natur kein gleichgültiges und gefügiges Material, das sich der Moral unterwirft, sondern ein widerspenstiges, das auf das Wunschobjekt hin mit einer Gegenbesetzung antwortet. Es wäre falsch, hieraus voreilige Schlüsse zu ziehen, etwa den, daß man nun doch von einer ausschließlich natürlichen Verfaßtheit der Sinnlichkeit und ihrer Objekte auszugehen hätte. Es gilt dagegen festzuhalten, daß diese natürliche Natur als Gegenbesetzung erst dann ins Spiel kommt, wenn eine "unnatürliche" Sinnlichkeit samt ihrem Wunschobjekt sich von ihr absetzen will. Diese Absetzungsbewegung fällt ineins mit der Annäherung an das Wunschobjekt (Selbstzwang!) und gemäß der doppelten Logik der Moral können wir hieraus nur folgern, daß die Terme der Polarität so miteinander verflochten sind, daß sie immer wieder, zirkulär, aufeinander verweisen. Die Eigenschaften der natürlichen Natur und der unnatürlichen Sinnlichkeit verweisen deshalb nur auf die Leistungen des moralischen Systems und nicht etwa auf Bestimmungen, die sie außerhalb desselben haben.

Ich habe diese Argumentation soweit geführt, um zu zeigen, daß Moral in einer Absurdität zu verschwinden droht, wenn nicht, wie z.B. bei Aschenbach, eine übergeordnete Kategorie, die Schönheit, eingeführt wird, die eine Art höherer Sinnstiftung leisten kann. Durkheim <u>postuliert</u> die Gesellschaft als eine Sphäre sui generis, die nicht auf das Individuum als seine kleinste Einheit reduzierbar ist. In dem Zwang, eine solche Kategorie einführen zu müssen, findet sich Durkheim einig mit Kant.

> "Sicher wird man die Analogie zwischen dieser Argumentation und derjenigen bemerken, mit welcher Kant den Gottesbeweis führt. Kant postuliert Gott, weil die Moral ohne eine solche Hypothese unbegreiflich wäre. Wir postulieren eine von den Individuen spezifisch sich unterscheidende Gesellschaft, weil andernfalls die Moral keinen Gegenstand, die Pflicht keinen Fixpunkt hätte." (S. 104)

> "Zwischen Gott und der Gesellschaft muß man wählen." (S. 105)

Zweifellos existiert dieser Zwang, jedoch nur als logisch-systematischer, insofern er einem disjunktiven Syllogismus entspringt, der ja wesentliches Kennzeichen der Moral ist.

> "Demjenigen, der uns fragen sollte, ob wir an Gott glauben, werden wir in echt Kantischer (...) Manier zu antworten haben: natürlich, aber nur an ihn als Meister des dijunktiven Syllogismus, als Prinzip <u>a priori</u> dieses Syllogismus (Gott bestimmt als <u>Omnitudo realitatis</u>, der alle abgeleiteten Realitäten

> durch Teilung entspringen). Göttlich ist folglich nur das Merkmal der Disjunktionsenergie." (Deleuze/Guattari 1974: 20)

Die ironische Bemerkung von Deleuze/Guattari trifft den Kern der Sache: der disjunktive Syllogismus ist der Code von Moral, und er rückt diese deshalb, wenn auch nicht nur zu Gott, so doch zu einem <u>Sakralen</u> hin. Auch Durkheim ist diese Beziehung keineswegs entgangen:

> "Im übrigen gibt es einen weiteren Begriff, der die gleiche Dualität (scil. wie Moral, F.M.S.) aufweist: nämlich der des <u>Heiligen</u>. Das heilige Objekt flößt uns wenn nicht Furcht, so doch Respekt ein, der uns von ihm fernhält. Gleichzeitig aber ist es ein Liebes- und Wunschobjekt; wir trachten danach, ihm näherzukommen, wir streben zu ihm hin. Wir haben es also mit einem doppelten Gefühl zu tun, das widersprüchlich erscheint und dennoch in der Realität existiert. (...) So liegt es auf der Hand, daß sich die Sittlichkeit niemals aller Merkmale, die sie mit der Religiosität teilte, entäußern konnte und es auch niemals tun wird." (S. 99 f)

Ich räume jedoch ein, daß die Beziehung der Moral zu einem Sakralen auf dieser Stufe der Argumentation noch keineswegs zwingend erscheint. Zwei Gründe sind hierfür maßgeblich: Durkheim ist zum Sakralen bzw. zur Gesellschaft gelangt, indem er den Implikationen seiner Kategorien, die er eingeführt hat, Rechnung getragen hat. Ob sich für einen lebenspraktischen Umgang mit Moral ebenfalls das Problem des Zwangs zum Sakralen hin stellt, ist demnach offen. Außerdem kommt man nicht umhin, in Durkheims Vergleich der Moral mit dem Sakralen eine Ungereimtheit festzustellen. Die Moral trachtet nach einem Wunschobjekt und setzt sich mittels Selbstzwang von einem verworfenen Objekt (Natur) ab. Diese Dualität, so Durkheim, sei die <u>gleiche</u> wie beim Sakralen, das uns sowohl Furcht einflößt, als auch ein Wunschobjekt vorstellt. Diese Dualität ist aber nicht die gleiche, denn die Moral geht von <u>zwei</u> Objekten aus, einem gewünschten und einem gemiedenen, das Sakrale hingegen vereinigt die Eigenschaften der zwei Objekte in <u>einem</u>, denn es ist gewünscht und gemieden zugleich.

Aus Gründen, die ich später vor allem in meinen Ausführungen über die christliche Mystik noch genauer darlegen werde, halte ich dennoch an Durkheims Begriff des Sakralen fest. Welche Voraussetzungen müssen aber dann gegeben sein, daß sich Moral einem so bestimmten Sakralen nähern kann? Entweder ist die Moral invertierbar, d.h. aus dem Wunschobjekt kann das gemiedene, und vice versa, werden, oder es existiert ein - noch unbestimmtes - Objekt, das für Moral sowohl ein gewünschtes als auch ein gemiedenes darstellt. Bei Aschenbach nun werde ich zeigen, daß beide Wege möglich sind, zunächst aber die Inversion.

3. Die Anfechtung: Eine Inversion der ästhetischen Ethik.

Bevor ich dazu übergehe, Aschenbachs Anfechtung zu erläutern, möchte ich noch eine terminologische Präzisierung vornehmen. Die Frage ist dabei, ob sich nicht für die ästhetische Ethik, die sich ja als Wunschökonomie erwiesen hat, ein übergeordneter Begriff finden läßt, der das Trachten nach dem spezifischen Wunschobjekt zum Ausdruck bringt. Von der Wunschökonomie aus gesehen, hatte sich dieses Ziel als Lust und Entzücken an der Form dargestellt und Leistungsmoral und "Heroismus der Schwäche" samt "wiedergeborener Unbefangenheit" waren die genealogischen Stationen auf Aschenbachs Weg zu diesem hin. Ich fasse diesen Zusammenhang in den Terminus: Wille zur Form. Ich halte diesen Begriff für geeignet, weil Aschenbach seinen Wunsch in eine zielgerichtete Tätigkeit umsetzt (Wille), weil diese zielgerichtete Tätigkeit zudem eine Selbstgestaltung (Leistungsmoral), eine Selbstgestaltung in Bezug auf andere ("Heroismus der Schwäche") und damit eine ästhetische Gestaltung ("wiedergeborene Unbefangenheit") umfaßt (zur Form). Ich spreche also von dem Trachten der ästhetischen Ethik nach ihrem Wunschobjekt als einem Willen zur Form, der sich damit zugleich von Formlosigkeit als dem verworfenen Pol absetzt.

Aschenbachs "Anfechtung" (S. 341) beginnt mit der Wahrnehmung eines starken Gefühls:

> "(...): eine seltsame Ausweitung seines Innern ward ihm ganz überraschend bewußt, eine Art schweifender Unruhe, ein jugendlich durstiges Verlangen in die Ferne, ein Gefühl, so lebhaft, so neu oder doch so längst entwöhnt und verlernt, daß er, die Hände auf dem Rücken und den Blick am Boden, gefesselt stehenblieb, um die Empfindung auf Wesen und Ziel zu prüfen." (S. 340)

Diese Prüfung erweist dieses Gefühl zunächst als Reiselust, die aber dessen Stärke nur unzureichend erklären kann. Wesen und Ziel zeigen sich daher erst in einer Vision, die Aschenbachs Begierde Gestalt gibt.

> "Es war Reiselust, nichts weiter; aber wahrhaft als Anfall auftretend und ins Leidenschaftliche, ja bis zur

> Sinnestäuschung gesteigert. Seine Begierde ward sehend, seine Einbildungskraft, noch nicht zur Ruhe gekommen seit den Stunden der Arbeit, schuf sich ein Beispiel für alle Wunder und Schrecken der mannigfaltigen Erde, die sie sich auf einmal vorzustellen bestrebt war: er sah, sah eine Landschaft, ein tropisches Sumpfgebiet unter dickdunstigem Himmel, feucht, üppig und ungeheuer, eine Art Urweltwildnis aus Inseln, Morästen und Schlamm führenden Wasserarmen, fettem, gequollenem und abenteuerlich blühendem Pflanzenwerk haarige Palmenschäfte nah und fern emporstreben, sah wunderlich ungestalte Bäume ihre Wurzeln durch die Luft in den Boden, in stockende, grünschattig spiegelnde Fluten versenken, wo zwischen schwimmenden Blumen, die milchweiß und groß wie Schüsseln waren, Vögel von fremder Art, hochschultrig, mit unförmigen Schnäbeln, im Seichten standen und unbeweglich zur Seite blickten, sah zwischen den knotigen Rohrstämmen des Bambusdickichts die Lichter eines kauernden Tigers funkeln - ..." (S.340)

Will man diesem Naturbild ein Prädikat hinzusetzen, so scheint mir nichts zutreffender, als daß sich die Urweltwildnis dadurch auszeichnet, daß sie jegliche menschliche Planung und Zweckmäßigkeit vermissen läßt. Gleichwohl ist ihr ein Maß menschlicher Wahrnehmung inhärent, insofern sie an Gefühlswerte der Wahrnehmung geradezu appelliert: feucht, üppig, ungeheuer, geil, fett, gequollen, milchigweiß, knotig. [14] Die Urweltwildnis ist also keineswegs von einer neutralen Unberührtheit, sie stellt sich nicht selbst dar, sondern bringt zum Ausdruck, daß ein menschliches Maß in ihr abwesend ist: abenteuerlich blühend, wunderlich ungestalt, fremde Art, unförmig. Die Urweltwildnis ist eine Wucherung der Formlosigkeit, verstanden als Abwesenheit menschlicher Formung. Im strengen, wie auch im ironischen Sinne ist diese Natur ein Symbol, weil alles in ihrem Dasein auf etwas verweist, was sie selbst nicht ist, was sie jedoch zur Darstellung bringt. Ironisch ist diese Symbolbeziehung deshalb, weil Natur in dieser Art von insuffizienter Selbstdarstellung auf einen entgegengesetzten Wert, nämlich den der Form, abzielt. In dieser Fremdbezogenheit vermag die Urweltwildnis ein großes Energiefeld aufzubauen, das mit den funkelnden Lichtern des kauernden Tigers bezeichnet ist.

Aus dem eben Ausgeführten wäre zu folgern, daß Aschenbach das, was diese Natur zum Ausdruck bringt, ablehnen müßte. Er müßte sie ablehnen, weil sie die Abwesenheit eines Willens zur Form in ihrem Dasein postuliert. Ganz im Gegenteil aber entspringt sie der sehenden Begierde Aschenbachs. Man kann nun Aschenbachs leidenschaftliche Begierde in analoger Begriffsbildung als Willen zur Formlosigkeit charakterisieren. Dieser Wille ist nicht autonom, er ist kein selbständiger Wesenszug in Aschenbachs Persönlichkeit, er ist vielmehr ganz bezogen auf den Willen zur Form, als dessen Gegensatz er nur innerhalb der moralischen Polarität erscheinen kann. Gleichwohl stellt der Wille zur Formlosigkeit ein neues Stadium der ästhetischen Ethik dar, denn der verworfene Pol ist nun als Wunschobjekt besetzt. Der Wunsch nach dem Verworfenen schaltet aber das frühere Wunschobjekt nicht vollständig aus, denn es mischt sich als ambivalente Gefühlsregung dem neuen Objekt gegenüber bei: Aschenbach "(...) fühlte sein Herz pochen vor Entsetzen und rätselhaftem Verlangen."(S. 340, Hervorhebung von mir, F. M.S.). Dies ist jene Ambivalenz der Gefühle, auf die Durkheim dem Sakralen gegenüber hingewiesen hatte und die sich bei Aschenbach unter der Bedingung der Anfechtung einstellt. Die Anfechtung bestimmt sich also als eine Inversion der ästhetischen Ethik, bei der Wunschobjekt und Verworfenes Platz tauschen. Ich habe diesen Sachverhalt in einer Tabelle zusammengefaßt (S. 104), dabei ist jedoch zu beachten, daß die Existenz des früheren Wunschobjekts auf eine Negativbesetzung des neuen Objekts zusammengeschrumpft ist. Die Anfechtung stellt sich dabei als eine Überkreuzung, d.h. Platzwechsel der Pole dar.

Die Inversion der ästhetischen Ethik bleibt noch temporärer Natur, es wird also nur die, allerdings fundamentale, Existenz dieser Möglichkeit angezeigt.

> "Auch wurde denn, was ihn da eben so spät und plötzlich angewandelt, sehr bald durch Vernunft und von jung auf geübte Selbstzucht gemäßigt und richtiggestellt."(S.341)

Dieser Satz nun leitet die Ausführungen über Aschenbachs ästhetische Ethik ein, deren Behandlung ich vorgezogen habe. Man mag aber daraus nochmals ersehen, was ich bereits über die Abfolge der genealogischen Schichten formuliert habe, daß diese nämlich immer wiederkehrende Stationen einer zirkulären Wiederholung sind. So mündet hier der rezente Anlaß der An-

Tabelle 6:

Die Anfechtung als eine Inversion der ästhetischen Ethik.

ERSTREBTES	SYNTHESE	VERWORFENES
	Leistungsmoral Heroismus der Schwäche samt wiedergeborener Unbefangenheit Geknechtete Empfindung	
Wille zur Form		Wille zur Formlosigkeit
	Anfechtung (S.341)	
Leidenschaftlichkeit Begierde Wunder rätselhaftes Verlangen (S. 340) Sehnsucht Begierde nach Befreiung, Entbürdung und Vergessen Bedürfnis (S. 341)		Sinnestäuschung Schrecken Entsetzen (S. 340) Fluchtdrang (S. 341)

fechtung wieder in die ursprüngliche Form der ästhetischen Ethik ein und wird nach deren Muster zu Resultaten umgebildet, die bereits herausgestellt wurden. Die Präsenz der Inversion eröffnet demnach zwei Möglichkeiten: Sie aktualisiert entweder die gesamte genealogische Formation von Neuem, oder sie bringt den Moralisten dazu, die Gegenrichtung einzuschlagen. Daß diese beiden Möglichkeiten sich spiralig hochschrauben, wohin das ihnen inhärente Steigerungsprinzip sich entwickelt, ob dies auch für Aschenbach zutrifft - all dies behandeln die folgenden Teile dieser Arbeit.

4. Der Fall Aschenbach in der Literaturkritik.

Die ästhetische Ethik Aschenbachs hat die Kritik immer wieder zu moralischen Stellungnahmen veranlaßt. Auch hier vollzieht sich ein "Wunder der wiedergeborenen Unbefangenheit" durch die "Wucht des Wortes, mit welcher das Verworfene verworfen" wird. Die Ironie der Verwerfung Aschenbachs ist es, daß die moralische Dimension der Novelle verdoppelt wird, daß also die Kritiker die ästhetische Ethik mit ihrer eigenen Moral konfrontieren und so dem Problem der Moral neue Facetten hinzufügen. Wie auch Aschenbach, so stellt sich die Kritik nicht hinter die "Laxheit des Mitleidssatzes", daß "alles verstehen alles verzeihen" heiße. Die Kritiker setzen dabei zumeist voraus, daß die Novelle die Erniedrigung Aschenbachs zeige, und wenn die ästhetische Ethik kritisiert wird, so fast immer deshalb, weil sie eben diese Erniedrigung nicht aufhalten kann. Nur selten wird daher die eigene Erregung unterdrückt, und sie entfaltet sich nach zwei Richtungen: der Tiefe Aschenbachs entspricht die Höhe Thomas Manns. Ich gebe eine Auswahl der Kritiken zum Fall Aschenbach.

C.A.M. NOBLE gilt der Künstler im wesentlichen als ein domestizierter Urmensch, dessen Sublimationsleistung sich als Kunstwerk manifestiert. Aschenbachs Entwicklung ist daher eine Einstülpung dieser kulturellen Leistung. Er kehrt zum Urmenschen zurück oder würde vielmehr zu ihm zurückkehren, wenn ihn nicht noch eine dünne Schicht von Sublimation davon trennen würde.

> "Die Novelle ist die Sublimierung eines im Grunde genommen verbrecherischen Erlebnisses, nämlich der sittenwidrigen Liebe Aschenbachs zu dem polnischen Knaben Tadzio." (Noble 1970: 121)

> "Der wirkliche Grund für sein (scil. Aschenbachs, F.M.S.) Bleiben ist seine homosexuelle Faszination für den Knaben und daher rein persönlicher, krankhaft-krimineller Art." (S. 123)

Ein ganzes Paket von Unterstellungen geht in diese Aussagen ein, deren Fragwürdigkeit umgangen werden soll, indem an unser moralisches Einverständnis appelliert wird: Im Grunde genommen ist Aschenbach verbrecherisch und sittenwidrig. Noble hat den klinischen Blick eines Richters (krankhaft-kriminell), seine Analyse ist daher nichts anderes als ein Urteilsspruch. Demgemäß ist auch Nobles Sublimationsbegriff moralisch: Man sollte sublimieren.

> "Aschenbach erreicht hier den Punkt, wo er aufhört, ein Künstler zu sein, weil er sich nicht mehr zu beherrschen vermag und die Grenzen der Vernunft überschreitet."(S.197)

Sublimation ist also Selbstbeherrschung gleichzusetzen. Unter der Hand erhält jedoch Nobles verworfener Pol größeres Gewicht als das Erstrebte, denn der Urmensch ist listiger als die Vernunft und die Kunst. Während beide immer nur aus der Selbstbeherrschungsgeste bestehen können, die ihn in Schranken verweisen, spielt der Urmensch ein autonomes Spiel. Der Urmensch ist mehr als die Negation von Vernunft und Kunst, aber diese sind abhängig von seiner Negation. Die kulturelle Leistung des Künstlers ist es daher, dem vitalen Urmenschen die Stirne zu bieten, ihn aber zu ignorieren, ist unmöglich. Ihm widerstehen zu können, bedeutet daher auch ihm unterliegen zu können, also ist die Sublimation ein moralischer Heroismus mit ungewissem Ausgang. Diesen Heroismus verkörpert zwar nicht Aschenbach, wohl aber Thomas Mann. Die Funktion des Autors ist es hier, für die Spiegelung des Verworfenen ins Erhabene hinein verantwortlich zu sein.

> "Der heilige Sünder, der Ausgestoßene, für den kein Platz ist in Gottes weiter Welt, und der doch zum Papst, zum Erwählten des Herrn wird - dieser Gregorius ist Thomas Mann selber, der Künstler, der seine Erwähltheit ahnt und dessen Sündhaftigkeit durch diese Ahnung fruchtbar gemacht wird und ihn zu 'hohen Flügen' trägt." (S. 49)

HERRMANN LUFT weist alle moralischen Interpretationen als Mißverständnis zurück:

> "Mehrere Interpreten kommen zu der oberflächlichen Feststellung, 'Der Tod in Venedig' sei die Geschichte eines sittenwidrigen, geschlechtlich entarteten Abenteuers, in dem der alternde Künstler es darauf anlegt, den schönen Knaben zu verführen. Daß der Knabe in erster Linie symbolische Funktion hat, daß er für Aschenbach vor allem die vollkommene 'Form', ein lebendiges Gleichnis von sichtbarer und damit sinnlich gewordener Geistigkeit (= Schönheit) verkörpert, wird im Text der Novelle so oft hervorgehoben, daß all jene Mißinterpretationen umso unbegreiflicher bleiben." (Luft 1976: 9 f)

Symbol ist also nur ein anderer Ausdruck für: Es ist nicht so gemeint, wie es gesagt ist. Was aber, wenn Aschenbach selbst in der Novelle nur symbolische Funktion hätte? Seinen Konflikt nimmt Luft sehr ernst, an ihm ist nichts symbolisch. Aschenbach ist seiner Auffassung nach eine Mischlingsnatur aus Geist und Sinnlichkeit, ein Zwitterwesen mit zwei Seelen in einer Brust. Aschenbachs Schicksal geht auf im Zeichen der Zucht und Lebensverdrängung, erreicht dann einen Zenit zwischen beiden Extremen - dort entsteht Aschenbachs größtes Werk, die eineinhalb Seiten lauterer Prosa - und versinkt sodann in Zügellosigkeit.

> "(...) Aschenbach ist (...) im wahrsten Sinne des Wortes ein tragischer Held. Größe und Schwäche, Höhe und Tiefe, sowie selbstaufgeladene Schuld und deren folgenschwerste Konsequenzen sind auch die Hauptzüge der Geschichte Aschenbachs." (S. 98)

Es scheint so, als konzentriere sich Luft darauf, Aschenbach von einem Makel freizuhalten, indem er die in der Novelle auftauchenden Begierden Aschenbachs zu geistigen oder symbolischen erklärt.

> "Die vollkommene menschliche Schönheit seiner Erscheinung (scil. Tadzios, F.M.S.) liegt einerseits ganz auf realistischer Ebene, ist aber auf symbolischer Ebene gesehen eine lebendige Verkörperung von Aschenbachs Kunstideal (also geistig)." (S. 57)

Die Verflüchtigung von Sinnlichkeit in Symbolik hat den Zweck, eine moralische Integrität wiederherzustellen, die verloren wäre, wenn es sich tatsächlich um Sinnlichkeit handeln würde. Mit der folgenden Fragestellung läßt sich daher Lufts analytisches Interesse umreißen:

> "Wie kann Aschenbachs Neigung, jetzt, da ihr deutlich auch ein sinnliches Element anhaftet, noch weiterer moralischer Anrüchigkeit entgehen?" (S. 60)

Dieser Anrüchigkeit kann Aschenbach entkommen, weil das sinnliche Element Ausdrucksmittel einer höheren Macht ist, der sich das moralische Problem nicht mehr stellt.

> "(...), denn worum es hier in erster Linie geht, ist Gefühl - Sinnlichkeit - an sich. Tadzio ist dabei <u>nur</u> ein Mittel zum Zweck." (S. 82)

Luft entwickelt also eine abenteuerliche Konstruktion: Sinnlichkeit im besonderen fällt unter das Verdikt der Moral, sofern sie aber Mittel für die Sinnlichkeit an sich ist, ist sie von jeglicher moralischer Anrüchigkeit frei. Um diese Konstruktion plausibel zu machen, nimmt Luft die symbolische Opferung Tadzios im Dienste jenes geistigen Prinzips vor. Mir scheint es, daß dieser Argumentation selbst eine moralische Absicht zugrundeliegt: Es ist der Versuch, den Tempel des Geistes und der Kunst rein zu halten. Luft hat damit aber deutlich wie kein anderer ausgedrückt, was diesen Tempel beschmutzen könnte.

HERRMANN STRESAU gilt die Novelle als das formvollendetste Werk von Thomas Mann:

> "Es wurde das unepischste unter den bisherigen Werken, es wurde eine Tragödie, in klassischer Sprache, gemeißelt und geformt wie keines der Werke sonst." (Stresau 1963: 101)

Dieser Formvollendung entspricht eine Stringenz der Handlungsentwicklung, gegen die sich Stresau jedoch unmißverständlich sträubt.

> "Was im Tod in Venedig erzählt wird, ist nur im Parodischen glaubhaft und 'wahr': Gustav Aschenbach, der Leistungsmoralist, findet seinen Durchbruch zum Leben, an dem er zugrunde gehen muß." (S. 104)

Das Argument Parodie leitet Stresau daraus ab, daß am Ende der Novelle eigentlich die Aufforderung steht, "Folge mir nicht nach!", die Handlungsentwicklung aber selbst diese moralische Quintessenz nicht direkt entwickelt. Weil die Novelle also nicht unmittelbar zeigt, was sie aber nach Stresaus Auffassung zeigen müßte, wird sie zur Parodie. Diese globale Kategorisierung verstellt den Weg zur Textanalyse und übernimmt ungeprüft ein m.E. ohnehin fragwürdiges Schema: Thomas Mann, der große Ironiker. So ist denn auch die Aussage, daß Aschenbach zum Leben findet, aber daran stirbt, nur die Kurzformel eines Problems, das die Textkritik überhaupt erst zu entwickeln hätte.

Es zeigt sich bei Stresau die Tendenz, Textprobleme nur soweit zu entfalten, bis sie in, seiner Meinung nach, plausible Eigenschaftne und Auffassungen des Autors aufgelöst sind. Der Autor wird dabei konstruiert als ein Potpourri seiner Figuren und deren Probleme: Aschenbach ist ein Wunschbild von Thomas Mann, andererseits läßt der Tonio Kröger im Autor hier doch eine tiefere Problematisierung erkennen (vgl. S. 103). Es gäbe gegen den Autor als Argument nichts einzuwenden, wenn dieser analytisches Kriterium und nicht legitimatorische Instanz zur Absicherung der eigenen Interpretation wäre, denn letzteres bedeutet, Textmerkmale in Persönlichkeitsmerkmale zu übersetzen.

ANNA HELLERSBERG-WENDRINER sieht in der Novelle gleich Stresau das formvollendetste Werk von Thomas Mann:

> "Der Tod in Venedig ist wahrscheinlich die formstrengste, die geschlossenste der Strukturen Thomas Manns. Es ist so, als ob diese Vollkommenheit selbst Spiegel und Gleichnis dessen sei, was das Werk als Problem reiner Formalität geben will. Jedes Wort, jedes kleinste Requisit der Komposition sind zu einem Gedanken bezogen, der Gleichsetzung von Form und Tod." (Hellersberg-Wendriner 1960: 67)

Jedes Kunstwerk, so Hellersberg-Wendriner, sammelt die abgebildete Erscheinung in einer neuen subjektiven Ordnungsidee. Unter Gelungenheit eines Kunstwerks versteht sie daher mit Berufung auf Goethe eine Übereinstimmung der inneren Gesetze des Objekts mit der Gesetzlichkeit des Subjekts (S. 68). Ein Kunstwerk aber, das sich von diesem objektiven Zusammenhang der "Partizipation" abwendet, vernichtet sich selbst:

> "Die absolute Verlassenheit wirkt sich aus als das Lebensgesetz der Form unter dem Zeichen des Todes, das heißt, die nicht teilnehmende, die abgelöste Form ist Tod." (S. 68)

An wen ist diese Aussage adressiert, an Thomas Mann oder an Aschenbach? Überraschenderweise an Aschenbach, obwohl doch nach Hellersberg-Wendriner Thomas Mann derjenige ist, der die abgelöste Form (= Gottesferne) realisiert. Thomas Mann will sie aber ein pädagogisches Interesse unterstellen, daß er nämlich diese entstellte Welt nur so entstellt erzählt hat, um zu zeigen, was in ihr fehlt.

> "Die Eigenart der poetischen Tiefenschau kennzeichnet die Christlichkeit der Seelenverfassung des Dichters, trotz seiner Fernheit von jedem dogmatischen Glauben." (S.5 f)

> "In allen Strukturen (scil. des Werks von Th. M., F.M.S.) ist die Vereinzelung, das Fehlen der fruchtbaren, lebensspendenden, lebenserhaltenden Partizipation die Ursache des Versagens der Hauptgestalt." (S. 10)

Halten wir also fest, daß Thomas Manns Abtrünnigkeit vom Glauben, wie Hellersberg-Wendriner unter Verweis auf Kierkegaard ausführt, selbst christlich ist, Aschenbachs Gottesferne jedoch nicht. Die Autorin gibt uns kein Kriterium an die Hand, wann sich diese Gottesferne wiederum an Gott wendet und wann sie selbstgewiß auf der Seite des Bösen verbleibt. Aschenbachs Leben und Werk steht jedenfalls ganz unter der Logik des Bösen, der Entartung, wie Hellersberg-Wendriner formuliert. So stehen sich bei Aschenbach zwei Bezirke gegenüber, die qualvolle Enge des Werkes und die leere Weite der ausgeschlossenen Welt, die sich nach dem Schema der Entartung hochschaukeln.

> "Gerade in der Ruhelosigkeit ihrer Übersteigerung sind die beiden Bezirke einander verwandt. Ihr gegenseitiges Verhältnis wird dadurch bestimmt, daß die entartete Überhöhung der verengten Sphäre die Entartung der anderen, die sie ausschloß, hervorruft. Unordnung ruft Unordnung hervor. Steigerung erzeugt Steigerung." (S. 72)

Hinzu tritt noch Aschenbachs "geschlechtliche Entartung", die die Autorin als Symbol der Ichverfangenheit interpretiert. Demgemäß faßt sie Aschenbachs Entwicklung als Kettenreaktion, innerhalb derer Böses Böses zeugt: Die wesensbestimmte Auslassung (Gottesferne) führt zu totaler Ordnungslosigkeit und Entdeutlichung. Dies ist jedoch nur eine etwas differenziertere Version der Annahme, daß nach unten abrutscht, wer auf die schiefe Bahn gerät. Hier verschenkt die Autorin einen Ansatz, den sie als Mystik der Gottesferne selbst eingebracht hat und verzichtet darauf, wie sie es aber bei Thomas Mann tut, die Beziehung des Bösen zum Guten zu untersuchen. Mir scheint, daß dieser Verzicht auf einen allzu frömmlerischen Begriff von Mystik zurückgeht: Auch der Mystiker der Gottesferne soll anscheinend einen moralisch integren Lebenswandel haben, und sein Zweifel soll ein geistiger bleiben. Dementsprechend einfach ist das Rezept, nach dem nicht nur Aschenbach seinen Kopf aus der Schlinge ziehen könnte, denn er müßte nur an Gott partizipieren. Warum er aber nicht partizipieren kann und warum sich diese Gottesferne sogar noch hochsteigern muß, darauf weiß Hellersberg-Wendriner keine Antwort. Deshalb reduziert sich ihre Interpretation auf eine simple Moral: Die Gottesferne muß böse, ja sogar tragisch enden.

INGE DIERSEN behandelt Aschenbachs Schicksal vorab als eines seiner Klasse, und sein Zusammenbruch ist daher der Ausbruch des Faschismus.

> "Im Tod in Venedig erfaßt Thomas Mann, wie sich aus einer Welt bürgerlicher Sicherheit die Keime des Faschismus entwickeln, nicht als Gestaltung seiner ökonomischen Ursachen - (...) - vielmehr handelt es sich um eine Gestaltung des Faschismus als Geisteshaltung, als innere seelische Verfassung eines Menschen; ..." (Diersen 1959: 87)

An Aschenbachs Haltung gibt es daher nichts auszusetzen, Aschenbach kämpfe gegen Dekadenz und für Literatur im Dienste der Wahrheit, allerdings fehle seinem Werk die Kritik. Diersen scheint vollkommen übersehen zu haben, daß Aschenbach sich jenseits des Wissens und der Erkenntnis bewegt, und Wahrheit wäre ja wohl nur im Zusammenhang mit diesem denkbar. Dem Widerstreit von Haltung und Verführung sei Aschenbach letztlich nicht gewachsen, seine humanistische Haltungsmoral beschleunige sogar den Verfall, weil Bildungsinteressen den Vorwand bilden würden, in Venedig zu bleiben. Als Aschenbach sich eingesteht, daß er Tadzio liebe, rechnet Diersen mit ihm ab:

> "Damit ist der entscheidende Damm durchbrochen, der bis dahin Aschenbachs Gefühlsabenteuer in human kontrollierbaren Grenzen gehalten hatte. Was folgt, ist die Hingabe an einen Rausch, der alle humane Gesittung hinwegspült, der sich als ein Untertauchen in Barbarei offenbart." (S. 105)

> "Sein Traum zeigt ihm in bewegten Bildern die Vorgänge einer orgiastischen Kulthandlung von äußerster Obszönität und wildem Kannibalismus, ..." (S. 112)

Gerade die Interpreten, die Aschenbachs Moral hochhalten, beschwören die Kraft dessen, was diese Moral verwirft. Von der Barbarei trennt die Humanität ein Damm, der starkem Druck ausgesetzt ist. Humanität ist also defensiv bestimmt; sie bedeutet etwas zurückhalten zu können und entsteht überhaupt nur als Resultat eines Drucks von Außen.[15] Humanität scheint, dem Kulturbegriff Nobles ähnlich, ein eher kümmerliches Ideal zu sein, das sich in Nicht- bzw. Abwehrhandlungen äußert. In Humanität steckt auch keinerlei emotionale Kraft: sie kontrolliert, begrenzt, baut Dämme und versucht damit etwas sehr Gefährliches von sich fernzuhalten, dessen emotionale Durchwirkung nun aber gewaltig ist (äußerste Obszönität und wilder

Kannibalismus). Für eine stabile Humanität kann man deshalb die physikalische Gleichung von Druck und Gegendruck aufmachen, die ab einem bestimmten Kräfteniveau, auf dem Humanität noch standhält, in den Heroismus hineinreicht, und die da, wo sie nicht mehr standhält, einem Überdruck weicht.

Die Verwerfung von Aschenbach geht bei Diersen sogar so weit, daß sie seinen Tod als eine Folge der Bilanz der Druckverhältnisse behandelt, in der Aschenbach nichts mehr zuzusetzen hat.

> "Der Tod zieht den Schlußstrich unter ein Leben, mit dem es nicht weitergeht, ..." (S. 116)

Es fehlt eigentlich nur noch, daß sie ihre Genugtuung darüber deutlicher zum Ausdruck bringt.

GEORG LUKACS verfährt kaum anders mit Aschenbach:

> "Er hat ein formvollendetes Leben und ein gewichtiges Werk auf der Grundlage der 'Haltungs'-Moral aufgebaut. Streng und stolz erheben sich beide über den ordinären Alltag, über dessen kleinliches Philistertum, über seinen ebenso kleinlichen Bohème-Anarchismus. Jedoch nur ein kleiner Konflikt ist vonnöten, ein Traum inmitten dieses Konfliktes, für dessen Entscheidung noch kaum etwas Wahrnehmbares geschah - und die Haltung bricht rettungslos und widerstandslos zusammen, als ob sie nicht das Produkt eines ehrlichen, asketisch schwer durchgefochtenen Lebens gewesen wäre." (Lukács 1968: 222)

Leben und Werk zusammen mit Haltungsmoral bilden etwas Ragendes über einem ordinären Alltag (streng, stolz vs. kleinlich, ordinär). Es scheint geradezu geheimnisvoll, daß dieses Ragende so leicht unterhöhlbar ist. Auch Thomas Manns Werk hat diese Charakteristik des Ragens:

> "Ein Werk, einsam infolge der Strenge seiner Gehaltssichtung und Formgebung und doch - im Gehalt wie in der Form - vom Mittelpunkt der umgebenden Ebene emporragend, dem Höchsten wie dem Niedrigsten entsprießend." (S. 227)

> "(..) die ragendste und steilste seiner Gestaltungen ..." (S. 227)

Thomas Manns Werk behält dieses Ragende, weil er den Weg zur Demokratie findet, "(...), während das deutsche Bürgertum sich aufs tiefste erniedrigte und im blutigen Sumpf eines berauschten Barbarismus watete, ..." (S. 234). Die Parallelisierung des Faschismus mit dem Verworfenen in Aschenbachs Haltungsmoral ist sowohl von Lukács als auch von Diersen beabsichtigt.

Folgt man dieser Argumentation, so ist die historische Alternative eine moralische: Haltung oder Gefühlsanarchie. Dabei ist also nicht die Haltung selbst verwerflich, die nach Lukács zur Verpreußung Deutschlands führt, sondern ihr Zusammenbruch, ihre Unfähigkeit, der sumpfigen Naturgewalt des Verworfenen zu wehren. Das Erstaunliche an dieser Argumentation ist, daß sie implizit zu verstehen gibt, daß Faschismus gar nicht rationalisierbar ist, sondern nur kraft einer gefestigteren demokratischen Moral abzuweisen ist. Folgt man meinen Ausführungen über Aschenbachs Moral, aus denen hervorging, daß diese prinzipiell invertierbar ist, das Verworfene also zum Wunschbild werden kann, so bietet es sich an, den Faschismus gerade in seinem Charakter als Wunschbild zu analysieren, wie dies Klaus Theweleit in den bereits erwähnten "Männerphantasien" getan hat. Natürlich ist dies bei Lukács und Diersen nicht so gemeint, denn sie lassen keinen Zweifel, daß sie von der Legitimität und Festigkeit ihrer moralischen Position überzeugt sind. Indem sie aber immer wieder ihren Abscheu vor dem, was da als Faschismus ausgebrochen ist und was das Bürgertum hätte zurückhalten müssen, zum Ausdruck bringen, zeigen beide immer wieder, welche (emotionale) Kraft und Druckwirkung dem zukommt. Sie arbeiten das Verlockende und Verführerische des Verworfenen geradezu heraus, indem sie sich der allzu großen "Wucht des Wortes" bedienen, um es zu verwerfen und indem sie diesem nur demokratische und humanitäre Dämme entgegensetzen können.

Im Rückblick auf die Kritiken wird der Leser wahrscheinlich bemerken, wie sich Aschenbachs Urweltwildnis bevölkert hat, mit wilden Gestalten, Urmenschen, Barbaren und Kannibalen. Die exotische Landschaft ist durchzogen von blutigen Sümpfen und reißenden Fluten. Statt Gesittung herrscht Entartung und ein zwielichtiger Souverän Eros Thanatos schwingt das Szepter. Jenseits davon ist das geordnete Reich der humanen Gesittung, eine Landschaft aus Dämmen, ins Flußbett gezwungener Fluten und emporragender Werke. Nimmt es Wunder, daß die Heroen, die die geformte Landschaft bevölkern, träumen und spekulieren, was sich wohl hinter jenem Damm verbergen mag?

Eine für Lukács und Diersen bedeutsame Inversion ihrer moralischen Landschaften soll hier noch angeführt werden, die eigentlich zu denken geben müßte:

> "Auf einem Berg erbaute sich der Ritter mit seinen Knechten eine trutzige Burg. Um diese herum scharten sich schutzsuchende Ansiedler; Häuser wurden gebaut, Wälle und Mauern errichtet, Gräben gezogen. Es bestand eine Gemeinschaft zwischen Rittern und Bürgern: Individualität und Gemeinwesen.
> Aus dem Gewirr kleiner Häuser ringt sich der himmelragende Dom empor. Ein großer Künstler hat ihn entworfen. Tausende haben die Steine zugehauen, Hunderttausende haben Werte dafür geopfert und dann in diesem Hause Andacht verrichtet: Persönlichkeit und Volksseele"
> "Es wird die trotzige Burg werden, um die sich die anderen Deutschen ihre Häuser bauen können. Das ist der Weg der Zukunft. ..." (Rosenberg 1943: 497; 501)

Einer ausführlichen Erörterung vorgreifend läßt sich hier schon sagen, daß die Wunschlandschaft des Nationalsozialismus das Gegenbild zur Urweltwildnis ist: ein alles umfassender Formungswille ist hier am Werk, der das formlos Wuchernde eliminiert hat. Der Nationalsozialismus hat es auch nicht versäumt, diese Landschaft mit der Kraft des Wunsches auszustatten, statt Dämmen und ragenden Werken gibt es hier Burgen und ragende Dome. Vor diesem Hintergrund müßte es doch zu denken geben, daß keiner der bislang angeführten Kritiker es gewagt hat, Aschenbachs Affinität zur Urweltwildnis anders denn als Haltungsverlust, Erniedrigung oder Entartung zu interpretieren.

YAAK KARSUNKE versucht nun endlich, der geheimnisvollen Lust nach dem Verworfenen einen Namen zu geben: Masochismus. In Aschenbachs Hang zur aristokratischen Bevorzugung sieht Karsunke "(...), den inneren Mechanismus bürgerlich-masochistischer Selbstverleugnung ..." (Karsunke 1976: 65) am Werk. Dieser Masochismus ist aber auch zu sich selbst masochistisch:

> "Kennzeichnenderweise erspart die Novelle ihrem Helden auch den von Lukács behaupteten Haltungsverlust - Aschenbach stirbt, ohne sich dem geliebten Knaben jemals genähert zu haben." (S. 65)

Seinem allgemeinen Gehalt nach ist jedoch Masochismus die Lust am Untergang.

> "Die Lust am Untergang wird geträumt von einem (scil. Aschenbach, F.M.S.), der sich Lust nur als Untergang vorstellen kann - als Repräsentant eines auf Unterdrük-

> kung gegründeten Systems, das tatsächlich untergehen muß, soll lustvolle Selbstverwirklichung allgemein menschliche Möglichkeit werden." (S. 66 f)

Der Begriff des Masochismus, den Karsunke hier eingeführt hat, ist überfordert: Ausgangspunkt ist masochistische Selbstverleugnung vor Fürstenthronen, und der politische Gehalt wird sodann umstandslos in Aschenbachs Unfähigkeit übersetzt, den schönen Knaben zu berühren. Masochismus ist Angst und Lust der Herrschenden vor und an ihrem Untergang. Masochismus scheint also mehr die psychische Gestalt einer historischen Notwendigkeit zu sein. Offen bleibt auch, warum Masochismus ein ausschließlich bürgerliches Phänomen sein sollte. Auch hier handelt es sich letztlich doch wieder nur darum, einen Tempel rein zu halten - Reinheit durch moralische Aufspaltung -, und diesmal ist es der Tempel der Lust. Immerhin hat Karsunke masochistische Lust gegen lustvolle Selbstverwirklichung gehalten und nicht mehr jene Problematik von Kultur/Geist/Kunst vs. Urmensch/Sinnlichkeit/Leben aufgeworfen, die ja allein schon in dieser Formulierung bei den Interpreten entschieden ist. Ich teile zudem Karsunkes Unverständnis den Kritikern (und nicht nur Lukács) gegenüber, die bei Aschenbach von Haltungsverlust und sexueller Entartung sprechen, wo doch Aschenbach den Knaben nicht einmal berührt hat: Eine naive Position ist daher von heuristischem Nutzen: Wenn also die Kritiker etwas unterstellen, was in der Novelle nirgendwo explizit ausgesprochen wird, so scheint sie doch der Phantasie (der Kritiker) wenig Spielraum zu lassen. Wenn aber nun der Kritiker es ist, der die Novelle zu Ende schreibt (wogegen es m.E. nichts einzuwenden gibt!), wäre es geboten, daß er seine Produktion mitthematisiert und nicht unter dem Deckmantel, nur zu analysieren, was geschrieben steht, zu moralisieren beginnt.

WOLFDIETRICH RASCH interpretiert die Novelle innerhalb eines seiner Meinung nach vorgängigen Zusammenhangs: Thomas Manns Verhältnis zur Décadence. Dieses Verhältnis, so Rasch, ist ambivalent, denn die Einbuße an Vitalität und willenskräftiger Aktivität steht Vergeistigung, Sensibilisierung, mithin Künstlertum gegenüber. Eingedenk der Faszination, die diese

Ambivalenz auszuüben scheint, setzt Rasch dieser sogleich eine Warnung hinzu:

> "Die Entdeckung von Werten und Reizen im Verfall sollte nicht völlig vergessen machen, daß es Werte und Reize des Verfalls sind." (Rasch 1977: 271)

Die Novelle ist nach Rasch ganz an die Décadence gebunden, wobei er Décadence als "^träges Verlangen´ nach dem Nichts" (S. 277) bestimmt. Die Bindung an das Nichts erweist sich als eine moralische:

> "Die hier namhaft gemachte `Moral der Kunst^ wird dann im `Tod in Venedig´ dem Schriftsteller Aschenbach zugesprochen, der, zart von Konstitution, mit straffster Disziplin sich große Leistungen abzwingt und den `Heroismus der Schwäche´ bewährt wie der Senator Buddenbrook. Durch `Verwöhntheit, Überfeinerung, Müdigkeit und Neugier´ als Décadent gekennzeichnet, aber asketisch lebend, setzt er gleichsam gegen sich selbst eine Abkehr `von jeder Sympathie mit dem Abgrund´ in sich durch, eine Abwendung von der `auflösenden und hemmenden Erkenntnis´. Aber diese gesteigerte, zur Erstarrung führende moralische Zucht bewahrt ihn nicht vor dem verleugneten ^Abgrund´, sondern macht ihn besonders anfällig für die Gefahr, einer zerstörenden und auflösenden Leidenschaft zu verfallen, die ihn bis zur Entwürdigung und Erniedrigung verdirbt." (S. 277)

Wie Rasch folgert, ist demnach Thomas Manns Moral- und Künstlerbegriff identisch: sich dem Schädlichen zu öffnen. In diesem Sinne scheitert Aschenbach moralisch wie auch künstlerisch.

Rasch hat sicherlich die wesentlichen Probleme in der Novelle angesprochen, dennoch scheinen mir einige Ungenauigkeiten vorzuliegen. Zunächst einmal liegt dies m.E. an dem versteinerten Begriff der Décadence, der (und das ist nicht nur Raschs Problem) alle Zwielichtigkeiten der Jahrhundertwende abdecken soll. Von der Décadence hebt Rasch die Regenerationsbewegung ab, die, wie z.B. durch Blüher, gegen die Verfallswerte solche eines körperhaften Vitalismus setzt. Entgegen Raschs Auffassung (S. 276) scheint mir dies jedoch nicht der eigentliche Antipode zu sein, denn Décadence wie auch Vitalismus gehen beide von der zentralen Bedeutung des Lebens und des Körpers aus, des, wie Foucault dies formuliert hatte, jahrhundertelang unthematisierten Unterbaus. Als Antipoden können dagegen Konzepte gelten, die gegen die Werte des Körpers andere setzen, wie z.B. die Psychonalyse die der Gesetze. Das Dispositiv des Körpers ist die Voraussetzung dafür, daß sich ehemals so disparate oder wenigstens so streng getrennte Bereiche wie Moral, Erkenntnis, Ästhetik etc. zu einer neuen Verbindung zusammenschließen können. Diese neue Verbindung habe ich bei Aschenbach so zusammengefaßt, daß Ästhetik moralisch auf einer Ökonomie des Körpers fußt. Zieht man die Materialteile, die ich zu diesen Problemen eingefügt habe, in Betracht, so geht daraus hervor, daß sich die Schaffung dieser Voraussetzung in die verschiedensten diskursiven Bereiche hineinverästelt und daß der Gehalt dieser Voraussetzung variabel genug ist, um für ein Spektrum von Kulturkritik bis Rassismus zu taugen. Von daher gesehen ist es unzulänglich, Décadence als eine isolierte Bewegung zu behandeln und sie auf eine Episode der Jahrhundertwende einzuengen, zumal hier die Distanzierung: Vorsicht vor dem Verfall! schon mit eingebaut ist.

Ich gebe Rasch darin recht, daß Künstler- und Moralbegriff bei Aschenbach identisch zu setzen sind. Sich dem Schädlichen zu öffnen oder mehr noch: das jeweils Verworfene überhaupt erst zu strukturieren und ihm die Kraft des Amoralischen zu geben, ist aber nicht das Problem dieser spezifischen Moral, sondern als Möglichkeit der Inversion das spezifische Problem jeglicher Moral. Denn wenn das Trachten, sich vom verworfenen Pol abzusetzen, nicht mehr von Anstrengung begleitet wäre, wäre das ganze Unterfangen von Moral sinnlos. Es gibt, soweit ich sehen kann, kein Beispiel dafür, daß wir von Werten, die sich allein kraft des Erstrebens realisieren, als moralischen sprechen. Entsprechend dieser Anstrengung bildet das Verworfene ein Potential, das jederzeit handlungsanleitend werden kann, also nochmals: die Möglichkeit der Inversion. Daß Aschenbach bis zur Entwürdigung und Erniedrigung verdorben wird, daß er moralisch und künstlerisch scheitert, kann ich vorläufig nur als eine nicht belegte These betrachten, die ich allerdings widerlegen möchte.

In diese Richtung führt eine Fragestellung von PETER HELLER, dessen Analyse sich wohltuend von den moralisierenden Interpretationen abhebt, wiewohl sie Wesentliches offen läßt.

> "Aber begehrt Aschenbach wirklich Erfüllung seiner unerfüllten Lebensgier durch den Tod? Oder will er Erlösung von dieser und aller Gier im Tode? Es fragt sich, ob hier Unterscheidung noch möglich ist." (P. Heller 1978: 38)

Man kann von da aus versuchen, eine Einheitlichkeit der Novelle ins Auge zu fassen. Peter Heller meint, daß es sich um eine mögliche Einheitlichkeit eines Urwiderspruchs von Lust und Qual, Schöpfung und Zerstörung, Eros und Aggression handelt. Diese Begriffe (Urwiderspruch?) bleiben jedoch schwammig, sie werden dann später in das Dionysische und Apollinische übersetzt. Diese beiden Momente steigern sich, wobei das Dionysische auf jeweils höherer Ebene einen positiven apollinischen Respons hervorruft. Darin deutet sich eine ekstatische Einsicht an, die ihre Erfüllung im Tod findet.

> "Er (scil. Aschenbach, F.M.S.) erlebt im Tod die höchste Erfüllung ..." (S. 46)

> "Die Frage, die sich hier ergibt, ist die schon vorhin berührte nach dem Zusammenhang des Dionysischen als des Untersten mit dem Obersten, dem Über-Ich, der Fähigkeit zu umfassender Idealisierung und Verklärung, bzw. zu höchster ekstatischer Einsicht." (S. 46)

An Hellers Ausführungen scheint mir wesentlich, daß er Aschenbachs Tod als Höhepunkt einer in der Novelle entwickelten Kohärenz begreift. Daß dieser Tod Teil einer Kohärenz ist und nicht nur akzidentelle Folge des Genusses verdorbener Erdbeeren, schimmert auch bei anderen Interpretationen durch (Venedig als Stadt des Todes, der Tod als Schlußstrich, der Tod als Ausdruck des Scheiterns etc.). Dabei wird jedoch der Tod nur als Bestrafung eines Gestrauchelten begriffen und folgt damit in erster Linie einer Logik der Interpretation. Dem werde ich versuchen weiter nachzugehen, und in diesem Zusammenhang scheint mir das Problem der Verbundenheit der polaren Mächte keineswegs so metaphysisch und urwidersprüchlich, wie Heller es darstellt. Meinen Versuch möchte ich in einer These zusammenfassen: Ich werde nicht Aschenbachs Erniedrigung darstellen, sondern klären, ob nicht vielmehr in der Novelle seine Glorifizierung ausgeführt wird.

Ich habe die Kritiken der Novelle behandelt, um eine Gemeinsamkeit vollkommen verschiedener Standpunkte zum Ausdruck zu bringen: Ich wollte zeigen, daß mit der Interpretation der

Novelle um moralisches Terrain gekämpft wird, daß von diesem umkämpften Zentrum aus, das man legitimerweise zu besetzen meint, verworfen wird. Verworfen wird dabei Aschenbach, entweder als Person oder als Repräsentant. Berücksichtigt man, daß dies eben der Anteil in Aschenbach selbst ist, von dem er sich absetzen möchte, kann man folgern, daß dies Verworfene Aschenbachs und der Kritiker Problem gleichermaßen ist. Blickt man auf die Kritiken zurück, so kann man beobachten, wie vielgestaltig Aschenbachs Moral samt ihrer Polaritäten geworden ist. Auch diese habe ich in einer Tabelle zusammengefaßt: Die Disjunktionen und Synthesen der Kritiker. (S. 121)

Tabelle 7:

Die Disjunktionen und Synthesen der Kritiker

	ERSTREBTES	SYNTHESE	VERWORFENES
Noble:	Vernunft, Kunst	Sublimation	Urmensch
Luft:	Geist	Symbol	Sinnlichkeit
Stresau:	Leben	Tragödie, Parodie	Tod
Hellersberg-Wendriner:	Gott	Partizipatiom	Tod
Diersen:	Humanität	Gesittung	Obszönität, Barbarei, Kannibalismus
Lukács:	Leben Werk	Demokratie Askese	Alltag, Philistertum, Bohème-Anarchismus, Barbarismus
Karsunke:	Lust	Untergang des Bürgertums	Masochismus
Rasch:	Vergeistigung, Sensibilisierung, Künstlertum	Moral der Kunst	Verlangen nach dem Nichts
P. Heller:	Apollinisches	Urwiderspruch Grund-Motiv	Dionysisches

5. Die Mystik der ästhetischen Ethik: Eine "zölibatäre Maschine".

5.1. Die Problemstellung.

Bis zu diesem Punkt habe ich Aschenbachs Haltung als eine ästhetische Ethik beschrieben, habe ihre Labilitätspunkte herausgestellt und im Zusammenhang damit eine erste Inversion. Bei all dem wurde bislang eine wesentliche Textstelle ausgespart, die Aschenbachs ästhetische Ethik in einem Bild der christlichen Ekstase zusammenfaßt. Die Auslassung erklärt sich daraus, daß die erwähnte Textpassage Entscheidendes der weiteren Entwicklung der Novelle antizipiert. Nachdem nun also Aschenbachs Haltung ausführlich diskutiert worden ist, bin ich in der Lage, diesen Antizipationen zu folgen.

> "Über den neuen, in mannigfach individuellen Erscheinungen wiederkehrenden Heldentyp, den dieser Schriftsteller bevorzugte, hatte schon frühzeitig ein kluger Zergliederer geschrieben: daß er die Konzeption `einer intellektuellen und jünglinghaften Männlichkeit´ sei, `die in stolzer Scham die Zähne aufeinanderbeißt und ruhig dasteht, während ihr die Schwerter und Speere durch den Leib gehen´. Das war schön, geistreich und exakt, trotz seiner scheinbar allzu passivischen Prägung. Denn Haltung im Schicksal, Anmut in der Qual bedeutet nicht nur ein Dulden; sie ist eine aktive Leistung, ein positiver Triumph, und die Sebastian-Gestalt ist das schönste Sinnbild, wenn nicht der Kunst überhaupt, so doch gewiß der in Rede stehenden Kunst." (S. 344 f)

Das Bild fügt sich einem raschen Verständnis nur scheinbar. Man kann verstehen, daß Sebastian ein Märtyrer ist, der einem grausigen Tod, dem Durchbohrtwerden von Schwertern und Speeren, widersteht. Unverständlich bleibt, daß es sich bei diesem Tod nicht nur um einen Schmerz handelt, der ausgehalten werden muß, sondern dieser auch von der Gefühlsregung der stolzen Scham begleitet ist. Es läge nahe, hier von Tapferkeit o.ä. zu sprechen, nicht aber von Scham. Ich werde daher diese Passage zunächst mit der Heiligenlegende des Sebastian vergleichen, die hier wiederum als Kontrasthintergrund gelten soll.

> "Wer sich gern an den Bildern der alten frommen Meister erbaut, wie sie so hehr und holdselig uns das Gotteskind

dargestellt haben im Schoße der gebenedeiten Mutter, und rechts und links zu seines Thrones Stufen seine Heiligen, die Gewaltigen und Würdenträger seines Reiches, die Zierden seiner heiligen Kirche, dem Himmelskönig huldigend, in ihren Händen gleich Palmen des Sieges das Marterwerkzeug, mit welchem der Herr sie gewürdigt hat, zu leiden für seines Namens Ehre, der wird unter ihnen zu öfteren einen Jüngling wahrnehmen, der Kleider beraubt in nackter Schönheit, wie die Griechen ihren Apollo gemalet und gemeißelt haben. Sein blühender Leib ist allenthalben mit Pfeilen verwundet, aber sein Angesicht lächelt schmerzlos in süßem Frieden, wie die Rose über der Herrlichkeit, welche der Schöpfer über sie ergossen, der scharfen Dornen vergisset, die an ihr haften. Das ist St. Sebastianus." (Christlicher Verein im nördlichen Deutschland 1884: 174 f)

Die Legende stellt uns nicht vor jenes Paradox. Sebastians blühender Leib ist trotz der Pfeile, die ihn durchbohren, nicht entstellt, er hält dem Schmerz stand und lächelt friedlich. Dies ist wohl ein "positiver Triumph" der Qual, aber es findet sich kein Hinweis auf die "stolze Scham". Es gilt also eine immanente Erklärung zu finden.

Woher aber rührt die tiefe Verbundenheit von Schmerz/Qual und Stolz/Scham? Eine ähnlich zwiespältige Gefühlsregung hatte sich bei Aschenbachs Anfechtung gezeigt, hier handelte es sich um Schrecken/Entsetzen/Fluchtdrang und Leidenschaftlichkeit/Begierde/Verlangen. Diese Begriffspaare sind keineswegs identisch, jedoch eng miteinander verknüpft: Schrecken/Entsetzen/Fluchtdrang ist eine Gefühlsregung, die versucht, einem gemiedenen Objekt auszuweichen. Schmerz und Qual als positiver Triumph meinen hingegen, daß das Gemiedene gesucht wird, ja sogar positiv besetzt wird. Leidenschaftlichkeit/Begierde/Verlangen ist der Versuch, sich einem erstrebten Objekt anzunähern, während hingegen Stolz/Scham das Ausweichen vor dem eigentlich Erstrebten bezeichnen. Die Begriffspaare sind also kreuzweise verbunden und darin drückt sich eine Umbesetzung des Gefühlswertes aus. Es ist wesentlich, sich daran zu erinnern, daß die Gefühlsambivalenz, Entsetzen und Verlangen, die Anfechtung darstellt und eine Inversion der ästhetischen Ethik bedeutet. Alles spricht dafür, daß es sich beim erneuten Platzwechsel der Gefühlswerte um eine Inversion der Inversion handelt. Denn: Die Sebastian-Gestalt läßt sich nicht mehr durch eine Polarität samt Vermittlungsglied darstellen, sondern kann nur als eine Konstellation sich überschneidender Kraftlinien, die von vier Termen ausgehen, gesehen werden. Weil etwas eigentlich Entsetzen und Fluchtdrang verursacht, kann daraus der schmerzvolle Triumph werden und weil etwas eigentlich begehrt wird, kann es schamvoll gemieden werden. Ich habe diesen Zusammenhang der vier Terme in nachfolgendem Schaubild ausgedrückt.

Schaubild 1:

Die Inversion der Inversion

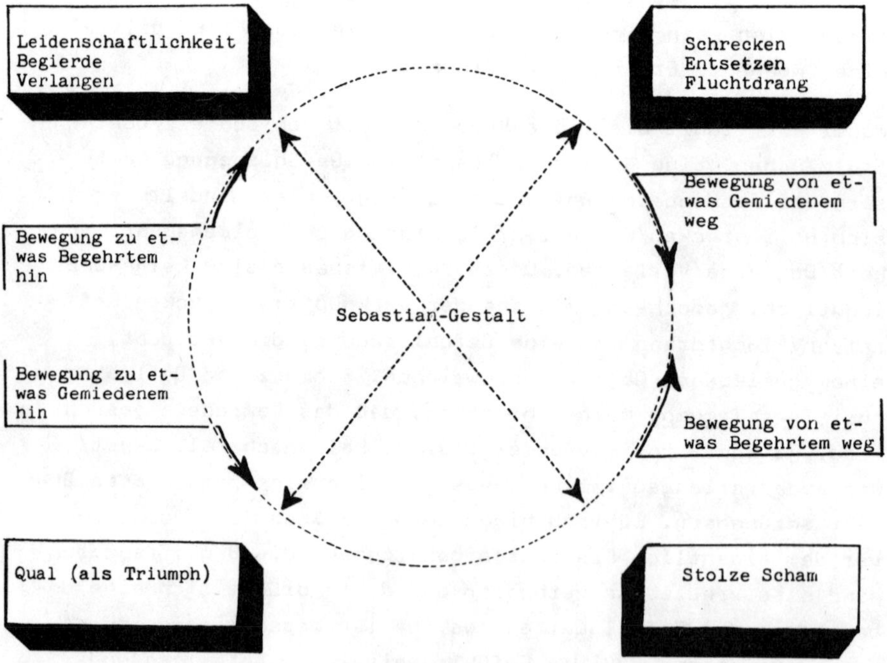

Entlang dieser Kreislinie läßt sich übrigens Aschenbachs Weg noch einmal chronologisch verfolgen. Es beginnt bei jener "Begierde", die bei ihm ausbricht und zu der dann das Gefühl des "Schreckens" und "Entsetzens" tritt. In einer Art von "stolzer Scham" wird das gerade Begehrte zurückgewiesen, d.h. "durch Vernunft richtiggestellt" und von da aus findet Aschenbach zum "Triumph der Qual", jenem "entnervendem Kampf". In dem "starren und kalten Dienst" stellt sich jedoch wiederum das Problem der "Leidenschaft", der Lust am Werk, die ihm so unverzichtbar ist. Aschenbach hat so den gesamten Zyklus durchlaufen.

Auch im Gegenuhrzeigersinn läßt sich dieser Zyklus nachverfolgen: Hier beginnt es bei der "Qual als Triumph", also dem "Großen", das trotz "Kummer", "Qual", "Armut" etc. dasteht. Dies führt zu einer Geste der "stolzen Scham", dem "Heroismus", der der zugrundeliegenden Schwäche nicht nachgibt. Nachdem so die Affinität zur eigenen Schwäche geleugnet ist, wird sie da, wo sie bei anderen auftritt, mit einem Gefühl des Schreckens und Entsetzens belegt: dem "Ekel". Durch diesen "Ekel" hindurch erfährt Aschenbach sodann das "Wunder der wiedergeborenen Unbefangenheit", das ihn ästhetisch so vollkommen eine neue Begierde und Leidenschaftlichkeit genießen läßt. In dieser Begierde stellt sich jedoch wiederum neu die Frage nach der "Sittlichkeit der Form", die nur als "Triumph einer Qual" gewährleistet ist.

Das eingeführte Schaubild kann also als Modell eines jener Kreise, gebildet durch Disjunktionen, gesehen werden, von denen die ästhetische Ethik durchzogen ist.Ich habe diesen Sachverhalt schon früher in dem Terminus "genealogische Formation" zusammengefaßt.

Die drei Synthesen, in denen ich die Anteile der ästhetischen Ethik zusammengefaßt habe, lassen sich von hier aus gesehen als Techniken verstehen, mit deren Hilfe sich Aschenbach die Kreisbewegung immer wieder neu erschließt. Sie bilden - dies ist hier zumindest im graphischen Sinne wörtlich zu nehmen - den Drehpunkt, um den herum sich Aschenbachs Gelangen von der einen zur anderen Station abspielt. Die kreuzweise Bezogenheit der Stationen aufeinander erweckt den Anschein, als handle es sich um eine Überschneidungsbewegung und nicht um eine Kreisbewegung. Bis zu dieser Stelle bleibt die Überschneidungsbewegung jedoch fiktiv, die sich wechselseitig ausschließenden Stationen machen aber die Erfahrung jeder einzelnen so tief, denn der Raum bis zu dem, was zurückgelassen wurde, wird ermeßbar. So wird z.B. das Große noch größer, weil erkennbar ist, daß es von jemand vollbracht worden ist, der eigentlich nicht dazu berufen ist. Die ästhetische Ethik thematisiert also immer ihren Geltungsraum, indem sie die Ober- und Untergrenze ihrer Abweichungen, d.h. positiv wie negativ, angibt.

Aber sieht man einmal davon ab, warum ist diese Überschneidung fiktiv? Es existiert, so muß man folgern, kein Medium, in dem sich dieser Schnittpunkt darstellen könnte. In diesem Schnittpunkt müßten alle Stationen präsent sein, jedoch ohne sich wechselseitig auszuschließen. Alle disjunktiven Polaritäten wären hier ineinander enthalten, jeder innerhalb der ästhetischen Ethik erreichbare Punkt in einem zusammengefaßt. Es ist evident, daß nichts von dem, was Aschenbach bislang erfahren hat, hierunter fallen könnte. Im Gegenteil sogar: Aschenbach orientiert sich nur innerhalb von disjunktiven Zerlegungen, und er bildet Synthesen, die immer nur jeweils zwei Glieder der Polaritäten umschließen. Für die ästhetische Ethik ist daher auch eine Darstellung angemessen, die aus mehreren zweidimensionalen Tabellen besteht. Daß diese Tabellen, wie ich gerade gezeigt habe, die Kreislinie bilden, ist hier nicht von Belang, denn Aschenbach würde als Subjekt durch den gesamten Zyklus nur dann gebildet, wenn er alle ihre Stationen in einem Punkt festhalten könnte. Aschenbach gelangt aber zu einer Station des Zyklus nur deshalb, weil er sich von der anderen, die er gerade verlassen hat, möglichst weit entfernen will. Damit ist er das Subjekt einer zentrifugalen Kraft, die abhängig ist von der Geschwindigkeit der Absetzungsbewegung.

Ganz anders jedoch die Sebastian-Gestalt: Sie ist in diesen

Kreis eingeflochten, wie in ein Rad. Die Kreisbewegung ruht, und die flüchtigen Stationen sind in gleichzeitige Zuständlichkeiten übersetzt. Nach dem Medium, das diese Gleichzeitigkeit darstellt, haben wir nicht lange zu suchen, denn es ist der Körper der Sebastian-Gestalt selbst. Dieser Körper zeugt von einer neuen Vereinigung in der Qual, die, obwohl sie Schrecken und Fluchtdrang auslöst, die Sebastian-Gestalt dennoch ruhig dastehen läßt, die aber auch Gegenstand der Begierde ist, weil sie zu jenem positiven Triumph führt und die auch stolze Scham vor dieser Begierde ist. Das Gerät, mit dem die neue Vereinigung in den Körper eingetragen wird, sind die Schwerter und Speere. Sie sind keine einfachen Exekutionsinstrumente, schon eher Zeichenstifte, deren Inschrift, wer möchte es leugnen? auch für uns leserlich ist, sie sind wie die Heiligenlegende, aber auch der Offizier in Kafkas "Strafkolonie" richtig anmerkte "(...) gleich Palmen des Sieges..." und sind damit ein bedeutungshaftes "(...) Marterwerkzeug, mit welchem der Herr sie (scil. die Heiligen, F.M.S.) gewürdigt hat, ...". Darin finden wir also die Bestimmungen der "zölibatären Maschine" wieder, so wie ich sie eingeführt habe: Aus disjunktiver Zerlegung heraus entwickeln sich Zustände reiner, formloser Intensität, die all diese Disjunktionen gleichermaßen und gleichzeitig darstellen können.

Um den weiteren Fortgang meiner Argumentation klarzulegen, möchte ich hier das, was die besprochene Novellenpassage antizipiert, einflechten: Wir werden später Aschenbach als Sebastian-Gestalt sehen, den Triumph der Strömungen, die ihn quälten und nach denen er verlangte, zugleich abbildend. Ich könnte mich dabei an das halten, was ich als "zölibatäre Maschine" bereits dargelegt habe, ich werde dies jedoch nicht tun, sondern versuchen, diese "Maschine" von einem anderen Strang her nochmals aufzubauen. Dieser Strang bietet sich an, weil uns die Sebastian-Gestalt bereits auf die christliche Ekstase verweist. Die christliche Mystik ist der Ort, von dem aus ich versuchen werde, die "Sebastianszustände" genauer zu fassen. Mir geht es dabei nicht um eine konfessionelle Esoterik, sondern um die Frage, ob die Mystik eine "Technik" ist, aus den

Disjunktionen, in diesem Fall der christlichen Ethik, Zustände reiner, formloser Intensität zu entwickeln. Im Zusammenhang also: Produziert die zölibatäre Maschine eine "unio mystica"? In einem zweiten Schritt ist sodann zu untersuchen, ob die Resultate der Ausführungen über Mystik Überzeugungskraft für die weitere Entwicklung Aschenbachs besitzen.

Ähnlich den eingeschobenen Materialteilen werde ich mich bei der Diskussion der Mystik an in etwa zeitgenössische Ausführungen halten, nur da, wo es mir unumgänglich scheint, greife ich auf neuere Texte zurück. Im wesentlichen habe ich mich dabei an die von Jesuiten herausgegebene "Zeitschrift für Aszese und Mystik" gehalten, die 1925 zum ersten Mal erschienen ist und die kurz nach dem zweiten Weltkrieg eingestellt wurde. Es scheint gerade damals ein Bedürfnis nach genauerer Klärung dessen, was Mystik und Askese bedeutet, bestanden zu haben. Dabei ist nicht zu übersehen, daß die Autoren sich immer wieder von Profanierungsversuchen abgrenzen und die kirchlich-konfessionelle Bindung der Begriffe betonen. Wie man sehen wird, ist das Spektrum der Probleme in dieser Zeitschrift sehr breit, und für mich bot sich von daher der große Vorteil, in relativ kompakter Form, einen Überblick über damals thematisierungswürdige Fragestellungen zu erhalten. Mag sein, daß mein Einblick dennoch ein beschränkter ist, aber ich hatte mir es auch nie vorgenommen, den historischen Stand einer Diskussion nachzuzeichnen, sondern habe mich bemüht, die Fragestellung nach der zölibatären Maschine an das Material heranzutragen und zu klären. An dieser Unvollständigkeit ändert auch der Rekurs auf Primärtexte von Mystikern nichts, der nur illustrativen Charakter hat. Bezogen auf das Material, das ich verwende, versuche ich gleichwohl einen präzisen Begriff von Mystik zu handhaben und ihn nicht als Münze für alles irgendwie Geheimnisvolle zu handeln, so z.B. wenn als "Naturmystik mit erotischem Einschlag " die Tatsache hochgetrimmt wird, daß Thomas Mann in Travemünde das Meer rauschen gehört hat.[16)]

5.2. Mystik

EMIL DORSCH versucht eine Begriffsbestimmung der Mystik nach zwei Seiten hin, einer negativen Abgrenzung und positiven Beschreibung. Die negative Abgrenzung verfolgt das Ziel, den geheimnisvollen Charakter der Mystik hervorzuheben, der weder rational erklärbar noch nach rationalen Gesetzen erwerbbar sei.

Dorsch kommt zu dem Ergebnis, daß

> "(...) wir unter Mystik jene Gebetserlebnisse und übernatürlichen Zustände zusammenfassen, die, wie sie sich nach den bestehenden psychologischen Gesetzen nicht erklären, nach diesen Gesetzen auch von Menschen nicht erfahren oder erworben werden können." (Dorsch 1925/1926: 19) (17)

Ihrer positiven Beschreibung nach kann Mystik, so Dorsch, als die Offenbarung Gottes verstanden werden.

> "(...) so ist die Mystik beschlossen in einer Erkenntnis, deren Gegenstand das geheimnisvolle Gnadenleben unserer Seelen ist, kraft dessen 'Er in uns und wir in Ihm sind', eine Erkenntnis, die 'ohne Gleichnis' - also unmittelbar ist; eine Erkenntnis, die eine reine, unzerstörbare Freude im Gefolge hat. Danach wäre Mystik nichts anderes, als ein Erleben mit offenen Augen, ein erfahrungsmäßiges, unmittelbares Innewerden des göttlich-übernatürlichen Gnadenlebens, der übernatürlichen Gottesgemeinschaft im Menschen." (S. 20)

Dorsch weist nachdrücklich darauf hin, daß diese Offenbarung keine der Glaubensgrundlagen sein kann, die vielmehr als Voraussetzung gelten müssen.

In dem Verhältnis von Glaubensgrundlagen und Offenbarung zeichnet sich ein Konflikt ab: Die Offenbarung bleibt in der Regel denen, die sich nur auf der Glaubendsgrundlage bewegen, versagt. Was unterscheidet dann aber den Gläubigen vom Mystiker und in welchem Verhältnis steht dieser zu den Glaubensgrundlagen? Dorsch beschränkt sich hier auf die Aussage, daß der Mystiker im Gegensatz zum Gläubigen von Gott auserwählt sei (S. 22). Diese Auskunft ist jedoch unzulänglich, denn in ihr taucht nicht mehr auf, daß die Kirche durchaus Schwierigkeiten hatte, ihren Mystikern die Auserwählung zuzuerkennen. Der

Mystiker bewegt sich von vorneherein in einem Bereich, wo kaum mehr entscheidbar ist, ob seine delirierte Wahrheit Gipfel der Glaubensgrundlage oder einfach Ketzerei ist.

Am Schicksal zwei der wohl bekanntesten Mystiker läßt sich dies ablesen: Meister Eckehart wird 1325 der theologische Prozeß gemacht, vor allem auf Betreiben der Franziskaner, die seine Lehren verurteilen. 1327 widerruft Eckehart etwaige "Mißverständlichkeiten" seiner Aussagen. Ein Appell an den Papst, in dem er um Schlichtung bittet, fruchtet nichts, denn dieser verwirft Eckeharts Lehren in einer Bulle, die 1329 erscheint. Desgleichen wird Heinrich Seuse der Ketzerei angeklagt und seines Amtes enthoben. Er stirbt 1348 und wird dann 1831 (!) selig gesprochen. Was damals als Bruch mit den Glaubensgrundlagen galt, ist heute ihre kostbarste Wahrheit.

Die Vermutung drängt sich auf, daß der neuralgische Punkt das Verhältnis des Gläubigen zum Mystiker selbst ist, daß also, kurz gesagt, das, was dem Mystiker recht ist, dem Gläubigen nicht billig sein darf. Für den Gläubigen gelten in nicht entbindbarer Form die Glaubensgrundlagen in ihrer jeweils institutionellen Interpretation, die der Mystiker jedoch überschreitet. Man mag es Dorsch konzedieren, daß die mystische Erfahrung nicht rational erklärbar ist, aber sind nicht die Glaubensgrundlagen unzulänglich, wenn aus ihnen heraus der Mystiker, der doch wiederum als Krönung des religiösen Lebens gilt, nicht verstehbar wird? Oder - dies wäre die andere Seite der Frage - markiert der Mystiker einen Bruch mit diesen Grundlagen?

HANS SCHÄR bringt diesen latenten Konflikt zum Ausdruck, wenn er <u>zwei</u> Offenbarungsbegriffe herausstellt, die sich eben nicht ergänzen, sondern gegenseitig behindern.

> "Es besteht vor allem der große Unterschied zwischen einer Fassung der Offenbarung als einer lebendigen, überwältigenden Erfahrung, die immer wieder geschehen kann, und der Fassung, daß Offenbarung einen objektiv faßbaren Niederschlag gefunden habe und innerhalb bestimmter Grenzen sehr genau aufgefaßt und abgegrenzt werden könne. Die katholische Kirche sieht Offenbarung nur innerhalb der hierarchischen Kirche." (Schär 1975: 315)

Folgt man hier Schär, daß für die mystische Offenbarung eine der Glaubensgrundlagen nicht in Frage komme, demnach auch nicht deren objektiver Niederschlag, so wäre der Mystiker der, der darüberhinaus die lebendige Erfahrung einer Offenbarung sucht, während der Gläubige sich sehr genau an die gesteckten Grenzen hält.

Für den Gläubigen, der hier die unbedingte Autorität der Kirche anerkennt, gilt daher nach Schär eine Trennung von Kirche und Welt, d.h. religiös entscheidend ist das, was innerhalb der Kirche geschieht. Der Offenbarungsbegriff, der aus dieser Trennung hervorgehen kann, ist wenigstens ein sehr reduzierter, denn er schiebt sich zusammen auf den Begriff des "Gehäuses".

> "Der theologische Offenbarungsbegriff ist vor allem ein Kennzeichen des Gehäuses. Im Gehäuse läßt der Mensch keine Erfahrung direkt an sich herankommen, sondern er nimmt die Dinge nur an, wenn sie durch den Filter des Gehäuses gegangen sind. Darum wird wenn möglich alles Irrationale, aber auch alles Lebendige aus der Gottesanschauung verbannt. Der theologisch-kirchliche Offenbarungsbegriff wird wichtiger als die lebendige Gotteserfahrung, und der Mensch läßt sich in diesem Falle alles, was er von Gott anerkennt, nur durch das Gehäuse sagen, nicht aber durch die lebendige Erfahrung." (S. 326)

So kommt man zu einem Resultat, das nur auf den ersten Blick paradox anmutet: Die Offenbarung, die innerhalb des Gehäuses möglich ist, ist eigentlich keine Offenbarung. Unterstellen wir einen Menschen, der sich für die Orientierung seines Lebens jedwede "lebendige Erfahrung", also auch von der Kirche aus gesehen: Irrwege und Sünden, offenhält und sie ausschreitet, um in ihr dann zur Kirche als einzig sinnvollem Ziel zu finden, so kann man sich vorstellen, daß, wenn dieser Mensch eine Offenbarung erlebt, dies eine Offenbarung sein kann, die durchaus innerhalb der objektiv faßbaren Grenzen der hierarchischen Kirche sein mag. Diese Offenbarung wird jedoch nur möglich, weil zumindest versuchsweise die hierarchische Kirche negiert wurde. Man versteht also Schär richtig, wenn man folgert, daß sich hieraus "Die menschliche Notwendigkeit verschiedener Erlösungswege" ergibt, die ja alle zum selben Ziel führen müssen, wenn die religiöse Wahrheit so apodiktisch gilt. Der Mensch des "Gehäuses" negiert daher streng genommen, daß Gott auch im "Leben" und nicht nur in der Kirche ist. Schär resümiert diesen Gedanken am Begriff der Gottesvorstellung, die desto enger ausfallen wird, je mehr einer die "lebendige Erfahrung" beschneidet.

> "Wenn eine Erlösung durch teilweise Seinsverweigerung zustandekommt, d.h. wenn ein Mensch dadurch erlöst wird, daß er ein Stück Leben abschneidet und zu leben sich weigert, dann wird er ganz unwillkürlich dieses Stück auch aus der Gottheit ausscheiden und die Gottesvorstellung enger fassen, so daß es darin nicht vorhanden ist." (S. 326)

Nun kann man von der Mystik nicht behaupten, sie würde sich einer verengten Gottesvorstellung bedienen, im Gegenteil ist ihr systematisches Bemühen darauf gerichtet, die Gottesvorstellung sogar <u>jenseits</u> des jeweils Denk- und Erfahrbaren zu entfalten. Die mystische <u>Spekulation</u> von Nikolaus Cusanus treibt die Gottesvorstellung an die äußerste Grenze des Denkens, wo sie als dessen umfänglichste, aber nie ausschöpfbare Kategorie erscheint, um sie dann aber wieder im selben Zuge zu durchkreuzen und sie auf ein "darüber hinaus" zu verweisen.[18] Dasselbe gilt für das mystische <u>Leben</u>, innerhalb dessen den Erfahrungen keine Grenzen gesetzt werden dürfen, um desto größer Gott anschauen zu können in einer Überschreitung auch dieser äußersten (Erfahrungs-)Möglichkeit.

Was bei der mystischen Spekulation noch unverfänglich erscheint, denn sie versucht die Gottesvorstellung verbal und im Denken zu umkreisen, erweist sich als Problem beim mystischen Leben: Was bedeutet es hier, sich keiner Erfahrung zu verschließen? Heißt das, daß auch die Erfahrung des Bösen und der Sünde gesucht wird? Wird also die christliche Ethik außer Kraft gesetzt?

> "Wirksam für den Umfang des Gottesbegriffes ist auch die <u>Stellung zum Bösen</u>. (...) Bei der Individuation muß der Mensch sich das Böse bewußt machen und in den Aufbau seiner Persönlichkeit einsetzen. Das Böse darf nicht verdrängt, sondern nur durch Wandlung überwunden werden. Da ist es natürlich unmöglich, das Böse von Gott zu trennen." (S. 322)

Für den Mystiker kann dies nur eine Minimalforderung sein, denn er sucht den Antrieb und die sinnhafte Struktur des Bösen in sich. Er steht ihm nicht äußerlich gegenüber als etwas Abzulehnendem, sondern er will seinen Trieb danach anfachen, um in solcher Bewußtheit und sinnlichen Gewißheit ihn zu erleben und zu sterben. Der Ausgangspunkt des mystischen Lebens ist daher ein ethischer Relativismus[19], der keinen Irrweg des Lebens ausschlagen möchte, weil in ihm, wie in allem anderen auch, das Absolute zu finden sein könnte. Dieser Relativismus ist aber der einzig gangbare Weg zu einem "ethischen" Absolutheitsanspruch, insofern durch Ethik hindurch die Macht, die sie gesetzt hat, erfahren werden soll. Relativismus meint hier, daß ein Kodex von Vorschriften, was einer tun und was er lassen soll, nicht anerkannt wird, meint auch im Sinne Schärs eine ethische Indifferenz, weil alles letztlich in Gott begründet ist.

> "`Sie müssen hinausschreiten über die Tugend, dann wird der Gott der Götter gesehen werden in Zion.´ So David. Das Gottschauen also liegt ober den Tugenden - wie ich es ausgedrückt habe: Tugend ist nur ein Mittelding zwischen dem Laster und der Vollkommenheit. Es wird demnach die Frucht der Tugend, das Ziel, darauf sie´s absieht, nimmermehr gegriffen, die Seele werde denn über ihre Tugenden hinausgerückt. Ihr könnt sicher sein: solange der Mensch als ein Leibeigener seiner selbst, sein Ich noch festhält in Gestalt seiner Tugend, so lange wird er nimmermehr schmecken noch ernten die Frucht der Tugend: er wird nie `den Gott der Götter schauen in Zion´. Welches bedeutet: eine unverhüllte Schau - mit dem Einheitsblicke - des göttlichen Wesens. Tugend aber, darauf könnt ihr euch verlassen, ist nie zu dieser Schau gelangt!" (Büttner 1921: 163 f)

Meister Eckehart legt also klar, daß die Ethik zwar nicht negiert wird, daß aber das Gelangen zu ihrer "Frucht" nur in einer Überschreitung von ihr möglich ist. Demnach kann man die Ethik, soweit sie für die Mystik von Belang ist, eine negative nennen, insofern durch sie ein Ziel gesetzt ist, das aber mit ihr nicht erreichbar ist. Ebenso läßt sich die Theologie der mystischen Spekulation eine negative nennen, weil ihre Beredtheit versucht, das Unsagbare zu setzen, den deus absconditus. "Obgleich ernst gemacht wird mit dem Nichtaussagenkönnen, ist doch die Folge nicht das Schweigen." (Jaspers 1968: 89) Diese Negativität markiert also die zweideutige Stellung des Mystikers, die Negativität, die ihn dazu führt, alles - die Glaubensgrundlagen, die Ethik, selbst das Böse - nur als vorläufiges und daher zu überschreitende Station zu einem Ziel zu begreifen, das jenseits all dessen liegt.

Auf das bisher Entwickelte zurückblickend, scheint mir eine Änderung meiner Ausgangsfragestellung unumgänglich: Wenn sich der Mystiker tatsächlich so jenseits von ethischer Bewertung, aber auch jenseits der Frage, ob er Krönung des religiösen Lebens oder Bruch mit ihm darstellt, setzt, dann wird ihm die hartnäckige Problematisierung dessen, was er zurückgelassen hat, nicht mehr gerecht. Ich zweifle daran, daß es mit diesen Kategorien gelingt, vor allem den Erlebniszuständen des Mystikers auch nur ein Stück näherzukommen. Ich räume jedoch ein, daß dieser Aspekt noch weiterer Fundierung bedarf.

RUDOLF OTTO will dem Begriff des Heiligen näherkommen, und dies ist hier insoweit von Belang, als er diesen als eine Überschußkategorie über z.B. das Ethische hinaus zu bestimmen versucht. Von hier aus läßt sich auch ein Einblick in das gewinnen, was der Mystiker als Offenbarung erfährt.

Otto möchte den Begriff des Heiligen in doppelter Weise bestimmen durch rationale Erfassung, soweit als möglich, einerseits und durch Umschreibung des irrationalen Anteils andererseits.

> "Das Heilige ist zunächst eine Deutungs- und Bewertungskategorie, die so <u>nur</u> auf religiösem Gebiet vorkommt, auf anderes, z.B. die Ethik zwar übergreift, selber aber nicht aus anderem entspringt, die komplex ist, aber ein völlig spezifisches Moment in sich hat, das sich dem Rationalen im oben angenommenen Sinne entzieht und das ein ἄρρητον, ein ineffabile ist, sofern es <u>begrifflicher</u> Erfassung völlig unzugänglich ist, (wie es auf anderem Gebiete das 'Schöne' auch ist)." (Otto 1921: 5)

Daß Ottos Vergleich des Heiligen mit dem Schönen durchaus zutreffend ist, wird man später bei Aschenbach beobachten können. Wichtig ist aber zunächst das Verhältnis des Heiligen zum Ethischen. Das Heilige, die religiöse Kategorie sui generis, geht demnach nicht im Ethischen auf, wiewohl die religiöse Ethik zumindest intentional auf das Heilige bezogen ist. Zwar bedient sich Otto unverkennbar der Kantschen Vorgehensweise -

das Heilige als Kategorie a priori -, dennoch weist er ihn zurück, denn Kant nennt den Willen, der dem Gesetz vollkommen gehorcht, einen heiligen, Otto aber bezeichnet diesen nur als den vollkommen moralischen Willen. Der Überschuß des Heiligen über das Ethische hinaus ist in jeglichem moralischen Willen nicht abgedeckt. Das bedeutet also, daß dieser Überschuß weder in ethischen Kategorien bemeßbar, noch in solchen beschreibbar ist.

Nimmt man nun an, daß dies das Heilige ist, das sich dem Mystiker offenbart, so ist sein Standpunkt einer, der jenseits von Gut und Böse ist, oder in Batailles Worten, der Standpunkt auf dem Dach des Tempels.

> "Wie sollte man sich nicht vorstellen können, daß ihre Macht (scil. die der Versuchung, F.M.S.) den Mönch auf das 'Dach des Tempels' führt, von dessen Höhe jemand, der die Augen ganz und ohne einen Schatten von Furcht öffnete, die Wechselbeziehung aller entgegengesetzten Möglichkeiten erblicken würde?" (Bataille 1974: 227)

Bataille hat hier nur umformuliert, was Meister Eckehart und Otto bereits ausgedrückt haben: Der Bereich der Ethik, der Bereich also der Entgegensetzung der Möglichkeiten, muß durchschritten werden, bis ein Standpunkt erreicht ist, von dem aus die entgegengesetzten Möglichkeiten als ineinander enthalten betrachtet werden können. Über diese Entgegensetzung hinauszukommen, meint also dem näherzurücken, worauf diese Entgegensetzung bezogen ist, was sie wiederum nicht fassen kann - meint demnach: sich dem Heiligen auszusetzen. Das Problem, so wie es sich als Aufgabenstellung von der Ethik her erweist, würde ich für den Mystiker folgendermaßen zusammenfassen: 'Begib dich in den Bereich der Ethik, erlebe die darin entgegengesetzten Möglichkeiten. Finde auf jeder Stufe neu die Entgegensetzung der Möglichkeiten, aber gib dich mit dem einen nicht zufrieden, wenn du das andere damit ablehnen mußt. Gelange damit zu einem Ja, das durch kein Nein mehr getrübt ist'.

Was auf diesem Weg durch die ethische Entgegensetzung verschwinden muß, ist, so Meister Eckehart, das Ich, das solange existiert, wie es sich in ethischer Gestalt fassen kann. Ob diese Fassung des Ich nun das 'Ich bin ein Sünder!' oder das

`Ich bin ein Heiliger!´ist, scheint gleichgültig, erst wenn das Ich so "gelassen" ist, das weder das eine noch das andere betreffend ist, wird die Frucht der Ethik erreichbar. Vielleicht erscheint es von daher nicht mehr so geheimnisvoll, daß der Mystiker trotz härtester Buß- und Askeseübungen immer wieder in sich einen Abgrund von Sündhaftigkeit entdeckt. Nichts versucht den Mystiker so sehr wie das glorifizierte Ich: `Ich bin ein Heiliger!´ So setzt er immer wieder ein erniedrigtes Ich dagegen, solange bis das Ich gestorben ist. Hier kristallisiert sich eine Schwierigkeit heraus, auf die ich aufmerksam machen möchte: Die Kirche wiederholt nicht die Erniedrigung und die Abtötungsversuche des Mystikers, sondern überdeckt diese, wenn auch spät, mit der Aussage: `Jener war ein Heiliger!´ Wahrscheinlich versucht der Mystiker nichts so sehr zu durchkreuzen wie jenen hagiographischen Diskurs, dem er jedoch wiederum dann am nächsten gerückt ist, wenn er sich am weitesten von ihm abgesetzt hat. Wie ich noch zeigen werde, sind manche Formen der Askese überhaupt nur verständlich, wenn man in Betracht zieht, daß sie der drohenden Hagiographie ausweichen wollen. Es mutet daher seltsam an, wenn dieser Überschreitungsversuch von der Kirche, sei es als Krönung der christlichen Ethik, sei es als Heiligkeit oder Seligkeit kodifiziert wird.

Aus all dem wird sicher verständlich, daß Offenbarung des Heiligen nicht eine Offenbarung mit Glanz und Gloria sein kann (es ist eine Offenbarung auf niedriger Stufe - ich komme darauf zurück), sondern eine Erfahrung vom "Dach des Tempels" aus ist, die Entgegengesetztes vereinigt erblickt. Dieser Blick läßt sich bei Otto nachvollziehen, und es handelt sich dabei um den Bereich, in dem das Heilige nur mehr umschrieben werden kann, d.h. nur mehr als Gefühlswert beim Schauenden ausdrückbar ist.

Otto bezeichnet besagten irrationalen Überschuß des Heiligen als das "Numinöse". Dies Numinöse teilt Otto in die polaren Momente "mysterium tremendum" und "fascinosum" auf, als deren unmittelbare und unlösbare Einheit das Numinöse erscheint.

Das mysterium tremendum meint dabei dreierlei:

- Schauder vor dem Zorn Gottes, wobei dies keine Angst vor Bestrafung o.ä. ist, sondern Schauder vor dem Heiligen per se,

- Anerkennung der "schlechthinnigen Übergewalt", d.h. Anerkennung der "maiestas" des Heiligen,

- Erfahrung des "Energischen".

> "Auch in der Mystik lebt dieses Energische sehr stark, wenigstens in der 'voluntaristischen', in der Liebesmystik. In der aufzehrenden Glut der Liebe, deren andringende Gewalt der Mystiker kaum erträgt, die ihn erdrückt und die er bittet zu mildern, damit er nicht selber vergehe, kehrt es drastisch wieder. Und in diesem Andringenden hat diese 'Liebe' noch fühlbare Verwandtschaft mit der zehrenden, sengenden ὀργή selber: es ist die gleiche Energie (Hervorhebung von mir, F.M.S.), nur anders gewendet. 'Die Liebe - sagt ein Mystiker - ist nichts anderes denn gelöschter Zorn'." (S. 26)

Dieser Umsetzungsprozeß von den polaren Gefühlswerten Liebe und Zorn in gleiche Energie und die formlose Aufnahme dieser Energie, d.h. die Umwandlung in reine, nicht-disjungierte Intensität, scheint mir das Entscheidende der mystischen Offenbarung zu sein. Ich weise daraufhin, daß dies die Kernbestimmung der "zölibatären Maschine" ist.

Zu dem dreigegliederten mysterium tremendum fügt Otto dann noch das fascinosum hinzu und vervollständigt ihren Zusammenhang.

> "Der qualitative Gehalt des Numinosen, (an den das Mysteriosum die Form gibt) ist einerseits das schon ausgeführte Moment des abdrängenden tremendum mit der 'maiestas'. Andererseits aber ist es offenbar zugleich etwas eigentümlich Anziehendes, Bestrickendes, Faszinierendes, das nun mit dem abdrängenden Moment des tremendum in eine seltsame Kontrastharmonie tritt. (...) Und neben das Sinnberückende, Hinreißende, seltsam Entzückende, das oft genug zum Taumel und Rausch sich steigernde, das Dionysische der Wirkung des Numen." (S. 39)

Die Ambivalenz der Gefühlsregungen dem Heiligen gegenüber, die Otto hier ausführt, kennen wir bereits von Durkheim er. Ich habe dort festgestellt, daß Durkheims Vergleich des Heiligen mit Moral nicht zwingend erscheint. Hält man sich jedoch an die Eckehartsche Fassung von Moral, daß nämlich ihre Frucht, das Heilige, durch sie nicht erreichbar ist, daß sie daher durchschritten werden müsse, so ist dieser Zusammenhang zwingend. Ich habe weiterhin festgestellt, daß Moral auf das Heilige nur dann bezogen sein kann, wenn sich ihr ein Objekt stellt, das gleichermaßen erstrebt und verworfen wird, bzw. wenn sie invertierbar ist. Nun, auch hier gilt wiederum, daß das Heilige das eine Objekt, die eine Frucht von Moral ist, die anzieht und abdrängt zugleich. Ebenso können wir hier auch von Inversion sprechen, allerdings in dem präzisierten Sinne, daß der beständige Polwechsel sich nicht mehr in zwei zumindest zeitlich getrennten Prozessen von Inversion und Re-Inversion darstellt, sondern in einer Gleichzeitigkeit[20]. Die Kompliziertheit dieser Feststellung verschwindet, wenn man darauf hinweist, daß das Heilige in dieser Bestimmung nicht mehr von der Anfechtung unterscheidbar ist. Von diesem Aspekt her läßt sich der Weg des Mystikers durch die Ethik als eine Linie beschreiben, die sich als Folge einer sich beständig wiederholenden Inversion darstellt. Dieser Weg mündet in die Offenbarung, wenn Inversion und Re-Inversion einander so angenähert sind, daß der Polwechsel keine Richtungsänderung der Energie mehr bewirkt, sondern nur mehr qualitätslose Quanta gleichförmiger Energie zeugt. Dieser Weg läßt sich mit dem dreifachen Tod, den nach Meister Eckehart das Ich sterben muß, veranschaulichen.

> "Alles büßt hier die Seele ein, Gott und alle Kreaturen. Dies klingt wunderlich, daß die Seele auch Gott verlieren müsse! Ich behaupte: es ist ihr, um vollkommen zu werden, in gewisser Weise sogar nötiger, daß sie Gott einbüße, als die Kreatur! Immerhin, es muß alles verloren sein, der Seele Bestehn muß sein auf einem freien Nichts! Das ist ja auch einzig Gottes Absicht, daß die Seele ihren Gott verliere. denn solange sie einen Gott hat, Gott erkennt, von Gott weiß, so lange ist sie getrennt von Gott. Das ist Gottes Ziel: sich zunichte zu machen in der Seele, auf daß auch die Seele sich verliere. (...) Das also hat es auf sich mit diesem untersten Tod der Seele, daß sie damit göttlich werden soll."
> (Büttner 1921: 164 f)

Um die Inversion, die hier stattgefunden hat, kenntlich zu machen, muß man die Aussage, daß Gott sich zunichte macht, einem Gottlosen in den Mund legen, und wir kämen dann zu der Feststellung, daß Gott tot ist. Der Gottlose, der den Tod Gottes erfährt, und der Mystiker stehen sich sehr nahe. Dennoch ist es unsinnig, die jeweils herausgelösten Aussagen zu vergleichen, wenn nicht klargelegt wird, daß dies nur eine Station in einem Denken ist, an der es zu ermessen gilt, was zurückgelassen wurde und was damit erreicht werden soll. Es handelt sich hier nicht um einen Bedeutungspartikel, von denen viele vielleicht ein philosophisches oder theologisches System ergeben. Der Mystiker geht jedenfalls ebensosehr davon aus, daß Gott in der Seele existiert.

> "Und zwar wenn Gott in sich ein Wesender ist sonder Anfang, so ist er im Reich der Seele ein Wesender sonder Ende. Dermaßen, sagt ein Meister, ist Gott in der Seele, daß sein Gottsein auf ihr beruht." (S. 159

Man kann diese beiden Aussagen Eckeharts nicht in der Figur des Widerspruchs zusammenfassen, mir scheint vielmehr kein Terminus angemessener dafür als der der Inversion. Ausgangspunkt für Eckehart ist die Existenz Gottes in der Seele, die sich aus ihrer Kreatürlichkeit, man könnte hier übersetzen: ihrem Dasein als Entäußerung Gottes, ergibt. Diese Verbindung ist aber zugleich Trennung, insofern Gott nur über das Vermittlungsglied seiner Entäußerung faßbar wird. An diesem Punkt erfolgt dann die Inversion: Damit der lebendige Gott, so wie er in sich selber ist, angeschaut werden kann, muß das Zeugnis seiner Lebendigkeit, die Seele, gestorben werden.

> "Denn daß Gott 'Gott' heißt, das hat er von den Kreaturen. Da die Seele eine Kreatur ward, da erst erhielt sie einen Gott. Indem sie nun das 'Geschöpf'-Sein wieder abstreift: dabei bleibt doch Gott vor sich selber, was er ist. Und das ist die größte Ehre, die die Seele Gott antun kann, daß sie ihn sich selber überlasse und sie seiner ledig stehe." (S. 165)

Mir scheint kein Zweifel daran erlaubt, daß die Existenz Gottes zunächst sehr tief empfunden wird. Es handelt sich dabei nicht um eine rhetorische These, die im weiteren Zuge einer Argumentation verworfen wird. Wäre die Existenz nicht so tief empfunden, gäbe es keinen Grund dafür, zu diesem Verlust der Existenz weiterzuschreiten. Ebenso scheint mir kein Zweifel daran erlaubt, daß dieser Verlust gleichermaßen verspürt wird. Halten wir hier also fest, daß die Inversion vor allem das Gefühl des Verlustes entfaltet und damit die Position, die verlassen wurde, gegenwärtig hält. Deshalb bringt die Inversion, ganz im Gegensatz zur Figur des Widerspruchs, zum Ausdruck, daß zwei polare, in einem logischen Sinne: widersprüchliche, Positionen in gleicher Weise besetzbar sind, und indem zu dem einen Pol geschritten wird, wird dessen Unvollständigkeit als Gefühl des Verlustes des anderen angezeigt. Die so gehandhabte Inversion schreitet jede nur mögliche Spielart einer Polarität aus und macht so deren gesamte Reichweite der Erfahrung zugänglich.

Eine Anmerkung hier zum mystischen "N chts", das auch Meister Eckehart anführt: Dieses Nichts ist kein blinder Fleck oder ein Versacken in einem Vakuum, vielmehr arbeitet dieses Nichts als Empfindung des größtmöglichen Verlustes das Sein in größtmöglicher Fülle heraus. Diesen Vorgang nicht nacheinander durch die Krücke (oder sagen wir 'Technik') der Inversion, sondern der Gleichzeitigkeit der entgegengesetzten Momente zu erfahren, bedeutet Offenbarung. Gerade an dieser umfangslogisch weitreichendsten Polarität läßt sich nachvollziehen, daß die Mystik das Äußerste einer möglichen Gotteserfahrung erreichen will und daß die Polarität die unmögliche Möglichkeit der Gleichzeitigkeit von Bestimmungen, das Nadelöhr ist, durch das diese Erfahrung geführt wird.

Folgen wir nun Meister Eckehart weiter, denn das Zunichtewerden Gottes in der Seele, an das ich diese Ausführungen geknüpft habe, ist nur der unterste Tod"[21)] der Seele. Der nächste Tod, der erreicht werden muß, ist der des Urbilds der Seele. Die Seele, die ihre Kreatürlichkeit gestorben hat, damit ihr Dasein als Entäußerung Gottes, findet sich als unerschaffenes Urbild wieder:

> "Zum anderen Mal nun soll sie ausgehn aus dem Wesen, welches ihr zukommt im ewigen Urbild. Der Seele Urbild sprechen die Meister am als einen göttlichen Selbsterkennungsakt. Das göttliche Selbsterkennen nun in Person ist: der Sohn. Dieser ist somit zugleich das Musterbild aller Kreaturen, und ein Abbild des Vaters, in welchem Ebenbilde schweben die Wesenheiten aller Kreaturen. Wenn nun die Seele ihr geschaffenes Wesen abstreift, so leuchtet ihr das unerschaffene Urbild auf, in welchem auch sie sich findet als ein Unerschaffenes. Denn alles in diesem Urbild Einbegriffene nimmt teil an dessen Eigenschaft. Aus

ihm also muß die Seele ausgehn, und das muß sie tun, vermöge eines göttlichen Todes." (Büttner 1921: 165 f)

Rekapitulieren wir zunächst diese Ausführungen, die etwas schwierig erscheinen: Die Seele hat ihr Geschöpfsein abgestreift, damit ist sie in Gott, jedoch noch nicht in seiner Einheit, sondern in seiner Mannigfaltigkeit, genauer gesagt: Dreifaltigkeit. Damit ist sie das unerschaffene Geschöpf Gottes, der ungezeugte Sohn, in dem sich der Vater als Gott erkennt. Was die Seele in ihrem Urbild des Gottessohnes von der Einheit Gottes trennt, ist eben ihr Dasein in der Mannigfaltigkeit. Hier haben wir es dann wieder mit einer Inversion zu tun, denn es geht darum, die Mannigfaltigkeit in die Einheit Gottes einzubringen: in seiner Mannigfaltigkeit ist er einer. Solange also den Mystiker Polaritäten (hier: Mannigfaltigkeit-Einheit) zersplittern, hat er Gott noch nicht erreicht.

"Das nämlich spürt die Seele innerlich, daß weder dies Urbild noch dieses Wesen das ist, was sie sucht: weil sie in ihm noch sich befangen erkennt in Unterschied und Mannigfaltigkeit. Schon jene untersten Bestimmungen, die wir an der Gottheit feststellen, sind ein Mannigfaltiges. Da nun auch dieses ihr ewiges Wesen, in welchem die Seele sich nunmehr findet, der Eigenschaft des ewigen Urbilds gemäß zum Mannigfaltigen gehört - denn die Personen fallen ins bereich der Unterscheidung - so durchbricht die Seele ihr ewiges Urbild, auf daß sie hingelange, wo Gott ein Reich ist in reiner Einigkeit!" (S. 166)

Durch diesen zweiten Tod findet sich nun also die Seele in Gottvater wieder, aber auch dies ist noch nicht genug, denn sie muß auch ihn sterben:

"Das dritte Wesen aus dem sie (scil. die Seele, F.M.S.) gehen soll, ist: die zeugungsmächtige göttliche Natur. Die als schöpferisch sich darstellt im Vater." (S. 167)

Dieser Vater ist reine Potentialität, d.h. Zeugungsmacht, und dieses Stadium durchschreitet nun die dritte Inversion: Diese Potentialität ist hineinzubringen in den nur mehr in sich seienden Gott.

"Denn das Urbild der Seele, das schaut sonder Schranke die in sich wesende Gottheit, wie sie frei und ledig ist von aller Tätigkeit, gibt also zugleich eine Anweisung, wohin die Seele abermals soll geleitet werden mit ihrem Sterben." (S. 167)

Ohne den Terminus der Inversion und darin vor allem ohne den des Verlustes ließe sich dieser dreistufige Tod nicht verstehen. Was bliebe, wenn wir auf diese Begrifflichkeiten verzichten? Nichts, denn jegliche Bestimmung, die der Seele und Gott möglich ist, wäre gestorben worden.

In dieser Dreierfolge ist auch kein Stadium überspringbar, denn es gilt, auf jeder Stufe die jeweils mögliche Reichweite auszuschöpfen und so im vollen Bewußtsein dessen dies alles sterben zu lassen, um so zum Nichts zu finden, in dem das Sein angeschaut werden kann. Man kann die zentrale Inversion, die diesen Prozeß regiert, auf den Punkt bringen, daß der Mystiker stirbt, um zu leben. Der Höhepunkt dieses Prozesses ist für uns eine absurde, weil unentzifferbare Chiffre: Indem alle Bestimmtheiten gleichermaßen gegenwärtig sind, heben sie sich zu jener Unbestimmtheit auf, in der sie alle gleichgültig und gleichmöglich sind, ein wiederhergestelltes Nichts.

Meine Diskussion der Mystik ist bislang von sehr allgemeinen Voraussetzungen ausgegangen, vor allem was die Ethik betrifft, die durchschritten wird. Ich habe diese Ethik nur als eine Verflechtung von Polaritäten und Wertschätzungen behandelt, ohne zu fragen: Was erstrebt und verwirft diese Ethik, was kann eine Anfechtung für den Moralisten sein? Demgemäß habe ich die Mystik als ein 'Modell' beschrieben, wie mit Hilfe der Inversionstechnik disjunktive Polaritäten durchschritten werden, so daß am Höhepunkt dieses Prozesses formlose Intensitäten entstehen können. Diese allgemeine Anordnung, charakterisiert durch folgende Sequenzen: Disjunktion, Platzwechsel der Disjunktionen (Inversion) und damit Ausschöpfung ihrer Reichweite, und letztlich Zusammenfassung aller Möglichkeiten in formloser Intensität, bezeichne ich als "zölibatäre Maschine".

Im folgenden unternehme ich es, das gewonnene Resultat auszudifferenzieren. Ich werde zunächst die christliche Ethik näher bestimmen, und mein besonderes Augenmerk gilt dem Unterschied zur ästhetischen Ethik. Ich schicke hier voraus, daß dieser Unterschied vor allem am Naturbegriff der christlichen Ethik einsichtig wird. Bleibt mir noch zu erwähnen, daß ich mich mit der christlichen Ethik nur insoweit befasse, als es für die bisher behandelten Probleme von Belang ist. Daß über sie weit mehr gesagt werden könnte, wird schon daraus erkenntlich, daß ich mich dabei ausschließlich an die bereits erwähnte "Zeitschrift für Aszese und Mystik" gehalten habe. Ich habe mich nun allerdings bemüht, die wesentlichen Probleme dieser Ethik in ihrer Bezogenheit auf Mystik und Askese, so wie sie in der Zeitschrift auftauchen, zusammenzustellen.

JOSEPH DE VRIES thematisiert als Ausgangspunkt der christlichen Sittlichkeit die Stellung der Natur in ihr.

> "Diese Welt ist als Gottes Geschöpf gut und darum zu bejahen. Und zwar müssen wir das, wenn wir nicht einem häretischen Manichäismus verfallen wollen, auch von ihrem körperlichen und sinnlichen Bereich zugestehen. Gerade von diesem Bereich heißt es ja im Schöpfungsbericht immer wieder: 'Und Gott sah, daß es gut war.'" (de Vries 1939: 2 f)

Wenn also Körperlichkeit und Sinnlichkeit gut und gottgewollt sind, in welchem Bereich kann der Mensch dann überhaupt noch sündigen? Existiert hier überhaupt kein Konflikt? Man muß sich de Vries Argumentation genauer ansehen, um diesen Konflikt herauszuarbeiten.

> "Die Gnade zerstört nicht die Natur und schädigt sie nicht, ..." (S. 3)

Aber:

> "Die Werte der Natur, die in einer rein natürlichen Ordnung die höchsten wären, werden zu zweitrangigen Werten. An sich wäre es Sinnziel der Natur, in sich selber wurzelnd durch eigene Kraft auch wieder zu sich selber zu Ende zu kommen. Diese in sich geschlossene Ganzheit der Natur, die ihren höchsten Wert darstellt, wird durch den Einbruch der Übernatur zerstört (sic!)." (S. 6)

Es reicht nicht hin, diese Ausführungen trotz des offensichtlichen Widerspruchs, den sie enthalten (zerstört - zerstört nicht), einfach abzutun. Der Konflikt, der sich abspielt, verläuft zwischen den Begriffen Natur - Gnade und Naturwillen - Gnadenwillen.

> "So kommt es zu einem Gegensatz zwischen dem Naturwillen des Menschen nach innerweltlicher Selbstabrundung und dem Gnadenwillen Gottes, der ein Geöffnetsein der Natur nach oben fordert." (S. 6)

Der Mensch soll also seine Natur hinnehmen, ohne einen Naturwillen auszubilden. Es geht also nicht um die Natur als solche, denn diese ist gut, sondern um den Willen zu ihren Werten, die nach de Vries' Aussage zweitrangig sein sollen. Wir finden zwar in eindeutiger Hierarchie die Werte der Natur und den Willen dazu dem Gnadenwillen untergeordnet, aber keinen Hinweis darauf, in welchem Bereich nun das Böse anzusiedeln ist. Nachdem de Vries Übernatur das Sinnziel des Gnadenwillens mit Sittlichkeit gleichsetzt, ist zu folgern, daß die Negation dieser Sittlichkeit Sünde bedeuten müßte. Die Sünde kehrt jedoch nicht zur Natur als solcher zurück, denn auch von ihr muß angenommen werden, daß sie Natur hinnimmt, ohne sie zu bejahen. Die Negation des Naturwillens eröffnet also nicht nur die Möglichkeit der Übernatur, sondern auch in derselben Negation den Weg zur Unnatur, zur Perversion. Die daraus folgende Ethik sperrt sich tatsächlich nicht gegen das körperliche und sinnliche Empfinden, aber sie möchte es zur Öffnung nach oben umgestalten. Damit existieren aber auch Über- und Unnatur gleichwertig nebeneinander, und in der anthropologisch faßbaren Natur des Menschen gibt es keine Prädisposition, sich eher dem einen oder dem anderen zuzuwenden. Genau die entgegengesetzte Aussage findet sich innerhalb der ästhetischen Ethik, denn sie behandelt die formlose Natur als solche als das Verworfene. Dem folgen auch die meisten Interpreten der Novelle, wenn sie die Polarität Natur vs. Kultur bilden. Als Natürlichkeit des Menschen gilt ihnen dabei der Urmensch, Barbar und Kannibale, ebenso repräsentiert das Unbewußte - Triebe, Erotik, Thanatos etc. - eine archaisch-natürliche Disposition: der Wilde mit dem Knüppel in der Hand. Folgern wir hieraus, daß es sich um eine historische Konzeption der Natürlichkeit handeln muß! Die Materialteile sprechen durchaus für die Plausibilität dieser These, denn ich habe versucht zu zeigen, daß die biologisch faßbare Natur hier als Reservoir von Werten und Unwerten entdeckt wird.

Bei de Vries jedenfalls läßt sich der Bereich eingrenzen, in dem gesündigt werden kann, es läßt sich aber auch verstehen, warum dieser Bereich die Kraft einer möglichen Versuchung enthält, denn wir können die Scheidung von Über- und Unnatur ganz als Produkt der christlichen Sittlichkeit ansehen. Die "Stunde der Gefahr" beginnt erst dann, wenn man sich über die

Negation der Natur zu jener Alternative vorgearbeitet hat, die sich als Überschreitung abzeichnet.

> "Erst in der Stunde der Gefahr, des Kampfes, des Opfers entfaltet sich das Tiefste und Edelste im Menschen; da werden ungeahnte Kräfte geweckt, und der Mensch wächst über sich selbst hinaus." (S. 12)

Eine Folgerung, die sich aus dieser Argumentation ergibt, ist, daß diese Ethik einen besonderen Akzent auf den intentionalen und voluntativen Gehalt einer Handlung setzt. Wenn Webers Ausführungen über den Protestantismus grundgelegt werden, kann man ersehen, daß das intentionale und voluntative Moment hier keine Rolle spielt, sondern nur die Handlung, bzw. das Werk Maßstab ist. Der Katholizismus setzt also immer eine Differenz zwischen der Handlung 'als solcher' und ihrer 'Zweckabsicht': Eine Handlung als solche ist ethisch nicht wägbar, vielmehr muß ihre Ausrichtung am Gnadenwillen festgestellt werden.

E. RAITZ VON FRENTZ zeigt, wie diese Differenz gehandhabt wird. Die Position, daß Natur als solche gut sei, hält er aufrecht, obwohl er eine 'Schädigung' dieser Natur, die körperliche Kasteiung, erörtert. Dies ist möglich, weil sein Interesse nicht den "Quälereien als solchen" gilt, sondern ihrem "Wert".

> "Nicht an den Quälereien als solchen hat Gott seine Freude, sondern an etwas anderem, was deren Ursache oder Wirkung ist; ..." (Raitz von Frentz 1937: 139)

> "Den wahren Wert, der in der Abtötung liegt, kann man nur dann finden, wenn man den Fundort genau kennt, d.h. ein richtiges und kein verzerrtes Bild von der Abtötung hat. Hält man z.B. christliche Abtötung für nichts anderes als Perversion des Masochismus, so kann man ihr nie gerecht werden. Ähnlich geht es, wenn man geistige und auch körperliche Selbstquälereien von Neurasthenikern und Skrupulanten mit ihr verwechselt. Garnichts hat Abtötung im Geiste Christi mit der gnostischen Sekte der Ekratiten zu tun. Diese huldigten einem ethischen Dualismus und hielten gute und von Gott geschaffene Dinge, wie Ehe und Fleisch und Wein für schlecht und teuflisch. Manche Bücher, die über Ehe und Alkoholgenuß schreiben, sind auch heute noch nicht ganz frei von diesem Geist, obwohl schon der hl. Paulus gegen sie das Wort gebraucht: Alles, was Gott geschaffen hat, ist gut." (S. 140)

Raitz von Frentz hat das Problem auf den Begriff gebracht, wenn er davon spricht, daß die christliche Sittlichkeit <u>nicht auf einem ethischen Dualismus fußt</u>. Einem derartigen Dualismus die apriorische Wägung, daß diese Dinge als solche gut, jene aber schlecht seien. Nochmals kann also festgehalten werden, daß der Geltungsbereich von Ethik erst da beginnt, wo über die Natur, miteingeschlossen die menschliche, hinausgegangen wird.

Der Natur kommt damit nur jene Zweitrangigkeit zu, von der de Vries gesprochen hatte. In dieser Funktion ist sie eine weitgehend unproblematische Basis, die einer Unterwerfung und Dienstbarmachung unterzogen wird, um so Träger der Zielalternative zu werden, von der die Rede war. In diesem Sinne ist die Natur Instrument, nicht aber Substanz, und deshalb kann von ihr weder eine Behinderung noch eine Beförderung des Gnadenziels ausgehen.

Soweit der Mystiker körperliche und sinnliche Empfindungen hat, sind dies Begleiterscheinungen, die zwar nicht unterdrückt werden, jedoch auch nicht gefördert oder gewünscht werden. Bataille kommt hier zum selben Ergebnis. Das Material, auf das er sich stützt, ist die Revue Carmélitaine (31. Jahrg., 1952) betitelt "Mystik und Enthaltsamkeit". Pater Beirnaert führt darin aus, daß die Mystiker ein vollkommenes Bewußtsein von den sinnlichen Regungen gehabt hätten. Er verweist auf den hl. Bonaventura, der von denen spricht, die 'in spiritualibus affectionis carnalis fluxus maculantur'. Bataille weist die Auffassung zurück, daß die mystischen Erlebnisse z.T. nur ein Orgasmus waren, den die weltabstinenten Mystiker als solchen nicht erkannt haben. Eine Äquivalenz von Mystik und Erotik erweist sich nur dann, wenn die Erotik nicht in naturhafter Sexualität aufgeht, sondern über sie hinausgeht. (vgl. 1974: S. 217 ff).

Diesen Zusammenhang hat KARL WILD, der die Mystik des Johannes vom Kreuz darstellt, am Begriff des "freiwilligen Gelüsten(s)" entwickelt.

> "Es handelt sich hier selbstverständlich nicht um die natürlichen Regungen des Begehrungsvermögens, denen man nicht zustimmt, die über die ersten Regungen nicht hinausgehen, auch nicht um Versuchungen, in die man nicht einwilligt. Es handelt sich nur um das freiwillige Gelüsten und zwar gleich, ob es eine schwere oder eine läßliche Sünde oder eine Unvollkommenheit ist." (Wild 1933: 106)

Alles, was die Natur als solche an den Mystiker heranträgt, ist demnach weder Versuchung noch Sünde. Das freiwillige Gelüsten ist eine menschliche Produktion, in der das Nein zur Natur bereits enthalten ist. Es ist, wie ich schon ausgeführt habe, dasselbe Nein wie jenes, das zum Gnadenwillen hinführt. Der Versuch, die menschliche Natur zu ergründen, schließt also das mystische Leben nicht aus.

Bei zwei Mysterikerinnen, Hildegard von Bingen und Mechthild von Magdeburg, werde ich später darstellen, daß bei ihnen von einer anschaulichen Kenntnis sinnlicher, d.h. vor allem auch sexueller und erotischer, Empfindungen die Rede sein kann. Man kann die mystischen Erfahrungen daher nicht als Sublimation oder Ersatzhandlung betrachten, wir finden hierin vielmehr den wunschökonomischen Aspekt der ästhetischen Ethik: Der Wunsch wird in einem gezeugt und verzehrt und läßt sich dabei nicht von einem Bedürfnis als Naturmacht gängeln. Was ich hierbei als Wunsch bezeichne, ist die Willensbildung zu Über- oder Unnatur, die eine menschliche, im Sinne von: über die Natur hinausgehende, Produktion vorstellt, weil sie sich in keine biologisch-anthropologische Verfaßtheit auflösen läßt.

JOHANN BAPTIST SCHUSTER faßt die angesprochenen Probleme dieser Ethik in einer positiven Bestimmung zusammen: "Sittlich gut ist zunächst die freie Tat und Entscheidung". (Schuster 1935: 254) Freiheit bedeutet hier nichts anderes als das Entledigtsein von Naturzwängen, und auch das sittlich Schlechte teilt diese Bedingung der Freiheit.

Resümiert man die besprochenen Aspekte dieser Ethik, so mag es scheinen, als sei diese in Ermangelung jedes bestimmten Wertmaßstabes schrankenlos relativistisch. Es existiert aber ein Wertmaßstab, zwar nicht für die Dinge und Handlungen als solche, wohl aber für die Willensabsicht.

> "Es gibt kein Wertmoment, das nicht unter dem Einfluß der Liebe befruchtet würde. Liebe ist es auch, die nicht bloß Tat und Gesinnung, sondern den Täter selbst unbedingt und wahrhaft und bleibend gut macht. (...) Die Liebe heißt im Sprachgebrauch der Theologie die Königin der Tugenden." (S. 260 f)

Von diesem Gesichtspunkt aus läßt sich auch das Paradox, das Raitz von Frentz aufgeworfen hat, auflösen: Die körperliche Kasteiung ist nur insoweit wertvoll, wie sie von der Liebe zu Gott getragen wird. All das, was sich einer auflädt und antut, dient also nur dazu, eine Neigung, die Liebe zu Gott, zum Ausdruck zu bringen. Es ist unzulässig, hier eine Zerteilung vorzunehmen, die Askese, Bußübungen, d.h. das Pflichtmoment, als Schattenseite, und die Liebe zu Gott als Sonnenseite zu interpretieren. Wie sollte diese Neigung sich denn darstellen, wenn nicht in Form der Pflichtübungen? Man kann im Gegenteil sagen, daß, je mehr einer Gott liebt, er sich desto größere Übungen auferlegt.

Ich möchte aber hier an die Aussagen von Otto und Eckehart erinnern, die die Erfahrung des Heiligen als Überschuß über diese Ethik hinaus bezeichnen. Ausbildbar ist im Rahmen auch der christlichen Sittlichkeit nur der vollkommene moralische Wille, der Gott nicht anzuschauen vermag. Für den Mystiker bleibt die Aufgabenstellung, die ethischen Polaritäten zu überwinden, denn Gott muß deren unteilbare Einheit sein, Bei Heinrich Seuse wird man sehen, wie der Mystiker den Bereich der Ethik hinter sich läßt: Zunächst leitet ihn die Liebe zu Gott, um derentwillen er sich nicht nur ein Höchstmaß, sondern ein Übermaß an Kasteiung auferlegt. Sind die Extrempunkte der Ethik realisiert, erscheint als Resultat der willenlose Körper, das eigentliche Instrument des Mystikers. Mit Blick auf Otto und Eckehart läßt sich der willenlose Körper als das höchste Stadium, zu dem es einer innerhalb der Ethik bringen kann, bezeichnen. Auf dem willenlosen Körper ist Natur in die Zweitrangigkeit versetzt, die de Vries gefordert hatte: Kein Naturzwang (z.B. Hunger, Durst, Kälte, Wärme, Sexualität, kurzum: Selbsterhaltung) hat mehr determinierende Kraft, alle natürlichen, d.h. biologisch-anthropologischen, Aufzeichnungen sind getilgt, so daß sich dieser Körper wie eine weiße Papierfläche einer (Neu-)Einschreibung anbietet, die Liebe zu Gott und Verwerfung der Unnatur in ihn einträgt. Doch auch dieses Stadium, in dem noch disjunktive Polaritäten von Bedeutung sind, muß überwunden werden. Dies werde ich später bei Heinrich Seuse genauer ausführen. Der vollkommene moralische Wille innerhalb der christlichen Ethik läßt sich demnach als eine Bezwingung des naturhaften Körpers zu Gunsten der Liebe zu Gott und zu Ungunsten des Drangs zur Unnatur zusammenfassen.

Ist man meiner Argumentation bis dahin gefolgt, so darf es nicht verwundern, daß der Versuch, über die Polaritäten hinauszuschreiten, jede nur mögliche Position und Gegenposition miteinbegreifen will. Bei ERICH PRZYWARA läßt sich beobachten, daß dies sogar für die Gegenposition des Atheismus gilt, von der er sagt, daß sie im Zuge dieses Darüberhinausgehens aufgehoben wird. Von da aus gesehen ist die Familie, die Przywara gründet, bestehend aus Thomas von Aquin, Ignatius von Loyola und Friedrich Nietzsche, keineswegs mehr so abenteuerlich, wie es zunächst anmutet. Przywara versucht zu zeigen, daß die ignatianischen Exerzitien, die den Weg zu einem umfassenden Offenbarungsverständnis vorbereiten wollen, selbst den Antichristen hinter sich lassen. Nietzsche soll also subordiniert werden, es gelingt, so meine ich, jedoch nur der Nachweis, daß eine tiefe Verwandtschaft in diesem Bereich zwischen Theismus und Atheismus besteht. Nietzsche wird von Przywara als zu schwach und zu inkonsequent (!) zurückgewiesen, was aber, richtig verstanden, seine Integration ins System des Höchsten bedeutet.

> Die ignatianischen Exerzitien führen zur "(...) 'Unterscheidung der Geister', d.h. in die Situation nicht nur des Aug in Aug zum Dämonischen, sondern zum Dämonischen im Heiligsten (Hervorhebung von mir, F.M.S.). So antwortet dieser Hauptteil auf das, was das Verführerische des 'heroischen Atheismus' Nietzsches ist.: gegen den 'heroischen Verzicht auf Gott' tritt das Ausgesetztwerden mit dem sich selbst aussetzenden Gott bis hinein in das Nichtswerden mit dem sich zu nichts machenden Gott. Der 'heroische Atheismus' demaskiert sich damit nicht nur als schwaches Nachbild des eigentlichen Geheimnisses der Erlösung, sondern als Flucht vor ihm in der Weise, daß das Geheimnis der Erlösung entheroisiert und die Flucht heroisiert wird." (Przywara 1936: 273 f)

Heroisierung der Erlösung und Entheroisierung der Flucht führen jedoch zum selben Resultat: Seuse hatte es mit dem Aufgeben Gottes um Gottes willen beschrieben und Eckehart mit dem dreifachen Tod der Seele, in dem Gott gestorben wird.

Auch Przywara folgt ja diesem Gedanken, wenn er von dem "Nichtswerden" des sich "zu nichts machenden" Gottes spricht. Aus diesem Zusammenhang entwickelt dann Przywara die Gottesvorstellung, so wie wir sie bei der Mystik bereits kennengelernt haben, daß Gott, als Prinzip, immer mehr ist, als man gerade fassen kann. Was aber bleibt und sich auf jeder Stufe wieder neu setzt, ist deshalb nur der Verlust dessen, was man gerade festhalten möchte.

> "(...): weil die Nacht des 'gleichsam unbekannten Gottes' (da Gott über alles Was hinausragt) und des darum und darin in allem 'überfallenden' und 'nehmenden' Gottes das eigentliche Licht und die eigentliche Stromfülle seines Je-über-hinaus ergießt." (S. 290)

Dieses Je-über-hinaus ist, wenn die Extreme der Polaritäten ausgeschritten sind, nur in den beständigen Inversionen erfahrbar. Befindet man sich auf Seiten der Vernunft, ist Gott die Unvernunft, befindet man sich auf Seiten des Lebens, ist Gott der Tod usw. Je mehr diese Reflexion fortschreitet, desto unerträglicher wird sie. Gerade in dieser Unerträglichkeit aber findet der Mystiker Gott; ebenso hätte ich sagen können: in dieser Schmähung empfindet der Atheist den Verlust Gottes.

Dementsprechend finden wir aus dieser Unerträglichkeit abgeleitete Formen der Askese, das Böse um des Guten willen, die Sünde um der Gnade willen. Ich kann mir kein drastischeres Beispiel für das vorstellen, was ich Inversion genannt habe. STEPHANUS HILPISCH nennt hier zwei Formen: "Die Torheit um Christi willen" und "Die Schmach der Sünde um Christi willen" (Hilpisch 1931: 121 ff, 1933: 289 ff)

Zu ersterem:

> "Das aszetische Ideal des Mönchtums besagte, um Christi willen alles zu verlassen, alle irdischen Werte gering zu achten, sich selber und dieser Welt abzusterben, um einzig Christo zu leben. Preisgabe des Besitzes, des Zusammenseins mit Menschen, des eigenen Willens waren die Stufen, die zur Vollendung führten. In manchen Fällen hat das Streben nach der letzten Vollkommenheit auch sonderbare, ja abstoßende Formen angenommen, wenn man eine Erörterung des eigenen Ich mit allen Strebungen und Kräften der Seele wollte. Eine solche Art härtester seelischer Aszese, die das eigene menschliche Sein auszutilgen sich mühte, ist die freigewählte 'Torheit um Christi willen'. Wie alle aszetischen Ideale, so fand

> auch sie in der Heiligen Schrift ihre Berechtigung und Empfehlung." (Hilpisch 1931: 121)

Ich gebe Hilpisch darin recht, daß wir hier "sonderbare, ja abstoßende Formen" finden. Dies sollte jedoch nicht dazu führen, dieses Streben nach Vollkommenheit gesondert von anderen Weisen zu behandeln. Die Ertötung des Ichs, so Eckehart, ist ein allgemeines Postulat, die Frage ist nur, was einer als sein Ich festhalten will. Eine Sonderstellung dieser Askese ergibt sich nur daraus, daß sie den hagiographischen Diskurs, der sich aus dem Verhalten, das sich der Heiligmäßigkeit annähert, ergeben könnte, zu durchkreuzen versucht. Sagen wir also, das Ich dieser Asketen ist ein anderes, denn es spekuliert mit der Hagiographie. Hinter all dem waltet aber ebensosehr, wenngleich deutlicher, die Inversionstechnik, die in jedem anderen Vollkommenheitsstreben auch impliziert ist.

Die Torheit um Christi willen ist eine Erheuchelung von Verrücktheit, "(...), um auf diese Weise noch sicherer vor sich selbst und dem Ruhm der Menschen zu sein." (S. 123) Der Asket verhält sich dabei genau entgegengesetzt zu dem, was ein heiligmäßiges Verhalten erfordern würde und versucht so, jenes noch vollkommener zu erreichen. Er wendet sich also vom hagiographischen Diskurs ab, aber wir wissen, daß er ihm nicht entgehen konnte, denn auch er hat einen Kommentator gefunden, der seinen Torheiten die Wahrheit zu entlocken versucht, der die Inversion wieder rückgängig machen will. Einer dieser Asketen ist der hl. Symeon von Emesa:

> "Er ersann immer wieder neue Albernheiten, die ihm Verspottung, Verachtung und Schläge eintrugen. Obwohl er fast immer fastete, ging er doch zuweilen mit einem Kranz von Würsten auf den Markt und verzehrte sie öffentlich. Ein anderes Mal sah man ihn in Schenken und Dirnenhäusern, damit er anderen als schlecht erscheine und damit die Menschen den Spott mit ihm trieben." (S. 126)

Man kann hier sehen, wie die Inversion ihre Bedeutung erst in der Tiefe dessen, was damit zurückgelassen wurde, entfaltet. Streichen wir diesen Verlust, was bliebe dann? Ein Narr, der auf dem Marktplatz Würste verzehrt, sich in Schenken und Dirnenhäusern herumtreibt und heuchelt, ein Heiliger zu sein. Oder spielen wir diesen Gedanken für den Standpunkt des hl. Symeon selbst durch: Wenn ihm nun ein Dämon erschienen wäre, der ihn aufgefordert hätte, von seinen Torheiten zu lassen, wäre dies Gott oder der Teufel gewesen? Wenn dieser Dämon ihn geheißen hätte, seine Torheiten noch weiter zu treiben, wäre dies Gott oder der Teufel gewesen? Folgen wir Przywara in diesem Fall, so kann es dem hl. Symeon gleichgültig sein, ob es Gott oder der Teufel war: War es Gott, so wird der hl. Symeon versuchen, seine Gottesvorstellung um die des Teufels zu bereichern, war es aber der Teufel, so hat er vielleicht das Dämonische im Heiligsten gesehen. Vielleicht war der hl. Symeon auch schon jenseits all dieser Fragen.

Noch weiter als die Torheit geht die Schmach der Sünde um Christi willen. Der Asket beschuldigt sich hier einer Sünde, die er nicht begangen hat, indem er eine falsche Anschuldigung auf sich nimmt. Findet er aber keinen ungerechten Ankläger, so übernimmt er selbst diese Rolle.

> "Aber darüber hinaus geht eine andere Übung, die darin besteht, daß der Aszet, ohne angeschuldigt worden zu sein, sich selbst einer Schuld bezichtigt oder gar etwas tut (Hervorhebung von mir, F.M.S.), was jedermann als Sünde erscheint und somit seinen guten Namen vernichtet, damit er auf diese Weise die tiefste Demütigung auf sich nimmt und den Sündern gleich ist, denen allein ja Gottes Erbarmen gilt." (Hilpisch 1933: 294)

Nach diesen Ausführungen kann es keinen Zweifel mehr darüber geben, wie nahe sich der Sünder und der Heilige stehen.

Es bleibt nun noch ein Aspekt, der weiterer Verdeutlichung bedarf: Tendiert dieser Prozeß nicht zur Endlosigkeit? Gibt es einen Moment, vielleicht den Höhepunkt, mit dem der Mystiker all dies abschließen kann? Ich habe bereits darauf hingewiesen, daß die zentrale Inversion, die das mystische Leben regiert, die von Leben und Tod ist. Es wäre nun durchaus ein Mißverständnis anzunehmen, daß das Sterben des Ich eine metaphorische Redewendung sei. PAUL VON CHASTONAY zeigt an der Mystik des Franz von Sales, daß dieser Tod in einem körperlichen Sinn gemeint ist. Nach Franz von Sales ist der Tod die höchste Stufe einer erreichbaren Ekstase des Lebens. Leben und Tod sind damit nicht mehr unterscheidbar (sprachlich ist diese Verschmelzung nicht mehr einzuholen).

> Die Ekstase des Lebens ist "... das Aussichselbstherausgehen, das Entsagen allem Irdischen, das Absterben dem eigenen Ich, das Leben in und für Gott, ..." (von Chastonay 1925/1926: 52)

> "Die Gottesliebe kann erfahrungsgemäß so weit gehen, daß die Seelenglut den Leib angreift, erschöpft, daß sie selbst den Tod herbeiführt. Wie groß und gewaltig muß eine Liebe sein, die solche Wirkungen erzielt. So starb Franz von Assisi, der mit dem Apostel sehnsüchtig verlangt hatte: 'Cupio dissolvi et esse cum Christo. Ich begehre aufgelöst zu werden, um mit Christus zu sein.'" (S. 53)

Meine Bestimmung der Mystik ist damit abgeschlossen. Ich möchte es jedoch nicht versäumen, was ich bereits angekündigt habe, einige der behandelten Probleme an Texten von Mystikern zu belegen und zu vertiefen.

Die mystischen Texte lassen sich nicht mit einem Symbolismus verstehen, der z.B. die vorliegende Erotik als sublime oder Ausdruck für etwas anderes behandelt. Margot Schmidt betont diesen Zusammenhang in dem Vorwort zu den Schriften der Mechthild von Magdeburg.

> "In ihrem (scil. Mechthild von Magdeburgs, F.M.S.) Dasein ist kein Riß, ja nicht einmal eine geringe Spannung zwischen Ethik und Ästhetik." (In: Mechthild von Magdeburg 1955: 17)

Dies kann übrigens nicht im Sinne der ästhetischen Ethik, wie sie bisher ausgeführt wurde, verstanden werden, schon eher im Sinne Vischers, daß das Schöne und das Gute sich in Gott, dem absoluten Geist aufheben. Bei Mechthild handelt es sich, soweit dieser Begriff hier überhaupt zulässig ist, um eine <u>sakrale Ästhetik</u>, d.h. eine mögliche Differenz des Schönen und des Guten existiert nicht als Problem. Margot Schmidt hat also nur eine Charakteristik der sakralen Kunst ausgesprochen und nicht eine spezifische Eigenart von Mechthilds Ästhetik.

Mechthild von Magdeburg kann und will ihr Lustbegehren nicht ertöten, sie sucht jedoch sinnliche Lust nur als göttliche Lust.

"(...)
Wie heißt dein Kleinod?

Herr, es heißt meines Herzens Lust.
Die hab ich der Welt entzogen,
In mir selber erhalten
Und allen Geschöpfen vorenthalten
Nun kann ich mich ihrer nicht länger erwehren
Herr, wohin soll ich sie kehren?

Deines Herzens Lust
Leg allein in mein göttliches Herz
Und an meine menschliche Brust.
Da nur wirst du getröstet
und von meinem Geist geküßt." (S. 75)

Mechthild sucht also sinnliche Lust und zugleich will sie Reinheit und Keuschheit. Dies entspricht der Aufgabenstellung des Mystikers, wie ich sie beschrieben habe: Keine Position bzw. hier: kein Begehren und keinen Irrweg des Begehrens auszuschließen, sie alle in die Gottesliebe mithinein zu nehmen und Gott so als das unteilbare Ganze all dieser Regungen anzuschauen. Man kann die Verbindung, die Polaritäten bei Mechthild eingehen, am ehesten mit dem etwas unbeholfenen Begriff der 'schamlosen Scham' bezeichnen. Deutlicher wird dies bei der folgenden Passage, und ich gebe dabei zu bedenken, daß sie von einer obszönen Produktion nicht mehr unterschieden werden kann.

"Nun geht die Allerliebste zu dem Allerschönsten in die verborgenen Kammern der unsichtbaren Gottheit. Dort findet sie der Minne Bett und Gelaß und Gott übermenschlich bereit. Da spricht unser Herr:

Haltet an, Frau Seele!
(Seele:) Was gebietest Du, Herr?
(Gott:) Ihr sollt nackt sein!
(Seele:) Herr, wie soll mir dann geschehen?
(Gott:) Frau Seele, Ihr seid so sehr in mein Wesen gehoben,
daß zwischen Euch und mir nichts sein kann.
Es ward kein Engel je so geehrt.
Dem das wurde eine Stunde gewährt,
Was Euch von Ewigkeit ist gegeben.
Darum sollt Ihr von Euch legen
Beides, Furcht und Scham
Und alle äußeren Tugenden. (Hervorhebung von mir, F.M.S.)
Nur die, die von Natur in Euch leben
Sollen Euch ewiglich erregen.

Dies ist Euer edles Verlangen
Und Eure grundlose Begehrung.
Die will Ich ewig erfüllen
Mit meiner endlosen Verschwendung.
(Seele:) Herr, nun bin ich eine nackte Seele,
Und Du in Dir selber ein reichgeschmückter
Gott.

Unser zweier Gemeinschaft
Ist ewiges Leben ohne Tod.
Da geschieht eine selige Stille
Und es wird ihrer beider Wille.
Er gibt sich ihr, und sie gibt sich ihm.
Was ihr nun geschieht, das weiß sie,
Und damit tröste ich mich.
Aber dies kann nie lange sein.
Denn wo zwei Geliebte verborgen sich sehen,
Müssen sie oft abschiedslos voneinander gehen."
(S. 80 f)

An Hildegard von Bingens Schriften läßt sich vor allem dokumentieren, was es bedeutet, Natur als solche gutzuheißen, einen ethischen Dualismus abzulehnen und dennoch nicht dieser Natur zuzustimmen [22]. Heinrich Schipperges hebt dieses Kernstück in seiner Einführung zu ihren Schriften hervor.

"Hildegards Anthropologie und Sexuallehre stehen gegen alle manichäischen Ketzereien und alle gnostischen Leitbilder ihrer Zeit und ihrer Zukunft, gegen die Zerrbilder von einem Wesen ohne Bauch und Wimpern, wie sie heute wieder vorgetragen werden und unter archaisierenden Tendenzen und psychologischen Verbrämungen wirksam sind." (In: Hildegard von Bingen 1957: 13)

Hildegard von Bingens Sexuallehre ist tatsächlich frei von verschämten Sprachwendungen; sie zeugt zudem von einer anschaulichen Kenntnis auch der eigenen Natur.

"Denn sobald der Sturm der Leidenschaft sich in einem Manne erhebt, wird er in seinem Organismus wie in einer Mühle herumgewälzt. Seine Geschlechtstriebe sind gleichsam eine Schmiede, in die das Mark sein Feuer liefert. Dann befördert jene Schmiede die Glut zu den männlichen Geschlechtsteilen und läßt sie mächtig aufflammen. Wenn hingegen der Wind der Lust aus dem weiblichen Mark aufsteigt, gerät er in die Gebärmutter, die am Nabel hängt, und läßt das Blut der Frau in Erregung geraten. (...) der Schaum des Samens ergießt sich bei ihr seltener als beim Manne, auch spärlich und unbeträchtlich im Vergleich zum männlichen Samen." (S. 61)

Deshalb spricht sie dem Geschlechtsakt nicht nur Fortpflanzungsfunktion zu, sondern sieht auch das "triebhafte Wollen" darin aufgehoben.

> "Im Menschen liegt das triebhafte Wollen, das aufmerksame Erwägen, eine besondere Kraft und schließlich die Übereinstimmung. Das triebhafte Wollen muß vorangehen, weil jedermann den Wunsch zu dem, was er tun will, haben muß." (S. 62 f)

In dieser aufmerksamen Erwägung liegt es begründet, daß dem triebhaften Wollen nicht zugestimmt werden muß. Hieran läßt sich Karl Wilds Zusammenfassung illustrieren: Natürlich existieren solche natürlichen Regungen und werden auch empfunden. Eine andere Frage ist es jedoch, ob man sie bejaht oder verneint. Eine Bejahung der menschlichen Natur ist nicht eigentlich sündhaft, sie kann nur den Weg zur göttlichen Übernatur verbauen. Auch ist die Natur keine Versuchung, denn Gott hat sie so eingerichtet. Als Versuchung und Sünde kommt demnach nur das "freiwillige Gelüsten" in Frage, wobei wir in der Freiwilligkeit dieselbe Freiheit von der Natur erblicken müssen, die ja erst Grundlage ethischer Wägung ist.

Bei Heinrich Seuse kann vor allem der Weg durch die Ethik, der als Resultat den dienstbar gemachten Leib erbringt, zu jenen Inversionen hin dokumentiert werden, in denen sich die lichten Visionen zur Macht der Seele verkehren. Heinrich Seuse sucht die Liebe, findet aber an der irdischen und somit vergänglichen nicht die Befriedigung seines Herzensdranges. Sein ungewisses Suchen kommt zuende, als sich ihm die ewige Weisheit als Geliebte anbietet.

> "Sie schwebte hoch über ihm in einem Thron aus Wolken, sie leuchtete wie der Morgenstern und schien wie die blinkende Sonne; ihre Krone war die Ewigkeit, ihr Gewand war Seligkeit, ihre Worte Süßigkeit, ihre Umarmung aller Lust Befriedigung. (Hervorhebung von mir, F.M.S.) Sie war fern und nah, hoch und niedrig, sie war gegenwärtig und doch verborgen. Sie ließ mit sich umgehen und doch konnte niemand sie greifen. Sie reichte über den obersten Rand des höchsten Himmels und berührte den tiefsten Grund des Abgrundes. Sie zerteilte sich von einem Ende zum anderen gewaltig und richtete alle Dinge fröhlich aus. Wenn er jetzt meinte, eine schöne Jungfrau zu haben, plötzlich fand er einen stolzen Jüngling. Bisweilen gebärdete sie sich als eine weise eisterin, bisweilen hielt sie sich wie eine stattliche eliebte. Sie beugte sich liebreich zu ihm und grüßte ihn gar freundlich und sprach gütig zu ihm: 'Praebe, fili, cor tuum mihi! Gib mir dein Herz, mein Kind!'" (Seuse 1922: 13)

In dieser Geliebten ist tatsächlich alles aufgehoben, was

Seuse begehren könnte. Dennoch ist diese Offenbarung keineswegs der Höhepunkt der mystischen Erfahrung, es ist vielmehr ihr Anfang, denn nur der Schwache bedarf solch tröstender Visionen. Was sich Seuse hier angeboten hat, kann man als das Wunschobjekt bezeichnen und was ihn von diesem trennt, ist auf dieser Stufe noch nicht die Eckehartsche Einsicht, daß allein schon das Begehren nach etwas von der Unmöglichkeit, eins mit diesem zu sein, zeugt; es geht vielmehr zunächst darum, die Natur, die eine Tendenz hat, unter diesem 'Niveau' zu begehren, auszuschalten. Gerade dies ist die Aufgabenstellung innerhalb der Ethik: Die Freiheit von der Natur vollkommen zu realisieren, um sich damit freiwillig für das Wunschobjekt dieser Ethik entscheiden zu können.

> "Er (scil. Seuse, F.M.S.) hatte eine gar lebendige Natur in seiner Jugend. Als diese begann, sich selbst zu empfinden und als er merkte, daß er mit sich selbst überladen war, da war es ihm bitter und schwer. Er suchte manche List und große Buße, wie er den Leib dem Geiste untertänig machte." (S. 33)

Seuse macht sich also den Leib dienstbar, nicht weil die natürlichen Triebe sündhaft wären, sondern weil die Vision seiner Geliebten ihm ein Übermaß an Befriedigung versprochen hat, demgegenüber die Stillung der unmittelbaren Triebe ein zu Geringes darstellt.

> "Er ließ sich heimlich ein härenes Unterkleid machen und in das Unterkleid Riemen, in die hundertfünfzig spitzige Nägel geschlagen waren; die waren aus Messing und scharf gefeilt und ihre Spitzen waren allezeit gegen das Fleisch gerichtet." (S. 33)

Es ist evident, daß der Leib gegen diese Marter rebelliert, aber für den Mystiker kommt darin nur zum Ausdruck, daß der Naturwille immer noch nicht gebrochen ist. So wird also der Drang nach körperlicher Unbeschädigtheit, wir können sagen: der Selbsterhaltungstrieb, systematisch durchkreuzt, wo immer er aufgefunden wird. Jede dieser Regungen wird in eine neue Kasteiung übersetzt: Die Hände, die nachts im Schlaf das Nagelkleid vom Körper wegziehen oder sonstige unwillkürliche Linderung vornehmen, werden mit Nagelhandschuhen versehen, so daß jeder Erleichterungsversuch zusätzliche Marter bedeutet. Nach diesem Steigerungsmechanismus wird die Kasteiung hoch-

geschraubt, bis dem Naturwillen die Stirne geboten ist.[23)]
Was bleibt, ist zwar immer noch ein natürlicher Körper, sofern dies eine Basisbestimmung physischen Existierens ist, jedoch ist jede Regung, die dieser Natur zustimmt, ausgeschaltet, so daß Seuses Bestreben die unumschränkte Herrschaft des Geistes über den Körper realisiert ist.

> "Als der Diener solch übungsreiches Leben nach dem äußeren Menschen, wie hiervor zum Teil geschrieben steht, von seinem achtzehnten bis zu seinem vierzigsten Jahre geführt hatte, und seine ganze Natur so verwüstet war, daß nichts mehr übrig blieb als Sterben oder aber von derlei Übungen ablassen, da ließ er davon ab, und es ward ihm von Gott gezeigt, daß die Strenge und diese Weisen allesamt nichts anderes gewesen seien als ein guter Anfang und ein Durchbrechen seines ungebrochenen Menschen, ..." (S. 44)

Erst jetzt kann dieser Körper Träger des Gnadenwillens werden, deshalb war das Vorangegangene nicht mehr als ein guter Anfang. War dieses erste Stadium dadurch gekennzeichnet, daß Seuse ein Wunschobjekt gegenwärtig war, um dessentwillen er seine Natur ertötet hatte, so wird ihm im folgenden Stadium das Wunschobjekt entzogen. Was nun also kommt, ist die Inversion als Prinzip, denn Seuse muß immer das wollen, was er nicht will.

> "`Du bist bisher ein Säugling und ein verwöhnter Zärtling gewesen und hast in göttlicher Süßigkeit wie ein Fisch im Meere geschwebt. Das will ich dir nun entziehen und will dich darben und dörren lassen, daß du von Gott und aller Welt verlassen sein sollst, und mußt von Freunden und Feinden öffentlich verfolgt werden. Daß ich es dir kurz sage: Alles, was du anfängst dir zu Lust oder zu Trost, das muß alles rückwärts gehen, und was dir leid und zuwider ist, das soll alles vorwärts gehen," (S. 48)

Die Inversionen finden erst dann ein Ende, wenn nichts gewollt und nichts mehr abgelehnt wird, weil alles gewollt und abgelehnt wird. Wir müssen, wie bei Meister Eckehart auch bei Seuse davon ausgehen, daß in diesem nichtigen Alles jedes Element, das der Mystiker entfaltet und gestorben hat, weiter als formlose Energie figuriert. Um nun den Bogen auf den Ausgangspunkt zurückzuspannen, werde ich Seuses Lebensbeschreibung in einem Schaubild darstellen, wie ich es analog bei der Sebastian-Gestalt verwendet habe.

Schaubild 2:

Seuses Mystik

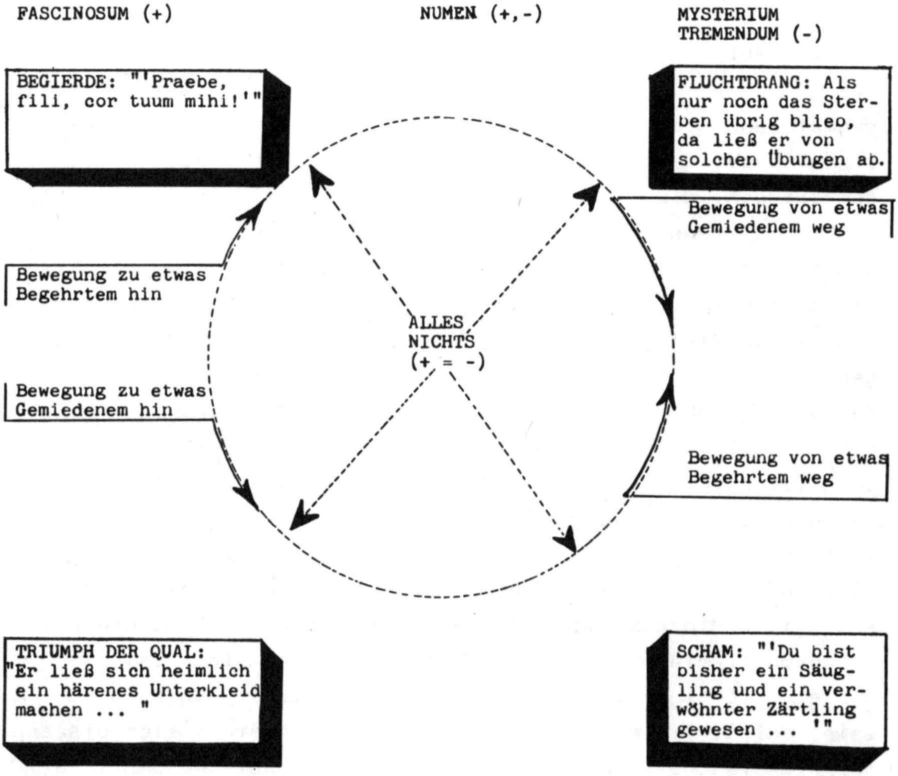

FASCINOSUM (+)
NUMEN (+,-)
MYSTERIUM TREMENDUM (-)
BEGIERDE: "'Praebe, fili, cor tuum mihi!'"
FLUCHTDRANG: Als nur noch das Sterben übrig blieb, da ließ er von solchen Übungen ab.
Bewegung von etwas Gemiedenem weg
Bewegung zu etwas Begehrtem hin
ALLES NICHTS (+ = -)
Bewegung zu etwas Gemiedenem hin
Bewegung von etwas Begehrtem weg
TRIUMPH DER QUAL: "Er ließ sich heimlich ein härenes Unterkleid machen ... "
SCHAM: "'Du bist bisher ein Säugling und ein verwöhnter Zärtling gewesen ... '"

6. Aschenbach und Tadzio

Im folgenden Kapitel werde ich nachzuweisen versuchen, daß zwischen der Mystik, wie ich sie bisher ausgeführt habe, und Aschenbachs Erlebnis mit Tadzio eine zentrale Gemeinsamkeit besteht. Der Bereich dieser Gemeinsamkeit ist, auf eine kurze Formel gebracht, das, was als "zölibatäre Maschine" dargestellt wurde, Ich weise nochmals daraufhin, daß dies nicht bedeutet, daß sich die ästhetische Ethik in die christliche auflösen ließe, der leitende Gedanke ist vielmehr, daß sich in dem Versuch, die "Frucht" der jeweiligen Ethik zu greifen, eine gemeinsame Struktur abzeichnet. In den Voraussetzungen zu diesem Versuch läßt sich allerdings schon jetzt eine Übereinstimmung anführen: Durch die christliche Ethik war für die Mystik ein Ziel gesetzt, das jedoch nicht in dieser Ethik aufgeht. Was die Ethik trennt, setzt demgemäß die mystische Offenbarung wieder zusammen als Vorstellung des einen, unteilbaren und in allen Polaritäten gegenwärtigen Gottes. Desgleichen ist durch die Leistungsmoral ein solches Ziel gesetzt, das über sie hinausgeht. Es ist die schöne Form, die einerseits ganz Produkt dieser Moral ist, andererseits von ihr durch das "Wünder der wiedergeborenen Unbefangenheit" abgesetzt ist. Hinzu kommt, daß die schöne Form das, was die Leistungsmoral trennt, wieder zusammenführt und dies als ihre Doppelgesichtigkeit, moralisch und unmoralisch zugleich zu sein, zeigt. Diese Zwiespältigkeit der Form ergab sich bislang nur als hypothetischer Fall und wurde als mögliche Labilität der ästhetischen Ethik dargelegt. Thema dieses Kapitels ist demgemäß die Realisierung dieser hypothetischen Möglichkeit und die Überprüfung, ob sich hierfür von der Mystik aus ein umfassenderes Verständnis gewinnen läßt.

Über die angeführte Übereinstimmung mit der Mystik hinaus werde ich die Gemeinsamkeit entlang von drei Sequenzen präzisieren, die ich in der Begegnung von Aschenbach und Tadzio unterscheide. Diese Sequenzen habe ich Paul von Chastonay entlehnt, der damit die Mystik des Franz von Sales beschreibt:

- Beschäftigung mit rein natürlichen, intellektuellen Urteilen und Schlüssen,
- Diskurse und Urteile im Lichte der übernatürlichen Glaubenswahrheit,
- Erkenntnis als einfacher Blick des Verstandes, einfacher Affekt des Willens, durch die der Geist der göttlichen Wahrheit zustimmt, sich hingibt und unterwirft. (von Chastonay 1925/1926: 47)

Ich habe diese Mystik gewählt, weil es sich bei ihr um einen intellektuellen Weg handelt, der mir für Aschenbach am gemäßesten schien. Man kann diesen Dreischritt seinem Gehalt nach durchaus mit Meister Eckeharts Ausführungen analog setzen, insofern durch diese drei Stufen das, woran sich das Ich festhält, ausgeschöpft und gestorben wird.

6.1. Die intellektuelle Beschäftigung mit der Vollkommenheit: Das Innewerden.

> "Mit Erstaunen bemerkte Aschenbach, daß der Knabe vollkommen schön war. Sein Antlitz, bleich und anmutig verschlossen, von honigfarbenem Haar umringelt, mit der gerade abfallenden Nase, dem lieblichen Munde, dem Ausdruck von holdem und göttlichem Ernst, erinnerte an griechische Bildwerke aus edelster Zeit, und bei reinster Vollendung der Form war es von so einmalig persönlichem Reiz, daß der Schauende weder in Natur noch in bildender Kunst etwas ähnlich Geglücktes angetroffen zu haben glaubte." (S. 357)

Schon an der ersten Begegnung von Aschenbach und Tadzio erweist sich, daß die Schönheit des Knaben in die Konstellation der ästhetischen Ethik integriert wird, wobei diese Integration zunächst von Aschenbachs Blickwahrnehmung geleitet wird. Tadzio verkörpert über die Maßen das, wozu Aschenbach vermittels des "Wunders der wiedergeborenen Unbefangenheit" gefunden hatte: "adelige Reinheit, Einfachheit und Ebenmäßigkeit der Formgebung". Nun war aber Aschenbachs Ästhetik das Resultat einer sittlichen Leistung, von der sie immer auch Zeugnis ablegte durch den Verweis auf die heroische Überwindung jenes "Trotzdem". Tadzios Schönheit hingegen ist ganz Natur, ganz unmittelbar und als solche kommt ihr keine moralische Qualität zu. Zudem wissen wir, daß Aschenbach solchen natürlichen Unmittelbarkeiten in jeder Beziehung mißtraute, insofern alles, wozu sie fähig sind, sich unter dem Stichwort der "Ungenügsamkeit" zusammenfassen läßt. Würde sich also Aschenbachs Betrachtung auf die Vollkommenheit beschränken, so wäre Tadzios Schönheit eher eine Widerlegung oder wenigstens doch ein Kontrapunkt der ästhetischen Ethik gegenüber, die so unabdingbar auf jenem "Trotzdem" fußt. Noch im gleichen Moment der Wahrnehmung aber findet eine Polarisierung statt, die den verwerflichen Anteil der Natur, dem vor allem Aschenbachs Mißtrauen gilt, zum Zuge bringt: "War er leidend?" (S. 358). Erst darin kann die ästhetische Ethik ihren Geltungsbereich entfalten, denn sie faßt Schönheit als sittliche nur in dem Sinne, daß sie einer zu knappen natürlich-unmittelbaren Basis abgerungen ist. Mit dieser Frage räumt sich Aschenbach zumindest die Möglichkeit ein, Tadzios Schönheit in der vertrauten Konstellation anzulagern, weil sie dann mit widrigen Unbilden einer sie durchkreuzenden Natur zu tun hat. Wir wissen dabei nicht, ob für die Wahrnehmung eines Leidens bei dem schönen Knaben Triftiges spricht (und wir werden es auch später nicht wissen!), wir wissen nur, warum Aschenbach diese Frage stellen muß.

In Tadzio begegnet Aschenbach also das, was ich früher bereits als Grenzfall der ästhetischen Ethik bezeichnet habe: die Unmittelbarkeit der Vollkommenheit. Wir können auch folgern, daß diese Unmittelbarkeit eine natürliche sein muß, denn das menschliche Ins-Werk-Setzen der Vollkommenheit ist als Bemessen der schöpferischen Leistung moralisch wägbar, die natürliche Hervorbringung hingegen entzieht sich dem Maßstab. Dieser Grenzfall eröffnet zwei Möglichkeiten: Entweder ist Tadzios Schönheit unsittlich, dann stellt sie für Aschenbach eine Versuchung dar, die ihn zweifellos anzieht, die jedoch überwunden werden muß, oder seine Schönheit steht jenseits all dessen, aber in dem Sinne, daß die Polaritäten der Sittlichkeit in ihr so gegenwärtig und damit auch so erloschen sind wie in der mystischen Gottesvorstellung, dann müßte sie Aschenbach als den nicht mehr überbietbaren Ausdruck seiner ästhetischen Ethik betrachten. Träfe letzteres zu, stünde die ästhetische Ethik gewissermaßen im Einklang mit einem Schönheit schaffenden Schöpfungsplan und erhielte ein transzendentes Fundament. Es ist jedoch leicht einzusehen, daß sich die Möglichkeiten der Sittlichkeit und Unsittlichkeit vollständig die Waage halten, denn welches Kriterium sollte die Entscheidung ermöglichen? Zu dem kommt noch die Tatsache, daß sich beide Möglichkeiten in <u>einem</u> Objekt, Tadzio, sammeln, ein gegeneinander Ausspielen zweier Gegenstände also nicht möglich ist. Dies muß eine Labilisierung bedeuten, die dennoch zunächst in der Schwebe bleibt, weil Aschenbach noch über die Möglichkeit verfügt, sich mit rein intellektuellen Schlüssen und Urteilen über das Wesen von Schönheit zu befassen, um so aus scheinbar distanzierterer Sicht den Kern der Sache zu treffen. Dies ist die niedrigste Stufe der von Paul von Chastonay gegebenen Einteilung, auf der sich Aschenbach daher befindet.

> "Müde und dennoch geistig bewegt, unterhielt er sich während der langwierigen Mahlzeit mit abstrakten, ja transzendenten Dingen, sann nach über die geheimnisvolle Verbindung, welche das Gesetzmäßige mit dem Individuellen eingehen müsse, damit menschliche Schönheit entstehe,..." (S. 359)

Damit ist der erste dreiteilige Zyklus dieser Sequenz abgeschlossen: Wahrnehmung der Schönheit, dann das Trotzdem und abschließend die intellektuellen Erwägungen. Derselbe Zyklus wiederholt sich nun als <u>Ambivalenz der Gefühlsregungen</u>. Aschenbach "(...) erschrak über die wahrhaft gottähnliche Schönheit des Menschenkindes." (S. 360) Zu dem abdrängenden Moment tritt bei dieser zweiten Begegnung aber auch das anziehende, denn Tadzio erscheint "in unvergleichlichem Liebreiz" (S. 360). Am Ende steht wiederum das intellektuelle Urteil.

> "Gut, gut! dachte Aschenbach mit jener fachmännisch kühlen Billigung, in welche Künstler zuweilen einem Meisterwerk gegenüber ihr Entzücken, ihre Hingerissenheit kleiden." (S. 360)

Es folgen nun einige Wahrnehmungen Aschenbachs, die die Integration von Tadzios Schönheit in die Konstellation der ästhetischen Ethik vervollständigen, die jedoch damit an die Grenze des für sie zu Vereinbarenden getrieben wird. Was dieser Integration vor allem im Wege steht, ist eben das Naturhafte und Unmittelbare der Formvollendung in Tadzio. Diese Möglichkeit war für Aschenbach bislang nur ein in jener Urweltwildnis visionär geschauter, aber auch unendlich ferner Fluchtpunkt aus der Perspektive der ästhetischen Ethik. In Richtung auf diesen fiktiven Kreuzungspunkt der Fluchtlinien verliert sich der Blick Aschenbachs und es wiederholt sich darin die Substanz der Vision vor der Urweltwildnis.

> "Und die Hände im Schoß gefaltet, ließ er seine Augen sich in den Weiten des Meeres verlieren, seinen Blick entgleiten, verschwimmen, sich brechen im eintönigen Dunst der Raumeswüste. Er liebte das Meer aus tiefen Gründen: aus dem Ruheverlangen des schwer arbeitenden Künstlers, der vor der anspruchsvollen Vielgestalt der Erscheinungen an der Brust des Einfachen, Ungeheuren sich zu bergen begehrt; aus einem verbotenen, seiner Aufgabe gerade entgegengesetzten und ebendarum verführerischen Hange zum Ungegliederten, Maßlosen, Ewigen, zum Nichts. Am Vollkommenen zu ruhen, ist die Sehnsucht dessen, der sich um das Vortreffliche müht; und ist nicht das Nichts eine Form des Vollkommenen?" (S. 361 f)

Man kann dies als einen Offenbarungstraum Aschenbachs bezeichnen, der gleich der mystischen Offenbarung das Entgegengesetzte in sich vereinigt: Der Wille zur Form und der Wille zur Formlosigkeit finden sich gleichermaßen ineins. Auch hier läßt sich geltend machen, daß die Ausschöpfung aller Möglichkeiten sich zu dem Nichts versammelt, das aus dieser Sicht als eine Form des Vollkommenen betrachtet werden darf.

Als Aschenbabh nun seinen Blick wieder zurücknimmt, findet er nicht mehr die gewohnte Perspektive vor, es ist, als sei der fiktive Raum, den der Fluchtpunkt nach hinten begrenzt, verschwunden.

> "Wie er nun aber so tief ins Leere träumte, ward plötzlich die Horizontale des Ufersaumes von einer menschlichen Gestalt überschnitten, und als er seinen Blick aus dem Unbegrenzten einholte und sammelte, da war es der schöne Knabe, der, von links kommend, vor ihm im Sand vorüberging." (S. 362)

Mag man auch für diese Textpassage einen nicht recht auslotbaren Überhang an Metaphorik in Rechnung stellen, so gewinnt der Gedanke doch Klarheit, als dieselbe Blickbewegung sich nochmals vollzieht.

> "Er (scil. Tadzio, F.M.S.) kehrte zurück, er lief, das widerstrebende Wasser mit den Beinen zu Schaum schlagend, hintübergeworfenen Kopfes durch die Flut; und zu sehen, wie die lebendige gestalt, vormännlich hold und herb, mit triefenden Locken und schön wie ein zarter Gott, hervorkommend aus den Tiefen von Himmel und Meer, dem Elemente entstieg und entrann: dieser Augenblick gab mythische Vorstellungen ein, er war wie Dichterkunde von anfänglichen Zeiten, vom Ursprung der Form und von der Geburt der Götter." (S. 364)

Das mythische dieser Vorstellungen ist der Ursprung der Form und die Geburt der Götter aus dem Nichts. Wir müssen hier keine Mythologien zu Rate ziehen, denn das Meer in der Bedeutung des Nichts, das die Polaritäten in einem repräsentiert, ergibt sich zunächst von Aschenbachs ästhetischer Ethik her. In diesen Kreuzungspunkt der ethischen Fluchtlinien hinein hatte sich Aschenbachs Blick verloren und als er ihn einholt, ist es, als hätte er mit dieser Blickbewegung das im Unbegrenzten Liegende zu sich herangerückt und es stünde ihm nun in Gestalt Tadzios gegenüber. Diese Näherungsbewegung von Entferntem aus wiederholt sich, als Aschenbach den aus dem Meer steigenden Tadzio beobachtet. Hier nun verdichtet sich diese Blickbewegung zur Vorstellung, daß es sich um die Zeugung von etwas Ungezeugtem handle. Wir können hierfür das Verständnis zugrundelegen, das Meister Eckehart davon gegeben hat: Die Zeugung des Ungezeugten sei die Selbsterkenntnis des Vaters in seinem unerschaffenen Sohne. Dieser Zusammenhang läßt sich an dem Verhältnis von Aschenbach und Tadzio präzisieren: Aschenbach muß, um zu vollendeter Formgestaltung zu gelangen, den mühseligen Weg der ethischen Vermittlungsleistungen gehen. In Tadzio aber stellt sich das Ziel dieser Vermittlungen ganz unmittelbar dar. Für Aschenbach wäre Tadzios Schönheit eine unentzifferbare Chiffre, wenn ihm seine Vermittlung solcher Schönheit nicht gegenwärtig wäre. Tadzios Schönheit überhaupt wahrnehmen zu können, bedeutet also für den Künstler, sie in jene Schritte zu zerlegen, in denen er sich diese erworben hat. Diese Rekonstrùktion erlischt im selben Moment ihrer vollen Entfaltung, und in diesem Sinne ist sie die Zeugung von Ungezeugtem, die Selbsterkenntnis in der unerschaffenen Entäußerung.

Dies erhellt auch die "väterliche Huld", die Aschenbach Tadzio gegenüber empfindet, die daher nicht eine Frage des Alters ist oder vom 'platonischen' Stadium in dieser Zuneigung zeugt, die vielmehr das Verhältnis eines Schönheit Schaffenden einem gegenüber, der diese Schönheit (ungeschaffen) hat, auf den knappsten Nenner bringt.

> "Und eine väterliche Huld, die gerührte Hinneigung dessen, der sich opfernd im Geiste das Schöne zeugt, zu dem, der die Schönheit hat, erfüllte und bewegte sein Herz." (S. 364)

Wesentliches der ästhetischen Ethik hat Aschenbach bereits in Tadzios Schönheit wiedererkannt, ebenso Wesentliches fehlt aber noch, um diese Selbsterkenntnis in Tadzio abzurunden: Eine entscheidende Situation auf Aschenbachs Weg zur vollendeten Formgebung war es, daß er, nachdem er das Verworfene in sich überwunden hatte, es rigoros auch bei anderen verwarf und daß er sogar seinen "Ekel" vor dem Verständnis dieses Verworfenen kundtat. Diesen Zug der aktiven Abgrenzung von dem, was dieser Schönheit nicht gleicht, entdeckt Aschenbach auch an Tadzio. Zwar ist diese Abgrenzung allein schon durch Tadzios äußeres Erscheinungsbild betont, vor allem seinen Schwestern gegenüber, deren "(...) Gesichter nonnenhaft leer und nichtssagend erscheinen." (S. 357) und diese Abgehobenheit macht ihn auch bei Spielgefährten "begehrt, umworben, bewundert" (S. 363), jedoch weist dies alles nur auf eine, vielleicht nur naive Exponiertheit des Knaben hin, deren er sich womöglich gar nicht bewußt ist. Tadzios Reaktion auf "die vielgliedrige russische Familie" räumt nun diesen Zweifel aus. Sehen wir zunächst zu, wie diese Familie beschrieben wird!

> "Männer mit Bärten und großen Zähnen, mürbe und träge Frauen, ein baltisches Fräulein, das an einer Staffelei sitzend unter Ausrufen der Verzweiflung das Meer malte, zwei gutmütig-häßliche Kinder, eine alte Magd im Kopftuch und mit zärtlich unterwürfigen Sklavenmanieren. Dankbar genießend lebten sie dort, ..." (S. 361)

Aschenbach erlebt einen unerwarteten Ausbruch des schönen Knaben, als dieser jene Familie wahrnimmt.

> "Kaum hatte er die russische Familie bemerkt, die dort in dankbarer Eintracht ihr Wesen trieb, als ein Unwetter zorniger Verachtung sein Gesicht überzog. Seine Stirn verfinsterte sich, sein Mund ward emporgehoben, von den Lippen nach einer Seite ging ein erbittertes Zerren, das die Wange zerriß, und seine Brauen waren so schwer gerunzelt, daß unter ihrem Druck die Augen eingesunken schienen und böse und dunkel darunter hervor die Sprache des Hasses führten. Er blickte zu Boden, blickte noch einmal drohend zurück, tat dann mit der Schulter eine heftig wegwerfende Bewegung und ließ die Feinde im Rücken." (S. 362)

Was aber macht diese Familie so verächtlich und hassenswert? All das, wovon Aschenbach sich abzusetzen trachtet, ist in ihr versammelt: Eine dissonante äußere Erscheinung, d.h. Männer, deren Bärte und Zähne zuvörderst hervorstechen, organischer Verfall als Mürbheit und Trägheit der Frauen, künstlerischer Dilettantismus beim Versuch der Abbildung des so bedeutsamen Meeres, Häßlichkeit und statt Haltung Servilität. Fast alle dieser Eigenschaften sind uns aus Aschenbachs Werk bekannt (vgl. S. 345) und von da wissen wir, daß sie an und für sich nicht verwerflich sind. Sie werden jedoch verwerflich, weil diese russische Familie den Besitz jener Eigenschaften offensichtlich in keiner auch nur angedeuteten Weise als Mangel empfindet. Sie versuchen also nicht, sich über diese Beschränkung zu erheben, sondern ziehen daraus sogar noch in dankbarer Eintracht Genuß. Aber es ist ja hier nicht Aschenbach, der der russischen Familie Verachtung und Haß entgegenbringt, sondern Tadzio! Auch hier wissen wir wiederum nicht, was Tadzio zu diesem Ausbruch verleitet, wir wissen nur, wie Aschenbach seine Geste auffaßt und wie sich diese Auffassung in die Haltung des Beobachters einfügt.

> "Eine Art Zartgefühl oder Erschrockenheit, etwas wie Achtung und Scham, veranlaßte Aschenbach, sich abzuwenden, als ob er nichts gesehen hätte; denn dem ernsten Zufallsbeobachter der Leidenschaft widerstrebte es, von seinen Wahrnehmungen auch nur vor sich selber Gebrauch zu machen. Er war aber erheitert und erschüttert zugleich, das heißt: beglückt. Dieser kindische Fanatismus, gerichtet gegen das gutmütigste Stück Leben, - er stellte das Göttlich-Nichtssagende in menschliche Beziehungen, er ließ ein kostbares Bildwerk der Natur, das nur zur

> Augenweide getaugt hatte, einer tieferen Teilnahme wert erscheinen; und er verlieh der ohnehin durch Schönheit bedeutenden Gestalt des Halbwüchsigen eine Folie, die gestattete, ihn über seine Jahre ernst zu nehmen." (S. 362)

Göttlich-nichtssagend wäre Tadzio geblieben, wenn er seine Schönheit nicht von dem, was ihr nicht gleichen will, abgegrenzt hätte. Die Folie also, die gestattet, ihn so ernst zu nehmen, ist wohlbekannt: Es ist die Verwerfung durch Ausschluß.

Wenn nun Aschenbachs Wiedererkennen in Tadzio so weit gediehen ist, erhebt sich eine Frage, die freilich noch nicht ohne einen Anflug von Ironie gestellt werden kann: Wer verkörpert tatsächlich die ästhetische Ethik, ist es Aschenbach oder Tadzio? Man mag hier vielleicht einwenden, daß von Verkörperung im strengen Sinne des Wortes nur bei Tadzio die Rede sein kann. Es muß deshalb daran erinnert werden, daß die Leistungsmoral Aschenbachs als eine Körpertechnik, verstanden als Bezwingung der naturhaften "Ungenügsamkeit", dargestellt wurde. Ein metaphorisches Verständnis dieser Terminologie wird dem Sachverhalt nicht gerecht, denn es kann keinen Zweifel darüber geben, daß die ästhetische Ethik sich in Aschenbachs Körper eingeschrieben hat und daß die Spuren dieser Einschreibung auf ihre eigentliche Bedeutung verweisen.

> "Der Mund war groß, oft schlaff, oft plötzlich schmal und gespannt; die Wangenpartie mager und gefurcht, das wohlausgebildete Kinn weich gespalten. Bedeutende Schicksale schienen über dies meist leidend seitwärts geneigte Haupt hinweggegangen zu sein, und doch war die Kunst es gewesen, die hier jene physiognomische Durchbildung übernommen hatte (Hervorhebung von mir, F.M.S.), welche sonst das Werk eines schweren, bewegten Lebens ist. (...) Sie gräbt in das Antlitz ihres Dieners die Spuren imaginärer und geistiger Abenteuer, und sie erzeugt selbst bei klösterlicher Stille des äußeren Daseins, auf die Dauer eine Verwöhntheit, Überfeinerung und Neugier der Nerven, wie ein Leben voll ausschweifender Leidenschaften und Genüsse sie kaum hervorzubringen vermag." (S. 348)

Resümiert man von da aus Aschenbachs Wiedererkennen in Tadzio, so muß auch von dem schönen Knaben gesagt werden, daß es (Aschenbachs) Kunst war, "die hier jene physiognomische Durchbildung übernommen hatte". Die Frage nach dieser Verkörperung ist demnach impliziert, als Aschenbach sich im Spiegel betrachtet, um in derselben Weise, wie er dies bei Tadzio getan hatte, an seiner äußeren Erscheinung die Stationen der ästhetischen Ethik aufzufinden.

> "Nach Mittag verließ er den Strand, kehrte ins Hotel zurück, und ließ sich hinauf vor sein Zimmer fahren. Er verweilte dort drinnen längere Zeit vor dem Spiegel und betrachtete sein graues Haar, sein müdes und scharfes Gesicht. In diesem Augenblick dachte er an seinen Ruhm und daran, daß viele ihn auf den Straßen kannten und ehrerbietig betrachteten, um seines sicher treffenden und mit Anmut gekrönten Wortes willen, - rief alle äußeren Erfolge seines Talentes auf, die ihm irgend einfallen wollten, und gedachte sogar seiner Nobilitierung." (S. 364)

Als Aschenbach so versucht, jene Spuren in seinem Antlitz zu entziffern, stößt er nur auf das, was sich unter dem "Trotzdem" seiner Bemühungen befassen läßt ("grau", "müde", "scharf"). Daß aber diesem "Trotzdem" "Adeligkeit", "Reinheit" und "Ebenmäßigkeit" entspringen, kann dieser Blick nicht mehr rekonstruieren. Als wollte er diesem Blick eine 'Interpretationshilfe' geben, setzt Aschenbach ihm die Betrachtung der anderen zu und fügt auch noch die "äußeren Erfolge seines Talentes" bei, aber allein schon das Denken dieser Betrachtung und das Aufrufen der Erfolge macht klar, daß sich jene der unmittelbaren Wahrnehmung durch den Blick entziehen. Hier tut sich zum ersten Mal ein schmerzhafter Mangel auf, den wir auf dieser Stufe jedoch nur erahnen können: Aschenbachs Körper vermag die polaren Strömungen der ästhetischen Ethik nicht in einem abzubilden und so zeugt die Einschreibung auf ihm nur von den Leiden des Schönheitsschaffens, ohne aber der "Adeligkeit", "Reinheit" und "Ebenmäßigkeit", die ihm abgezwungen wurden, Tribut zu zollen. Gerade diese Zusammenfassung jener Strömungen ist es, die Tadzio so erhöht, und nach der Selbstbetrachtung im Spiegel hat Aschenbach Gelegenheit, dies aus vergleichbar kurzer Distanz an dem schönen Knaben nachzuvollziehen.

> "Er stand ganz nahe bei Aschenbach, zum ersten Male so nah, daß dieser ihn nicht in bildmäßigem Abstand, sondern genau, mit den Einzelheiten seiner Menschlichkeit wahrnahm und erkannte. Der Knabe ward angeredet von irgendjemandem, und während er mit unbeschreiblich lieblichem Lächeln antwortete, trat er schon wieder aus, im ersten Stockwerk, rückwärts, mit niedergeschlagenen Augen. Schönheit macht schamhaft, dachte Aschenbach und bedachte sehr eindringlich warum." (S. 364 f)

Hatte Aschenbach beim Anblick seines Spiegelbildes äußere Wirkungen zu sich herangeholt, damit das, was ihn begehrenswert machen könnte, jene Selbstbetrachtung verschönere, so findet sich bei Tadzio das Umgekehrte, insofern er vor diesen Wirkungen, die ihn begehrenswert machen, zurückweicht und Schönheit einfach nur darstellt. Der bezeichnete schmerzhafte Mangel ist damit zunächst auf seinen klarsten Nenner gebrabht.

Auch diese Bewegung vervollständigt sich in einer Wahrnehmung, die uns vom Anfangszyklus her bekannt ist: Aschenbach meint Hinweise zu finden, daß Tadzio leidend ist. Das Gefühl, das diese Wahrnehmung mit sich bringt, kann Aschenbach nicht mehr rationalisieren, und darin bereitet sich das Ende der ersten Sequenz vor, in der Ausscheidung der Basis intellektueller Erwägungen.

> "Er hatte jedoch bemerkt, daß Tadzio's Zähne nicht recht erfreulich waren: etwas zackig und blaß, ohne den Schmelz der Gesundheit und von eigentümlich spröder Durchsichtigkeit, wie zuweilen bei Bleichsüchtigen. 'Er ist sehr zart, er ist kränklich', dachte Aschenbach. 'Er wird wahrscheinlich nicht alt werden.' Und er verzichtete darauf, sich Rechenschaft von einem Gefühl der Genugtuung oder Beruhigung zu geben, das diesen Gedanken begleitete." (S. 365)

Aschenbachs intellektuelles Räsonnement hatte bislang nur das Resultat gezeitigt, daß Tadzios Schönheit unwiderleglich ist, und hatte damit sein Wiedererkennen in Tadzio befördert. So hat das intellektuelle Urteil die Distanz, auf der es als Basis beruht, verkürzt und zwar in solchem Ausmaß, daß sich in jenen Erwägungen keine klare Grenzziehung mehr zwischen dem, der urteilt, und dem, was beurteilt wird, einzustellen vermag. Nicht genug damit, muß Aschenbach sogar die Zerstörung der Möglichkeit zu vernünftiger Erwägung hinnehmen. Dieser Prozeß leitet sich ein, als etwas unbestimmt Krankhaftes der äußeren Umgebung thematisch wird, wobei dies zunächst mit der Konstellation, die sich zwischen Aschenbach und Tadzio entwickelt hat, nichts zu tun hat.

> "Eine widerliche Schwüle lag in den Gassen; die Luft war so dick, daß die Gerüche, die aus Wohnungen, Läden, Garküchen quollen, Öldunst, Wolken von Parfum und viele andere Schwaden standen, ohne sich zu zerstreuen. (...) Das Menschengeschiebe belästigte den Spaziergänger (scil. Aschenbach, F.M.S.), statt ihn zu unterhalten. Je länger er ging, desto quälender bemächtigte sich seiner der ab-

> scheuliche Zustand, den die Seeluft zusammen mit dem Scirocco hervorbringen kann, und der zugleich Erregung und Erschlaffung ist. Peinlicher Schweiß brach ihm aus. Die Augen versagten den Dienst, die Brust war beklommen, das Blut pochte im Kopf." (S. 365)

Bedenkt man, wie haushälterisch Aschenbach mit seinen Kräften umzugehen pflegte und daß ihm das Reisen nur als eine "hygienische Maßregel" (S. 340) akzeptabel war, so scheint es unumgänglich, daß dieser Unzuträglichkeit durch "Vernunft und von jung auf geübte Selbstzucht" ein Ende gesetzt wird. Er vollzieht also den Entschluß zur Abreise.

> "Zum zweitenmal und nun endgültig war es erwiesen, daß diese Stadt bei dieser Witterung ihm höchst schädlich war. Eigensinniges Ausharren erschien vernunftwidrig,..." (S. 365)

Der Entscheidung, dieser als abdrängend empfundenen Äußerlichkeit Rechnung zu tragen, folgt ein Gefühl der Reue, die eine verstärkte Anziehung geltend macht. Was gestern Resultat einer vernünftigen Erwägung war, ist jetzt Produkt "eines kranken und unmaßgeblichen Zustandes" (S. 366).

"Vernunft" und "Selbstzucht", derer früher mit solcher Sicherheit gepflogen wurden, sind schwankend geworden, und eine Ambivalenz der Gefühle, die keiner der alternativen Möglichkeiten den Vorzug zu geben gestattet, stellt sich bei Aschenbach ein.

> "Der Reisende schaute, und seine Brust war zerrissen. Die Atmosphäre der Stadt, diesen leis fauligen Geruch von Meer und Sumpf, den zu fliehen es ihn so gedrängt hatte, - er atmete ihn jetzt in tiefen, zärtlich schmerzlichen Zügen." (S. 367)

Der Konflikt, so wie Aschenbach ihn für sich auf einen Nenner bringt, ist ein "Streitfall zwischen seelischer Neigung und körperlichem Vermögen" (S. 368), und von diesem bündigen Ausdruck her gelingt es ihm, diese Schwierigkeit in den Kategorien der Leistungsmoral zu reflektieren. Diesen von da aus geläufigen Streit hatte Aschenbach in der Weise gelöst, daß so Auseinanderstrebendes in Techniken des Kampfes übersetzt wurde und durch eine gezielte Ökonomie der Kräfte die Grenze des körperlichen Vermögens zugunsten der Neigung hinausgeschoben wurde, der aber dadurch jenes Gepräge des Heroischen zukam. So geschieht es, "(...), daß er die leichtfertige Ergebung nicht begriff, mit welcher er gestern, ohne ernstlichen Kampf, sie zu tragen und anzuerkennen beschlossen hatte." (S. 368) Es kommt daher zu dem unerwarteten Resultat, daß der Konflikt um eine unzuträgliche Äußerlichkeit sich zu einem Problem ausgewachsen hat, das auf der Höhe der Leistungsmoral entschieden werden muß. Umso gewichtiger scheint es von daher, daß ehemals Bewährtes hier versagt und Aschenbach beide sich ausschließenden Möglichkeiten zugleich will. "Er will es und will es nicht." (S. 368)

Was also aus der Leistungsmoral entspringende Wägung hätte ordnen sollen, entscheiden nun die Umstände, denen gegenüber Aschenbach das Heft aus der Hand gegeben hat. Zwar billigt er nachträglich deren Setzung, nicht abreisen zu können, dennoch bleibt eine Unzufriedenheit über seine "Unkenntnis der eigenen Wünsche" (S. 369).

Was an der Episode immer noch unverständlich bleibt, ist, warum dieser Konflikt solche Dimensionen annehmen konnte, daß er das auf der Leistungsmoral fußende Urteil zu labilisieren vermochte. Die "Unkenntnis der eigenen Wünsche", die von der zwiespältig geliebten Stadt provoziert schien, erhellt sich jedoch, als Aschenbach aus dem Fenster seines Hotelzimmers blickend den schönen Knaben ausmacht.

> "Aschenbach erkannte ihn aus seiner Höhe sofort, bevor er ihn eigentlich ins Auge gefaßt, und wollte etwas denken, wie: Sieh, Tadzio, da bist auch du wieder! Aber im gleichen Augenblick fühlte er, wie der lässige Gruß vor der Wahrheit seines Herzens hinsank und verstummte, - fühlte die Begeisterung seines Blutes, die Freude, den Schmerz seiner Seele und erkannte, daß ihm um Tadzio's willen der Abschied so schwer geworden war." (S. 370)

Die Stellung, die Aschenbach zu Tadzio einnimmt, läßt sich nun nicht mehr mit intellektuellen Urteilen, die eine nicht widerlegbare Schönheit konstatieren, beschreiben, vielmehr ist deren Basis zerstört, weil sie über keine Distanz mehr zu ihrem Objekt verfügen und weil sie im Verschwinden dieser Distanz das Verhältnis des Urteilenden zum Beurteilten nur mehr als "Unkenntnis der eigenen Wünsche" fassen können. An deren Stelle tritt die <u>Wahrheit des Herzens</u>, die der Wahrheit des Räsonnements einen <u>Innewerdungsprozeß</u> voraus hat. Dennoch sind jene intellektuellen Urteile und Erwägungen ganz unverzichtbar, denn erst durch ihren Vollzug kann diese Distanz überwunden werden und erst in dem Über-sie-Hinausgehen ist die Bedeutung der Schönheit Tadzios erfahrbar, In dem früher ausgeführten Sinne läßt sich hier von Inversion sprechen, und dieser Sinn wird am bündigsten zusammengefaßt in jenem: "Er will es und er will es nicht." Festzuhalten bleibt dabei vor allem dies: Nicht etwa aus einem Anflug von Schwäche heraus labilisiert sich die ästhetische Ethik, sondern wegen der strengen und konsequenten Anwendung ihrer Kategorien, die Tadzio Aschenbach so naherücken.

Von einem weiteren Aspekt her stellt sich diese Episode als Innewerdungsprozeß dar. Mit Recht war zunächst die Rede davon, daß dies unbestimmt Krankhafte, das den Entschluß zur Abreise erzwingt, der bisherigen Konstellation äußerlich war. Das Unverbundene wird jedoch verklammert, als Aschenbach damit sein körperliches Vermögen thematisiert und es seiner Neigung, die sich in der Wahrheit des Herzens als Tadzio erweist, gegenüberstellt. Diese Integration in eine Polarität der ästhetischen Ethik ist ganz Aschenbachs Leistung, und ihre Folge ist die Formung von akzidentiell Nebeneinanderliegendem zu einer innerlichen Einheit, deren Band nur die ästhetische Ethik sein kann. Damit hat Aschenbach das Stadium des Innewerdens abgeschlossen, er ist nun ergriffen und er stimmt dem zu durch eine Geste, die die Bereitschaft zum Ausdruck bringt, sich als passiv Empfangender zu verstehen.

> "Er saß still, ganz ungesehen an seinem hohen Platze und blickte in sich hinein, Seine Züge waren erwacht, seine Brauen stiegen, ein aufmerksames, neugierig geistreiches Lächeln spannte seinen Mund. Dann hob er den Kopf und beschrieb mit beiden schlaff über die Lehne des Sessels hinabhängenden Armen eine langsam drehende und hebende Bewegung, die Handflächen vorwärtskehrend, so, als deute er ein Öffnen und Ausbreiten der Arme an. Es war eine bereitwillig willkommen heißende, gelassen aufnehmende Gebärde." (S. 370)

Darin zeichnet sich die zweite Sequenz der von Paul Chastonay gegebenen Einteilung ab, in der Urteile im Lichte der Ergriffenheit gefällt werden, für die sich der Urteilende nicht mehr verantwortlich fühlt, die ihm vielmehr eingegeben scheinen. Mit Hilfe einer von Karl Wild angeführten Unterscheidung lassen sich diese beiden Sequenzen noch genauer voneinander abheben: Das Innewerden ist eine aktive "Betrachtung" (Wild 1934: 109 f), in der sich das Höchste als Resultat einer schlußfolgernden Tätigkeit erweist. Die Betrachtung ist eine Näherungsbewegung, die versucht, die Distanz, die zwischen dem Denkenden und seinem Resultat besteht, zu durchmessen und zu überwinden. Als überwunden kann sie gelten, wenn die aktive Betrachtung einer passiven "Beschauung" (vgl. S. 113) gewichen ist, die nur mehr empfängt. Den Urteilen kommt es in diesem Stadium lediglich zu, eine Ergriffenheit zu artikulieren, gleichwohl sind diese, weil über die Betrachtung hinausgeschritten wurde, die höchste Stufe des Denkens. Man kann dies bündig zusammenfassen als ein Erlöschen des Diskurses zum Gebet, wobei dessen Bedeutung gerade darin besteht, dieses Erlöschen anzuzeigen und in der Empfindung des Verlustes all das wieder zu versammeln, wozu es das diskursive Denken überhaupt nur bringen kann. Demgemäß charakterisiert Karl Wild die Beschauung als eine Erkenntnis, in der jedoch fehlt, was diese substantiell ausmacht:

> "So ziemlich allgemein ist man sich darüber einig, daß es ein Erkennen ist ohne schlußfolgernde Tätigkeit, kein diskursives Denken, ..." (S. 115)

Ich komme nun zur zweiten Sequenz.

6.2. Die Beschäftigung mit der Vollkommenheit im Lichte ihrer übernatürlichen Wahrheit: Die Ergriffenheit.

Im Zuge der Ergriffenheit beginnt sich für Aschenbach die Außenwelt umzugestalten. War es zunächst etwas unbestimmt Krankhaftes, das in die Konstellation zwischen Aschenbach und Tadzio integriert wurde, so präsentieren sich die äußeren Gegebenheiten jetzt als ideale Vervollständigung der Schönheit des Knaben.

> "Nun lenkte Tag für Tag der Gott mit den hitzigen Wangen nackend sein gluthauchendes Viergespann durch die Räume des Himmels, und sein gelbes Gelock flatterte im zugleich ausstürmenden Ostwind." (S. 370)

> "Dann schien es ihm (scil. Aschenbach, F.M.S.) wohl, als sei er entrückt ins elysische Land, an die Grenzen der Erde, wo leichtestes Leben den Menschen beschert ist, wo

nicht Schnee ist und Winter, noch Sturm und strömender Regen, sondern immer sanft kühlenden Anhauch Okeanos aufsteigen läßt ..." (S. 371)

"Ein Rosenstreuen begann da am Rande der Welt, ein unsäglich holdes Scheinen und Blühen, kindliche Wolken, verklärt, durchleuchtet, schwebten gleich dienenden Amoretten im rosigen, bläulichen Duft, ..." (S. 377)

Die entscheidende Frage scheint mir, ob sich das veränderte Gestaltungsprinzip von Aschenbachs Wahrnehmung aus dem Zusammenhang entwickeln läßt. War bislang von Gestaltungsprinzip die Rede, so war damit die strukturierende Tätigkeit der Leistungsmoral gemeint, die als Resultat jedoch die auf das ästhetisch Konsumierbare ausgerichtete "Verwöhntheit, Überfeinerung, Müdigkeit und Neugier der Nerven" hervorbrachte. Damit hatte Aschenbach ein (Selbst)Gestaltungsprinzip erzwungen, eine Wunschökonomie durchgesetzt, "(...), wie ein Leben voll ausschweifender Leidenschaft und Genüsse sie kaum hervorzubringen mag." Das in Rede stehende Kapitel der Novelle benennt dieses Strukturprinzip als "den heilig-nüchternen Dienst seines Alltags" (S. 371), dem sich Aschenbach in diesem Stadium nicht mehr unterzieht. An die Stelle des heilig-nüchternen Dienstes ist eine "heilig-entstellte Welt" (S. 377) getreten, die jene veränderte Wahrnehmung kennzeichnet. Wie bereits angeführt, ermöglicht es die naturhafte Schönheit Tadzios, daß Aschenbach seine ethisch-ästhetischen Vermittlungsleistungen in ihrer Unmittelbarkeit anschauen kann. Dieses Verlöschen der Vermittlung in der Unmittelbarkeit vollzieht Aschenbach nun auch an jenen äußeren Gegebenheiten, die sich ohne menschliches Zutun und damit ohne jene Schönheit schaffende Ethik zeigen, als wären sie Resultate menschlicher Schönheitsbemühungen. Auch hierin erweist der Übergang von der aktiven Betrachtung zur passiven Beschauung, vom Willen zur Vollkommenheit zu ihrer empfangenden Erfahrung.

"Nur dieser Ort verzauberte ihn, entspannte sein Wollen (Hervorhebung von mir, F.M.S.), machte ihn glücklich." (S. 371)

Das veränderte Gestaltungsprinzip in Aschenbachs Wahrnehmung läßt sich demgemäß als die Entspannung des Willens verstehen, weil dieser seine Resultate in ihrer Unmittelbarkeit beschauen darf.

Im Kontrast zur schlußfolgernden Betrachtung der ersten Sequenz zeigt sich der charakteristische Kern der Beschauung natürlich auch Tadzio gegenüber, dessen Erscheinung Aschenbach "Andacht und Studium" (S. 371) widmet. In diesem andächtigen Studium empfängt Aschenbach die Erkenntnis, die ihm als mythische Vorstellung schon einmal gegenwärtig war, daß Tadzio eine Entäußerung Gottes ist, und er vermag sich über diese Vorstellung sogar hinauszusetzen, weil er in dem Schöpfungswillen, der Tadzio hervorgebracht hat, seinen eigenen wiedererkennt. Dieser Schritt ist ganz analog dem von Meister Eckehart beschriebenen: Das Sterben der Wiedererkenntnis im ungezeugten Sohne führt zur Schöpfungskraft als solchen, zur Wiedererkenntnis im Vater.

> "Welch eine Zucht, welche Präzision des Gedankens war ausgedrückt in diesem gestreckten und jugendlich vollkommenen Leibe! Der strenge und reine Wille jedoch, der, dunkel tätig, dies göttliche Bildwerk ans Licht zu treiben vermocht hatte, - war er nicht ihm, dem Künstler, bekannt und vertraut? Wirkte er nicht auch in ihm, wenn er, nüchterner Leidenschaft voll, aus der Marmormasse der Sprache die schlanke Form befreite, die er im Geiste geschaut und die er als Standbild und Spiegel geistiger Schönheit den Menschen darstellte?" (S. 373)

Es ist also nicht der Leib als solcher, die naive Schönheit, die Aschenbach so bewegen, sondern das, was sie ausdrücken: "Zucht und Präzision des Gedankens". Wenn also Aschenbach diesen Leib entziffert, entziffert er eine Inschrift Gottes und findet darin ein Bedeutungssystem wieder, das als Resultat der ästhetischen Ethik zugleich das seinige ist: "Form" und "geistige Schönheit". Diese können nur Äußerungen eines Willens sein, Äußerungen des Willens, der sich bei Aschenbach als "nüchterne Leidenschaft" Gestalt gegeben hat. Durch all seine Entäußerungen und Gestaltwerdungen hindurch - die Mannigfaltigkeit seiner Bestimmungen, wie Eckehart dies ausgedrückt hatte - erblickt Aschenbach diesen Willen als reine Schöpfungskraft.

Standbild und Spiegel sind daher die Chiffren der Beschauung: Standbild als reale Entäußerung dieses Willens, als die mühsame Vermittlung, die "aus der Marmormasse der Sprache die schlanke Form befreit(e)"; Spiegel als das Wiedererkennen jenes Standbildes in ungezeugter Schönheit, das Verlöschen der Vermittlung in der Unmittelbarkeit.

> "Standbild und Spiegel! Seine Augen umfaßten die edle Gestalt dort am Rande des Blauen, und in aufschwärmendem Entzücken glaubte er mit diesem Blick das Schöne selbst zu begreifen, die Form als Gottesgedanken, die eine und reine Vollkommenheit, die im Geiste lebt und von der ein menschliches Abbild hier leicht und hold zur Anbetung aufgerichtet war. Das war der Rausch; und unbedenklich, ja gierig hieß der alternde Künstler ihn willkommen." (S.373)

Auch hier muß man darauf hinweisen, daß Standbild und Spiegel sich streng genommen ausschließen. Auch dieses Verhältnis ist also eines der Inversion, denn beides soll zugleich gelten. Jaspers hatte zu den vergleichbaren Bemühungen von Cusanus angemerkt, daß das vermittelnde Denken den äußerst möglichen Punkt zu erreichen versucht, um dann abzubrechen und festzustellen, daß sich all das, was gedacht wurde, und noch mehr ganz unmittelbar in Gott zusammenfindet. Warum wird aber dann überhaupt gedacht, wenn das Unmittelbare nie aus dem Vermittelten ableitbar ist? Es geht zum einen darum, eine Gottes<u>vorstellung</u> zu entfalten, d.h. seine Entäußerungen zu entziffern und ihm so als irreduzible Substanz aller seiner Inschriften näher zu kommen, zum anderen aber geht es darum, diese Vorstellung so umfänglich wie nur möglich zu gestalten, d.h. die Vermittlung sich immer wieder an seiner Unmittelbarkeit brechen zu lassen, um so durch den Verlust sein Über-alle-Maßen darzustellen. Man kann die angeführten Momente darin zusammenfassen, daß die Vermittlung, die ja eine Negation der Unmittelbarkeit bedeutet, jene nicht zum Verschwinden bringen soll, sondern vielmehr dem nicht anders artikulierbaren Lobpreis von ihr dienen soll. Das diskursive Denken erlischt, wie es bei Karl Wild implizit zum Ausdruck kam, zum Gebet. Von hier aus ist es leicht einzusehen, daß das Wesen des Gebets nicht in dem bestehen kann, was es im strengen Sinne zum Ausdruck bringt, sondern darin, was an Ausdruck zurückgelassen worden ist. So kann das Gestammel die Folge des hellsichtigen Denkens sein, weil es von der freiwilligen Vernichtung jeglichen Ausdrucks zeugt. Rudolf Otto hat hierzu eine Illustration gegeben, wenn er darlegt, daß der Hymnus, der Lobpreis Gottes, sich Worten bediene, die eigentlich nur eine Aneinanderreihung von Negationen seien, in denen nichts stehe (Otto 1921: 43).

Aschenbach steht erst vor dieser Schwelle zur Sprachlosigkeit, und er resümiert zunächst einmal in Sokrates den Gedanken, "(...), daß der Liebende göttlicher sei als der Geliebte, weil in jenem der Gott sei, nicht aber im anderen, - ..."(S. 374). Dieses Resümee ist uns aus dem Vorangegangenen bereits geläufig, denn nur der Liebende, der den strengen und reinen Willen aus seinen eigenen Bemühungen heraus kennt, kann Schönheit ermessen, und in Kenntnis dessen ist er der göttlichen Schöpfungskraft näher als der, der Schönheit hat. Von Tadzio wird daher später als dem "gedankenlosen Gegenstand" (S. 378) gesprochen, und mit scheint, daß in diesem Stadium das Verhältnis von Aschenbach und Tadzio durch nichts besser zu charakterisieren ist, als daß der eine, Tadzio, Inschrift ist, die sich selbst fremd ist, und der andere, Aschenbach, den Schlüssel zu ihrer Entzifferung hat.

Aschenbach steht nun auf dieser Schwelle zur Sprachlosigkeit, als er zu schreiben wünscht.

> "Glück des Schriftstellers ist der Gedanke, der ganz Gefühl, ist das Gefühl, das ganz Gedanke zu werden vermag. Solch ein pulsender Gedanke, solch genaues Gefühl gehörte und gehorchte dem Einsamen damals: nämlich, daß die Natur vor Wonne erschaure, wenn der Geist sich huldigend vor der Schönheit neige. Er wünschte plötzlich zu schreiben." (S. 374)

Dieser Wunsch kann nur eine flüchtige Nahtstelle zur Sprachlosigkeit sein, denn: Wenn der Gedanke ganz Gefühl geworden ist, kann er dann noch als Gedanke identifiziert werden? Kann das Gefühl, das ganz Gedanke geworden ist, noch als solches erkannt werden? Die "anderthalb Seiten erlesener Prosa" (S. 375), die Aschenbach formt, sind also Gebet in dem ausgeführten Sinne, und es ist ganz ausgeschlossen, daß dies, wie Hermann Luft meint, Ausgangspunkt zu neuer, erleuchteter Produktion werden könne. In das Gebet geht von vorneherein das Bewußtsein des Mangels ein, daß das eigentlich Unsagbare nur gepriesen, nicht aber ausgeschöpft werden kann. In der letzten Begegnung mit Tadzio innerhalb dieser Sequenz überschreitet Aschenbach daher die Schwelle zur Sprachlosigkeit.

> "Er war schöner, als es sich sagen läßt, und Aschenbach empfand wie schon oftmals mit Schmerzen, daß das Wort die sinnliche Schönheit nur zu preisen, nicht wiederzugeben vermag." (S. 379)

War in dieser Sequenz bisher nur die eine Seite von Tadzios Vollkommenheit zur Sprache gekommen, seine Schönheit, so tritt zu ihr jedoch auch noch der andere Teil der Polarität bzw. Gefühlsambivalenz: das Trotzdem. Im Unterschied zur ersten Sequenz, in der Aschenbach Indizien für diese Wahrnehmung in Tadzios äußerer Erscheinung gesucht hatte (seine Blässe, die Zähne), entspringt sie diesmal ausschließlich dem veränderten Gestaltungsprinzip, der "heilig-entstellten Welt" also, in der er "zarte Fabeln" (S. 377) träumt. In einer dieser zarten Fabeln imaginiert Aschenbach konsequent zu Ende, was in seine Blickwahrnehmung schon eingegangen war, daß nämlich Tadzio kein langes Leben beschieden sein kann.

> "(...), und Hyakinthos war es, den er zu sehen glaubte und der sterben mußte, weil zwei Götter ihn liebten. (...); er sah die Wurfscheibe, von grausamer Eifersucht gelenkt, das liebliche Haupt treffen, er empfing, erblassend auch er, den geknickten Leib, und die Blume, dem süßen Blute entsprossen, trug die Inschrift seiner unendlichen Klage ..." (S. 377 f)

Diese Imagination ist dieselbe Produktion wie die der Blickwahrnehmung und auch der Vorwurf, daß man es hier nun endgültig mit Phantastereien des alternden Künstlers zu tun hat, ist nicht stichhaltig. Phantasterei, in gewisser Weise auch Imagination, legen nahe, daß es sich um eine Betrachtung Aschenbachs handelt, die eine 'realistischere' Sichtweise unzulässig verfehlt. Folgendes Argument spricht dagegen:

> "Allein es war wohl an dem, daß der Alternde die Ernüchterung nicht wollte, daß der Rausch ihm zu teuer war." (S. 376)

Ernüchterung könnte nur bedeuten, daß Aschenbach auf den Stand zurückkehrt, von dem er ausgegangen war. Die ästhetische Ethik nun aber hatte es von vorneherein darauf angelegt, ein imaginiertes Wunschobjekt zu realisieren und sich von einem ebenso imaginierten verworfenen Objekt abzusetzen. Mag nun auch vor dem Hintergrund des Rausches der Ausgangspunkt Aschenbabhs als der nüchterne erscheinen, so darf dabei nicht vergessen werden, daß diese Nüchternheit auf gleichermaßen imaginativen Prinzipien beruht wie es der Rausch tut. Man sollte sich davor hüten, dieser Ernüchterung eine Bedeutung beizumessen, die ihr mancher Interpret gerne geben würde, diese tut hier nichts zur

Sache. Halten wir also fest, daß Nüchternheit und Rausch zwei Selbstgestaltungsprinzipien Aschenbachs sind, die das, was uns als realistischere Betrachtung scheinen mag, z.B. ein realistischer Umgang mit den eigenen knapp bemessenen Kräften, oder eine nüchterne Sicht Tadzios, der so schön gar nicht sein kann, sogar systematisch verfehlen will, weil andernfalls die Imagination abgeschnürt würde. Diese Imagination, die ich früher spezifischer als Wunschökonomie bezeichnet habe, erzeugt also erst das, was für Aschenbach Realität heißt: das "Große als Trotzdem", den "Heroismus der Schwäche", die "Vollkommenheit". Man mag dies daran ablesen, daß Aschenbachs Realitätswahrnehmung, z.B. im Blick, garnicht anders funktioniert als nach diesen Prinzipien.

Die Hyakinthosimagination, ich komme also zum Ausgangspunkt zurück, thematisiert die Kehrseite des Gebetes. Hatte Aschenbach in jenen anderthalb Seiten die unausschöpfbare Kluft zum Angebeteten als dessen Lobpreis dargestellt, so wandelt sich das Gebet zur Klage, wenn es das notwendige Zurückweichenmüssen vor dem geliebten Objekt in sich aufnimmt. Beidesmal, von verschiedenen Seiten jedoch, geht es darum, die Unüberbrückbarkeit zu artikulieren, die auch durch den Verlust, den Verlust des Gefühls in den Gedanken bzw. vice versa hier, den Verlust als unvermeidlichen Tod da, nicht abgegolten werden. So kommt jener Kluft wiederum die Doppelwertigkeit der Bedeutung zu, die sich in der ersten Sequenz als Polarisierung und Ambivalenz zeigte: Sind die anderthalb Seiten Aschenbachs "Inschrift der unendlichen Sehnsucht", so ist die Blume, die aus dem Blut des Hyakinthos erwächst, die "Inschrift seiner unendlichen Klage". Es existieren also zwei Weisen, dem Verhältnis zur "eine(n) und reine(n) Vollkommenheit" Ausdruck zu geben: das Gebet als Sehnsucht und Klage.

Diese zwei Seiten scheint nun Aschenbach in seinem Blick zusammenzufassen, als er in der Blässe Tadzios, die ihm Anlaß gegeben hatte, ihn für krank zu halten, nun aber dessen Schönheit sieht.

> "(...); doch schien er blässer heute als sonst, sei es infolge der Kühle oder durch den bleichenden Mondschein der Lampen. Seine ebenmäßigen Brauen zeichneten sich schärfer

> ab, seine Augen dunkelten tief. Er war schöner als es sich sagen läßt, ..." (S. 379)

Diese Zusammenfassung ist ganz die Produktion Aschenbachs, und in ihr bereitet sich vor, wie man noch sehen wird, daß die auseinanderstrebenden Polaritäten zur Unteilbarkeit verschmolzen werden. Zunächst faßt Aschenbach aber diese Unteilbarkeit in einem Gefühl der Ergriffenheit zusammen, das vor dem Hintergrund der ambivalenten Gefühlsregung ein neues Stadium bedeutet.

> "Er (scil. Aschenbach, F.M.S.) warf sich auf eine Bank, er atmete außer sich den nächtlichen Duft der Pflanzen. Und zurückgelehnt, mit hängenden Armen, überwältigt und mehrfach von Schauern überlaufen, flüsterte er die stehende Formel der Sehnsucht, - unmöglich hier, absurd, verworfen, lächerlich und heilig doch, ehrwürdig auch hier noch: 'Ich liebe dich!'" (S. 379)

Diese Formel ist eine Vereinigung extrem polarer Spannungsfelder, und ihre Spezifität erhält sie nicht etwa daraus, daß eines dieser Felder ein Übergewicht erhält, sie faltet vielmehr in fast unerträglicher Gleichgewichtigkeit die berechtigung des einen, wie auch des anderen in ihrem Inneren auf und sie bringt damit das Widerstrebende auf den einen Nenner der Ergriffenheit. Damit ist auch ein neues Stadium der Verinnerlichung der bisherigen Konstellation angezeigt, denn Aschenbach macht keine Beobachtungen mehr an seinem Objekt, die er in die eine oder andere Richtung sortiert und aus ihnen Schlüsse zieht, er nimmt dies im Gegenteil alles auf sich selbst zurück und macht seine Person zu dem Ort, an dem sich alle Gegenläufigkeiten zusammenfinden.

Schon einmal war die Rede von einer "neuen Vereinigung" polarer Momente bei Aschenbach, es handelte sich hier um das "Wunder der wiedergeborenen Unbefangenheit". Das überraschende Resultat dieses Wunders war der Tatbestand, daß Strömungen, die Aschenbach quälten und zerrissen, in eine neue ästhetische Voluptas umgewandelt wurden. Diese Fragestellung muß auch für hier übernommen werden, denn die Vereinigungsformel trägt noch alle Züge einer Zwangssynthese, eines Zusammenbruchs, an sich. Die Frage ist also, ob Aschenbach auch aus dieser neuen Vereinigung Voluptas schöpfen kann und ob er sich gegenüber 'feindlichen' Äußerlichkeiten, damals die Schwäche der anderen, jetzt das unbestimmt Krankhafte in Venedig, das seine Physis so beansprucht, als inneres Zentrum dieser Gesamtkonstellation wird behaupten können. Dies muß die Darstellung der dritten Sequenz beantworten.

6.3. Die Hingabe an die Vollkommenheit: Das Wunder der wiedergeborenen Schönheit.

War Aschenbach in der zweiten Sequenz mit glücklichen Imaginationen geradezu verwöhnt worden, so beginnt die dritte damit, daß er "einige die Außenwelt betreffende unheimliche Wahrnehmungen" (S. 379) macht. Als Ursache dieser Unheimlichkeit bringt Aschenbach ein nicht näher benanntes "Übel" (S. 380) in Erfahrung, das er bei genauerer Rekonstruktion seiner Wahrnehmungen als bereits eine ganze Weile schon existentes erkennt.

> "Aber beim Tee, an seinem eisernen Rundtischchen auf der Schattenseite des Platzes sitzend, witterte er plötzlich in der Luft ein eigentümliches Arom, von dem ihm jetzt schien, als habe es schon seit Tagen, ohne ihm ins Bewußtsein zu dringen, seinen Sinn berührt, - einen süßlich-offizinellen Geruch, der an Elend und Wunden und verdächtige Reinlichkeit erinnerte. Er prüfte und erkannte ihn nachdenklich, ..." (S. 380)

Der Charakter dieses Übels erschließt sich Aschenbach nur indirekt aus einem beschönigenden Erlaß der Stadtverwaltung und ebenso beschönigenden Antworten Befragter. Als Aschenbach im Hotel Zeitschriften zu Rate zieht, wissen wir nicht, was er diesen Zeitschriften entnehmen kann.

> "Die heimatlichen verzeichneten Gerüchte, führten schwankende Ziffern an, gaben amtliche Ableugnungen wieder und bezweifelten deren Wahrhaftigkeit." (S. 381)

Aschenbach meint nun, daß das, was wir nicht wissen, verschwiegen werden müsse. Aus den darauf folgenden Gefühlsreaktionen läßt sich umstandslos entnehmen, daß ein Bogen zur ersten Sequenz zurück geschlagen wird: Aschenbach empfindet dasselbe dem geheimnisvollen Übel gegenüber, was er bereits Tadzios Kränklichkeit gegenüber empfunden hatte.

> "Aber zugleich füllte sein Herz sich mit Genugtuung über das Abenteuer, in welches die Außenwelt geraten wollte." (S. 381)

Die Ahnung, daß ein Vorbote dieses Übels Aschenbach jene physische Unzuträglichkeit, die beinahe zu seiner Abreise geführt hätte, bereitet hat, wird zwar nicht bestätigt, Unzuträglichkeit und Übel erhalten jedoch innerhalb Aschenbachs Bedeutungskonstellation denselben Wert. Aschenbachs Abreise war durch Umstände vereitelt worden, die ihm im nachhinein als glückliche und damit zu bejahende erschienen. Durch das geheimnisvolle Übel steht zwar nicht Aschenbachs, wohl aber Tadzios mögliche Abreise zur Disposition. Wiederum kommen glückliche Umstände Aschenbach zu Hilfe - die obrigkeitliche Bemäntelung -, aber er bejaht nachdrücklich all das, was diese Abreise verhindert. Unter umgekehrten Vorzeichen wird also derselbe Schritt vollzogen, und auch hier führt dies dazu, daß unheimliche Äußerlichkeiten in die Innenwelt Aschenbachs integriert werden.

> "So empfand Aschenbach eine dunkle Zufriedenheit über die obrigkeitlich bemäntelten Vorgänge in den schmutzigen Gäßchen Venedigs, - dieses schlimme Geheimnis der Stadt, das mit seinem eigensten Geheimnis verschmolz, und an dessen Bewahrung auch ihm so sehr gelegen war. Denn der Verliebte besorgte nichts, als daß Tadzio abreisen könnte, und er erkannte nicht ohne Entsetzen, daß er nicht mehr zu leben wissen werde, wenn das geschähe." (S. 381)

Wir dürfen nun zwar davon ausgehen, daß das Übel mit Aschenbachs Verhältnis zu Tadzio verschmolzen ist, ebenso müssen wir aber immer noch festhalten, daß Aschenbachs Zustimmung zu dieser Bemäntelung eigentlich nur eine Minimalbedingung betrifft, daß nämlich der schöne Knabe nicht Aschenbachs Nähe entzogen werde. Betrachten wir diese Minimalbedingung als ersten, so wird sich zeigen, daß Aschenbach für sich in drei Schritten samt ihrer darauffolgenden 'Erprobung' durch die Wahrnehmung vollzieht, was sich als das Herausschälen der "geistige(n) Physiognomie" [24)] des Übels erweisen wird. Diese geistige Physiognomie ist im herausgestellten Sinne Produkt der Imagination Aschenbachs und zwar der an die ästhetische Ethik gebundenen Imagination.

Hält man hier noch einmal kurz inne und blickt zurück, so kann man feststellen, daß durch diesen ersten Schritt ein langwieriger Verwandlungsprozeß angeschlossen ist, in dessen Verlauf disparate Anteile der Innerlichkeit und vor allem zufällige Äußerlichkeiten zu Bedeutungspartikeln in ein und derselben Konstellation aufgehoben sind. Daß Aschenbachs Innerlichkeit sich dergestalt formiert hat, mag nicht verwunderlich sein, denn die ästhetische Ethik hat dies alles immer schon mit dem Netz ihres Bedeutungssystems überzogen. Seine Wahrnehmung der Äußerlichkeiten vervollständigt diese `Totalisierungstendenz', denn ihre Arbeitsweise ist nicht mehr selektiv und disjunktiv, wie wir das von der "Verwerfung des Verworfenen" her kennen, sie funktioniert vielmehr wie eine Codierungsapparatur, die akzidentiellen Umständen ihren Stempel aufprägt und sie direkt als erneuten Bedeutungspartikel konsumiert. Ich behaupte, daß in diesem Stadium der Novelle kein Ereignis mehr existiert, das nicht vor dem Hintergrund dieses Einverleibungsprozesses interpretationsfähig wäre.

Die Elemente der Konstellation können sich nun zu einer Einheit ordnen, deren Ordnungsprinzip dasselbe ist wie das der Vereinigungsformel der Sehnsucht: gleichgewichtige Entfaltung widerstrebender Elemente im selben Augenblick. Einheit meint hier allerdings erst örtliche und zeitliche Koinzidenz, deren Erschließung aber Aschenbachs Wahrnehmungsleistung möglich macht. Diese Koinzidenz ist, ähnlich dem Offenbarungstraum am Meer, an einen heiligen Ort verlagert, in die Kirche[25].

> "(...); er (scil. Aschenbach, F.M.S.) erriet, daß sie (scil. Tadzio und seine Familie, F.M.S.) die Messe in San Marco besuchten, er eilte dorthin, und aus der Glut des Platzes in die goldene Dämmerung des Heiligtums eintretend, fand er den Entbehrten, über ein Betpult gebeugt, beim Gottesdienst. (...) Vorn wandelte, hantierte und sang der schwergeschmückte Priester, Weihrauch quoll auf, er umnebelte die kraftlosen Flämmchen der Altarkerzen, und in den dumpf-süßen Opferduft schien leise sich ein anderer zu mischen: der Geruch der erkrankten Stadt. Aber durch Dunst und Gefunkel sah Aschenbach, wie der Schöne dort vorn den Kopf wandte, ihn suchte und ihn erblickte." (S. 381)[26]

Die Plazierung dieses Geschehens gewährleistet, daß sich das gleichgewichtige Spannungsfeld, bezeichnet als "unmöglich hier, absurd, verworfen, lächerlich und heilig doch, ehrwürdig auch hier noch", wiederum aufspannt. Die Frage ist, wie Aschenbach diese Zusammenbündelung polarer Energien konsumiert. Mag diese Zusammenfassungsleistung in der Wahrnehmung auch unumgänglich sein, so bleibt dennoch offen, ob sie Lust oder Unlust bereitet.

> "Dennoch kann man nicht sagen, daß er litt (Hervorhebung von mir, F.M.S.). Haupt und Herz waren ihm trunken, und seine Schritte folgten den Weisungen des Dämons, dem es Lust ist, des Menschen Vernunft und Würde unter seine Füße zu treten." (S. 382)

Nicht, daß Aschenbach etwa nicht wüßte, daß all dies unter die Füsse getreten wird, vielmehr scheint es ihm in seinem Selbstresümee, in dem er die fiktive Mißbilligung seiner Vorfahren zurückweist, daß seine Handlungsweise bis hin zu den Erniedrigungen in sich geschlossen und konsequent sei.[27)]

> "Zahlreiche Kriegshelden der Vorzeit hatten willig sein Joch (scil. das Joch des Gottes Eros, F.M.S.) getragen, denn gar keine Erniedrigung galt, die der Gott verhängte, und Taten, die als Merkmale der Feigheit wären gescholten worden, wenn sie um anderer Zwecke willen geschehen wären: Fußfälle, Schwüre, inständige Bitten und sklavisches Wesen, solche gereichten dem Liebenden nicht zur Schande, sondern er erntete vielmehr noch Lob dafür." (S. 384)

Wer also ist dieser Dämon, ist es Eros oder ist es eine "höhnische(n) Gottheit" (S: 392), wie es später heißt? Die lichte Klarheit der Gotteserlebnisse ist also von Aschenbach gewichen und die Sinne sind umnachtet[28)]. Ununterscheidbar ist es von daher, ob dieser Weg göttlich oder teuflisch ist und ebenso undifferenziert ist die Konsumtion dieser Zusammenbündelung: Weder leidet Aschenbach, noch empfindet er Glück, und dennoch verspürt er beides zugleich und in einem. Eine formlose Intensität, die in einer polaren Tabelle nicht mehr ortbar ist, beherrscht ihn und wird Trunkenheit und Rausch genannt oder schärfer noch: "Passion" (S. 382), also Leiden und Leidenschaft.

Einen weiteren, den zweiten, Schritt unternimmt Aschenbach nun, sich der geistigen Physiognomie des Übels zu nähern. Unbestimmt ist noch das Wie, aber sicher ist es, daß die Wahrheit des Herzens mit der des Übels, das nun zum ersten Mal "Seuche" (S. 384) genannt wird, zusammenfließen kann: Aschenbach erschließt sich Hoffnungen aus dem Übel, die seine Leidenschaft befördern.

> "Aber zugleich wandte er beständig eine spürende und eigensinnige Aufmerksamkeit den unsauberen Vorgängen im Inneren Venedigs zu, jenem Abenteuer der Außenwelt, das mit dem seines Herzens dunkel zusammenfloß und seine Leidenschaft mit unbestimmten, gesetzlosen Hoffnungen nährte. Versessen darauf, Neues und Sicheres über den Stand und Fortschritt des Übels zu erfahren, durchstöberte er in den Kaffeehäusern der Stadt die heimatlichen Blätter, (...) Gewißheit war nicht zu erlangen." (S. 384)

Die Annäherung an das Übel trägt also alle Züge einer Erschließung, in der die innere Wahrheit sich in einer äußeren wiederfinden will. Durch diesen Zusammenhang ist sich Aschenbach "(...) eines besonderen Anrechtes bewußt, an dem Geheimnis teilzuhaben, ..." (S. 384). Diese Erschließung wird also eine vollständige Kenntnis der eigenen Wünsche erbringen, wie man in Anlehnung an das Problem der ersten Sequenz sagen kann, ein Problem, vor dem Aschenbach damals versagt hatte. "Er will es und will es nicht.", hieß es damals und die Entscheidung der Umstände hatte Aschenbach mit einer Art von Gelächter quittiert.

> "Eine abenteuerliche Freude, eine unglaubliche Heiterkeit erschütterte von innen fast krampfhaft seine Brust." (S. 368)

Wiederum stoßen wir auf ein derartiges Lachen, das sich als "Kompromiß-Haltung"[29] zwischen Anziehung und Abstoßung, Wollen und Nicht-Wollen verstehen läßt. Subjekt dieses Lachens ist jedoch nicht mehr Aschenbach, denn er bildet keine Kompromisse mehr zwischen Leidenschaft und Ekel, sondern konsumiert diese als "Passion", Subjekt dieses Lachens ist nun die Hotelgesellschaft, angesteckt durch die Darbietungen eines gitarrespielenden Komödianten.

> "(...) sein Kunstlachen, unverschämt zur Terrasse emporgesandt, war Hohngelächter. Schon gegen das Ende des artikulierten Teils der Strophe schien er mit einem unwiderstehlichen Kitzel zu kämpfen. Er schluchzte, seine Stimme schwankte, er preßte die Hand gegen den Mund, er verzog die Schultern, und im gegebenen Augenblick brach, heulte und platzte das unbändige Lachen aus ihm hervor, mit solcher Wahrheit, daß es ansteckend wirkte und sich den Zuhörern mitteilte, daß auch auf der Terrasse eine gegenstandslose Heiterkeit um sich griff." (S. 388)

Das Lachen entwickelt sich aus einer undifferenzierten Gefühlsäußerung heraus, die dem Weinen und damit dem Schmerz ebenso nahesteht, und es setzt jenem undifferenzierten Gemisch ein Ende, ohne allerdings die Zweideutigkeit mit der es behaftet ist, abstreifen zu können. Aschenbach aber vertieft jene Zweideutigkeit, indem er in der Apathie verharrt, zu der der Drang nach Hin- oder Wegbewegung geronnen ist.

> "Aschenbach ruhte nicht mehr im Stuhl, er saß aufgerichtet wie zum Versuche der Abwehr oder Flucht. Aber das Gelächter, der heraufwehende Hospitalgeruch und die Nähe des Schönen verwoben sich ihm zu einem Traumbann, der unzerreißbar und unentrinnbar sein Haupt, seinen Sinn umfangen hielt." (S. 388)

In dieser Apathie selbst liegt die "Wahrheit", von der sich das Gelächter nur vorläufig und unzureichend distanzieren kann. Diese Wahrheit ist nichts anderes als eine "Identität von Lust und Schmerz"[30] und Aschenbach setzt diese in einen Tadzio geltenden Blick um, der vom Ende der polarischen Wahrnehmung zeugt.

> "In der allgemeinen Bewegung und Zerstreuung wagte er es, zu Tadzio hinüberzublicken, und indem er es tat, durfte er bemerken, daß der Schöne, in Erwiderung seines Blickes ebenfalls ernst blieb, ganz so, als richte er Verhalten und Miene nach der des anderen und als vermöge die allgemeine Stimmung nichts über ihn, da jener sich ihr entzog. Diese kindliche und beziehungsvolle Folgsamkeit hatte etwas so Entwaffnendes, Überwältigendes, daß der Grauhaarige sich mit Mühe enthielt, sein Gesicht in den Händen zu verbergen. Auch hatte es ihm geschienen, als bedeute Tadzios gelegentlich Sichaufrichten und Aufatmen ein Seufzen, eine Beklemmung der Brust. 'Er ist kränklich, er wird wahrscheinlich nicht alt werden', dachte er wiederum mit jener Sachlichkeit, zu welcher Rausch und Sehnsucht bisweilen sich sonderbar emanzipieren; <u>und reine Fürsorge zugleich mit einer ausschweifenden Genugtuung erfüllte sein Herz</u>." (Hervorhebung von mir, F.M.S.) (S. 388 f)

Die Hinnahme dieses Gemisches (Schmerz, "Sachlichkeit", "Sehnsucht", "Rausch", "Fürsorge", "ausschweifende Genugtuung") macht Aschenbach bereit für das, was die Novelle den letzten "Schritt zur Versuchung der Außenwelt" nennt (S. 389), und die Wahrheit, die dabei Gestalt erhält, spannt einen weiten Bogen zum Anfang zurück, zu Aschenbachs Vision der "Urweltwildnis", der das Übel, die Cholera, entstammt.

> "Erzeugt aus den warmen Morästen des Ganges-Deltas, aufgestiegen mit dem mephitischen Odem jener üppig-untauglichen, von Menschen gemiedenen Urwelt- und Inselwildnis, in deren Bambusdickicht der Tiger kauert, hatte die Seuche (...) andauernd und heftig gewütet, ..." (S. 309)

Bereits anfänglich habe ich diese Symbolleistung (d.h. "geistige Physiognomie") dieser "Urweltwildnis" als Willen zur Formlosigkeit bezeichnet. Ihm, dem eigentlichen Widerpart des Willens zur Form, hatte Aschenbach in seiner Anfechtung kurzzeitig zugestimmt. Diese "geistige Physiognomie"[31)] deckt genau jenen Bereich ab, den Aschenbach für sich als innere Wahrheit erschließt. Die innere Wahrheit folgt nur der Logik von Aschenbachs Imagination und löst sich gerade nicht auf in das, was wir als die biologisch-naturwissenschaftliche Wahrheit der Natur der Krankheit etc. bezeichnen würden. Kurz: Die Symbolleistung entspringt nicht der Natur, sondern der Imagination der ästhetischen Ethik. In jener wohl doch spezifischen historischen Vereinnahmung der Natur zeichnet sich das <u>biologisierende</u> Dispositiv ab, von dem bereits die Rede war und das ich im Anschluß an diese Ausführungen noch weiter ausdifferenzieren werde.

Der Bezug dieser "Urweltwildnis" zum Menschen wird nun ebenfalls präzisiert, denn sie ist Krankheitsherd, und die Wucherung der Formlosigkeit pflanzt sich so durch <u>Ansteckung</u> fort. Dieser infektiöse Charakter des Willens zur Formlosigkeit gibt diesem eine epidemische Kraft, daher wird Geformtes deformiert und Zucht in Unzucht verwandelt: in Natur zurückverwandelt, was sich von Natur entfernen wollte. Auch dieser Verwandlungsprozeß ist Teil der "geistigen Physiognomie", denn es kann nicht Folge eines biologischen Vorgangs sein, daß Infektion "<u>Entsittlichung</u>" bedeutet.

> "Die Cholera "(...) brachte eine gewisse Entsittlichung der unteren Schichten hervor, eine Ermutigung lichtscheuer und antisozialer Triebe, die sich in Unmäßigkeit, Schamlosigkeit und wachsender Kriminalität bekundete. Gegen die Regel bemerkte man abends viel Betrunkene; bösartiges Gesindel machte, so hieß es, nachts die Straßen unsicher; räuberische Anfälle und selbst Mordtaten wiederholten sich, (...); und die gewerbsmäßige Liederlichkeit nahm aufdringliche und ausschweifende Formen an,..." (S. 391)

In dieser Krankheit haben wir, rückblickend zusammengefaßt, den höchsten Ausdruck dessen vor uns, was die ästhetische Ethik zu verwerfen trachtete, denn sie <u>ist</u> die unzulängliche und, wenn man ihr zustimmt, die unsittliche Natur. Nachdrücklich erweist sich damit, was ich anfänglich schon herauszustellen versucht habe: Die ästhetische Ethik inauguriert Körperbilder, so daß der Körper gemäß imaginativen Prinzipien erschlossen wird. Daß diese Imagination an dem vorbeigeht, was vielleicht die biologische Wahrheit sein könnte, ist der Kern der Sache, denn der Körper wird als Wunschterritorium entdeckt und erschlossen. Wenn ich hier von Wunsch spreche, dann in dem Sinne, wie ich jene Wunschökonomie ausgeführt habe, einer Produktion und Konsumtion des Wunsches in einem.

Wie es nun zu diesem höchsten Ausdruck des ehedem Verworfenen gekommen ist, soll unter dem Blickwinkel der Erschließung des Wunschterritoriums Körper rekapituliert werden. Mit dem Willen zur Form und dem Willen zur Formlosigkeit standen sich ursprünglich zwei kraß gegeneinander abgegrenzte Selbstgestaltungsprinzipien gegenüber, deren Gleichgewichtigkeit nur in Techniken des Kampfes organisierbar war: Der Kampf mit dem und gegen den eigenen Körper. Die Entscheidung zugunsten des erstrebten Formwillens war ein Sieg über den Widerpart, der jedoch allzeit präsent blieb und, wie es die Anfechtung gezeigt hatte, allzeit als Wunschobjekt aktualisierbar war. Es wurden also in diesem Stadium zerrissene Einheiten, disjunktive Synthesen, gebildet, die in erster Linie Zeugnis von der Energie, die dieser Disjunktion entsprang, ablegten. Durch das "Wunder der wiedergeborenen Unbefangenheit", mit dessen Hilfe jene Körpertechnik ihre Resultate ästhetisch konsumieren durfte, wurde die Hypothese einer verbindenden Einheit, einer konjunktiven Synthese vorbereitet. Diese Hypothese nahm erste Gestalt an in der Doppelgesichtigkeit der Form, von der es hieß, daß man ihr nicht mehr ansehen könne, ob sie einem Willen zur Form und deshalb der Sittlichkeit oder aber einem Willen zur Formlosigkeit und deshalb der Unsittlichkeit entstammt. In Tadzio ist nun diese Hypothese fleischgeworden, und seine Vollkommenheit läßt sich in die gesamte Formation der ästhetischen Ethik zerlegen. In dieser Vermittlung des Unmittelbaren erweist sich Tadzio als die Inschrift Gottes, in dessen zugleich formvollendetem und formlosem Willen sich Aschenbach wiedererkennt. In dem Maße, in dem Aschenbach die Orientierung innerhalb von

Disjunktionen zugunsten seiner inneren Wahrheit verliert, erlöschen die disjunktiven Synthesen. An ihre Stelle treten verbindende Einheiten, die ehedem disjunktive Qualitäten als qualitätslose Intensitäten konsumieren. Diese Konsumtion ist nun wirklich Versöhnung, denn die qualitätslosen Intensitäten kennen nicht mehr den Gegensatz von Anziehung und Abstoßung. Diese Versöhnung wird durch körperliche Sensationen, Gefühlszustände und Blickwahrnehmungen, geleistet. Mag es auch scheinen, daß solche Sensationen nur durch Außenreize induzierbar sind, noch im Moment der Wahrnehmung jedoch sind sie auf ihre innere Wahrheit zurückgeführt und sind zu Partikeln einer Introspektion geworden: Das Wunschterritorium, das somit erschlossen ist, ist der "zölibatäre" Körper. Der "zölibatäre" Körper identifiziert alles als wohlbekannten Zustand und bezieht daraus eine gewissermaßen autoerotische Erregung. Wir entdecken diese Identifizierungsleistung in der Wiederkunft von Aschenbachs "Urweltwildnis", die eine mögliche Äußerlichkeit wie die Seuche sofort introspektiv assimiliert, und finden auch jene autoerotische Erregung, die Aschenbach in seiner Einsamkeit überkommt.

> "In fiebriger Erregung, triumphierend im Besitze der Wahrheit, einen Geschmack von Ekel dabei auf der Zunge und ein phantastisches Grauen im Herzen, schritt der Einsame die Fliesen des Prachthofes auf und nieder." (S. 392)

Wenn nun Aschenbach "eine reinigende und anständige Handlung" (S. 392) erwägt, so geschieht dies, um jene Erregung zu steigern, indem ein Bewußtsein von der Grenze, die überschritten werden soll, geschaffen wird.

> "Das Bewußtsein seiner Mitwisserschaft, seiner Mitschuld berauschte ihn, wie geringe Mengen Weines ein müdes Hirn berauschen. Das Bild der heimgesuchten Stadt, wüst seinem Geist vorschwebend, entzündete in ihm Hoffnungen, unfaßbar, die Vernunft überschreitend und von ungeheuerlicher Süßigkeit." (S. 392)

Erinnert man sich an die erste Vision der "Urweltwildnis" zurück, die bei Aschenbach das ambivalente Gefühl von "Entsetzen und rätselhaftem Verlangen" ausgelöst hatte, was jedoch, wie es hieß, durch Vernunft gemäßigt und richtiggestellt worden war, so stoßen wir hier auf eine exzessive Steigerung dieser vormaligen Ambivalenz, "Ekel" und "Grauen", in denen sich jedoch unfaßbare Hoffnungen von ungeheuerlicher Süßigkeit entzünden. In einer Zusammenziehung, die ähnlich unbeholfen wirkt wie schon bei Mechthild von Magdeburg, kann man sagen, daß Aschenbach der ekelhaften Hoffnung zustimmt, daß er keinen dieser eigentlich polaren Teile preisgibt. Damit hat er das "Dach des Tempels" erreicht, von dem aus gesehen die entgegengesetzten Möglichkeiten ineinander enthalten sind. Aschenbach bejaht die Vernunft, nur so kann er sie überschreiten, nur so kann er ein "Bewußtsein seiner Mitwisserschaft, seiner Mitschuld" haben, und er bejaht Ekel und Hoffnung, ebenso wie er all dies zugleich verneint. Dieser Zustand ist also weder positiv, noch negativ, denn er ist an keinen Inhalt mehr bindbar.

6.3.1. Materialien zur geistigen Physiognomie der Krankheit.

6.3.1.1. Psychoanalyse und Körperdispositiv.

Dieser Materialteil, den ich hier einschiebe, wird zunächst das Problem der Verschränkung von Gesetz und Begehren in der Psychoanalyse wieder aufgreifen, ein Thema also, dessen ausführliche Erörterung ich bereits angekündigt habe. Ich habe dort schon dargelegt, daß Freud diese Verschränkung vor allem in der Zwangsneurose expliziert und dieser auch den eigentümlichen Charakter zubemißt, daß die Verbotsenergie sich immer mehr der Triebenergie annähert. Diese Eigentümlichkeit findet Freud in der Religion wieder.

> "Ich bin gewiß nicht der erste, dem die Ähnlichkeit der sogenannten Zwangshandlungen Nervöser mit den Verrichtungen aufgefallen ist, durch welche der Gläubige seine Frömmigkeit bezeugt." (Freud 1907: 193)[32]

> "Vielleicht wegen der beigemengten sexuellen Komponenten, vielleicht infolge allgemeiner Eigenschaften der Triebe erweist sich die Triebunterdrückung auch im religiösen Leben als eine unzureichende und nicht abschließbare. Volle Rückfälle in die Sünde sind bei Frommen sogar häufiger als beim Neurotiker und begründen eine neue Art von religiösen Betätigungen, die Bußhandlungen, zu denen man in der Zwangsneurose die Gegenstücke findet." (S. 198 f)

Den Unterschied von Religion und Zwangsneurose sieht Freud demgemäß in deren voneinander abweichendem Geltungsraum. So bezeichnet er "die Neurose als individuelle Religiosität, die Religion als universelle Zwangsneurose" (S. 199).

Diese Analogie hat Freud in einer späteren Schrift genauer zu fassen gesucht, es handelt sich hier um "Totem und Tabu", und die vier darunter befaßten Aufsätze tragen den Untertitel "Einige Übereinstimmungen im Seelenleben der Wilden und der Neurotiker". Freud greift hier auf ethnologische Studien zurück, um in primitiven Religionen besagte Analogie noch schärfer entwickeln zu können. Im zweiten Aufsatz dieser Sammlung, betitelt "Das Tabu und die Ambivalenz der Gefühlsregungen" (Freud 1912/1913: 217), erscheint Freud die Übereinstimmung von Tabu und Zwangsneurose so zwingend, daß er folgert:

> "Wenn er (scil. der Psychoanalytiker, F.M.S.) nicht gewohnt wäre, diese vereinzelten Personen als `Zwangskranke´ zu bezeichnen, würde er den namen `Tabukrankheit´ für deren Zustand angemessen finden müssen." (S. 223)

Sehen wir zu, wie Freud den Begriff des Tabus ausführt!

> "Tabu ist ein polynesisches Wort, dessen Übersetzung uns Schwierigkeiten bereitet, weil wir den damit bezeichneten Begriff nicht mehr besitzen. (...) Uns geht die Bedeutung des Tabu nach zwei entgegengesetzten Richtungen auseinander. Es heißt uns einerseits: heilig, geweiht, andererseits: unheimlich, gefährlich, verboten, unrein. (...) Unsere Zusammensetzung `heilige Scheu´ würde sich oft mit dem Sinn des Tabu decken." (S. 217)

Hier irrt Freud, wenn er behauptet, daß wir diesen Begriff nicht mehr besäßen. Für die Mystik ist, wie ich gezeigt habe, diese Doppelstruktur des Heiligen fundamental. Rudolf Otto zieht für die christliche Religion diese beiden Momente in der Bezeichnung Numen zusammen, aber auch jenseits der christlichen Esoterik spricht Durkheim von der Dualität des Heiligen.[33] Wir verfügen also über eine eigenständige kulturelle Tradition, was jene polare Struktur des Heiligen angeht, und gerade diese ist nicht auf die primitiven Religionen beschränkt.

Freud fährt nun weiter fort, daß das Verbot, das im Tabu enthalten ist, sich mit dem der Zwangsneurose deckt.

> "Das Haupt- und Kernverbot der Neurose ist wie beim Tabu das der Berührung, daher der name: Berührungsangst, délire de toucher. Das Verbot erstreckt sich nicht nur auf die direkte Berührung mit dem Körper, sondern nimmt den Umfang der übertragenen Redensart: in Berührung kommen, an.

> Alles, was die Gedanken auf das Verbotene lenkt, eine Gedankenberührung hervorruft, ist ebenso verboten wie der unmittelbare leibliche Kontakt; dieselbe Ausdehnung findet sich beim Tabu wieder." (S. 224)

Der Stärke des Verbots korrespondiert jedoch ein ebenso starker Trieb, so daß aus diesen polaren Bewegungen ein massives Kraftfeld entsteht.

> "Die gegenseitige Hemmung der beiden ringenden Mächte erzeugt ein Bedürfnis nach Abfuhr, nach Verringerung der herrschenden Spannung, in welchem man die Motivierung der Zwangshandlung erkennen darf. Diese sind bei der Neurose deutliche Kompromißaktionen, in der einen Ansicht Bezeugungen von Reue, Bemühungen zur Sühne u. dgl., in der anderen aber gleichzeitig Ersatzhandlungen, welche den Trieb für das Verbotene entschädigen. Es ist ein Gesetz der neurotischen Erkrankung, daß diese Zwangshandlungen immer mehr in den Dienst des Triebes treten und immer näher an die ursprünglich verbotene Handlung herankommen. (Hervorhebung von mir, F.M.S.)" (S. 226)

Diese Verschränkung von Verbot und Begehren erweist sich gerade in den ambivalenten Gefühlsregungen des Zwangsneurotikers:

> "Es (scil. das Individuum, F.M.S.) will diese Handlung - die Berührung - immer wieder ausführen, es verabscheut sie auch." (S. 226)

Diese Verschränkung lockert sich auch dann nicht, wenn der Zwangsneurotiker sich vermeintlich weit von seinem Objekt abgesetzt hat, denn dann ist er, so das Gesetz der Neurose, diesem wiederum am nächsten. Jene Berührungsangst erweist sich also im übertragenen, wie im strengen Sinne als Ansteckungsangst, deren rationeller Kern, so Freud, die Furcht ist, die Übertretung des Tabuverbots könne nachgeahmt werden. (S. 228)

> "Fassen wir nun zusammen, welches Verständnis des Tabu sich uns aus der Gleichstellung mit dem Zwangsverbot des Neurotikers ergeben hat: Das Tabu ist ein uraltes Verbot, von außen (von einer Autorität) aufgedrängt und gegen die stärksten Gelüste der Menschen gerichtet. Die Lust, es zu übertreten, besteht in deren Unbewußten fort; die Menschen, die dem Tabu gehorchen, haben eine ambivalente Einstellung gegen das vom Tabu Betroffene. Die dem Tabu zugeschriebene Zauberkraft führt sich auf die Fähigkeit zurück, die Menschen in Versuchung zu führen; sie benimmt sich wie eine Ansteckung, weil das Beispiel ansteckend ist und weil sich das verbotene Gelüste im Unbewußten auf anderes verschiebt." (S. 229 f)

Nachdem nun die Rekapitulation von Freuds Argumentation so weit gediehen ist, lassen sich ihre Überschneidungspunkte mit der Novelle zusammenfassen. Ausgangspunkt der Novelle ist eine

Objektbeziehung Aschenbachs, die wesentlich durch eine ambivalente Gefühlsregung gekennzeichnet ist, deren Hintergrund die Verschränkung von Lust und Verbot sein könnte. Aschenbachs Kunstbemühen könnte sodann in diesem Zusammenhang als Ersatzhandlung und Verschiebungsleistung betrachtet werden, durch die der ursprüngliche Trieb überformt und kanalisiert werden soll. Dieser Versuch der Spannungsverringerung würde sich als ein unzureichend gelungener erweisen, der dem der Neurose inhärenten Gesetz folgend sich der ursprünglich verbotenen Handlung wiederum annähert, wobei die Dynamik dieser Entwicklung durch einen rezenten Anlaß, Tadzio, befördert wird. Die Wiederkehr des unzureichend Verdrängten würde sich in geradezu verblüffender Weise als etwas verkörpern, was dessen ansteckenden Wesenszug herausarbeitet: die Krankheitsepidemie. Die geistige Physiognomie dieser Krankheit würde sich damit als die ansteckende Wirkung einer Verbotsübertretung erweisen.

Diese hypothetische Übereinstimmung fußt jedoch auf einer entscheidenden Voraussetzung, die sich um die Frage dreht: Was wurde eigentlich verdrängt und warum ist es verboten? Solange diese Fragen nicht beantwortet sind, kann man nur folgern, daß sich in der Psychoanalyse und in der Novelle dieselben Kohärenzstrukturen auffinden lassen, aber man kann die Psychoanalyse nicht zur Erklärung der Novelle heranziehen. Denken wir die Argumente der Psychoanalyse zuende, so zeigt sich, daß eine Antwort auf jene Fragen nur möglich ist, wenn der ödipale Vater eingeführt wird. Dieser Vater könnte auf zwei Ebenen ins Spiel gebracht werden: Die erste hypothetische Ebene entspräche der Annahme, daß wir es im Fall von Aschenbach mit einer individuellen Pathologie zu tun haben, und wir müßten daher ein ganz persönliches 'Vaterschicksal' herauskristallisieren. Aschenbach wäre dann ein Tabukranker oder Zwangsneurotiker. Als Kriterium dieser Pathologie müßte dann das Symptom Schuldgefühl [34] und eine Abnormität der Verschiebungsleistungen herangezogen werden. Ein überstark entwickeltes Schuldgefühl ist an Aschenbach nicht zu bemerken, und auch Kohuts These vom masochistischen Leidensstolz füllt diese Lücke nicht, denn Aschenbachs Leiden ist Resultat einer planmäßig beförderten

Leidenschaft, während das Schuldgefühl auf eine derart bewußte Motivierung nicht zurückgreifen kann. Auch das, was man gutwillig als Verschiebungsleistung ansehen könnte, ist keineswegs abnorm, sondern sogar kulturstiftend. So ergäbe sich hieraus die zweite hypothetische Ebene in einem allerdings sehr unsicheren Gebiet der Psychoanalyse: Aschenbach repräsentiert entweder eine gesellschaftliche Pathologie oder eine durchaus 'normale' Sublimationsleistung. Diese Alternative scheint es wert, weiterverfolgt zu werden, zumal Freud bei der Diskussion seines Materials zwangsläufig immer wieder auf gesellschaftliche Erscheinungen, vor allem die Religion, gestoßen ist. Hier zeigt sich jedoch, wie unsicher jene Grenzziehung zwischen pathologischer und 'normaler' Sublimation ist. Freud hat diese fließende Grenzziehung auf den folgenden Nenner gebracht:

> "Die Neurosen zeigen einerseits auffällige und tiefreichende Übereinstimmungen mit den großen sozialen Produktionen der Kunst, der Religion und der Philosophie, andererseits erscheinen sie wie Verzerrungen derselben. Man könnte den Ausspruch wagen, eine Hysterie sei ein Zerrbild einer Kunstschöpfung, eine Zwangsneurose ein Zerrbild der Religion, ein paranoischer Wahn ein Zerrbild eines philosophischen Systems. Diese Abweichung führt sich in letzter Auflösung darauf zurück, daß die Neurosen asoziale Bindungen sind; sie suchen mit privaten Mitteln zu leisten, was in der Gesellschaft durch kollektive Arbeit entstand." (Freud 1912/1913: 260)

Der Unterschied ist demnach nur der Vergesellschaftungsgrad der Mittel, die jedoch demselben Zweck der Sublimation dienen. Worum es dabei letztendlich geht, ist ein Begriff von Normalität, der sich noch dazu auf keine positive Bestimmung, wie etwa die der Gesundheit, stützt, sondern nur ein Gesetz der großen Zahl grundlegt: Wenn es einer tut, ist es pathologisch, wenn es fast alle tun, ist es normal. Fast schon naiv bekümmert sich die Psychoanalyse also um die, deren Verdrängungsmittel abweichend von der Normalität sind, und es liegt auf der Hand, daß sich Freud gegen die Annahme einer gesellschaftlichen Pathologie gesträubt hat, weil sie der Psychoanalyse in zweifacher Hinsicht den Boden entziehen würde:

> "Auch stößt die Diagnose der Gemeinschaftsneurose auf eine besondere Schwierigkeit. Bei der Einzelneurose dient uns als nächster Anhalt der Kontrast, in dem sich der Kranke von seiner als 'normal' angenommenen Umgebung abhebt

> (Hervorhebung von mir, F.M.S.). Ein solcher Hintergrund entfällt bei einer gleichartig affizierten Masse, er müßte anderswoher geholt werden. Und was die therapeutische Verwendung der Einsicht betrifft, was hülfe die zutreffende Analyse, da niemand die Autorität besitzt, der Masse die Therapie aufzudrängen?" (Freud 1930: 423)

Wir müssen also die Frage offen lassen, ob Aschenbach eine gesellschaftliche Pathologie oder unabdingbare Sublimation repräsentiert. Aber sehen wir zu, ob sich das Problem durch die Einführung des bereits angekündigten ödipalen Vaters lösen läßt! Der Vater, um den es hier geht, wäre unser aller Vater, denn er soll einer Urhorde vorgestanden haben und nun wirklich von seinen Söhnen um der Mütter willen getötet worden sein. Die mordlustigen Söhne, inzwischen selbst Väter geworden, hätten zu ihrem Schutz (und dem aller kommenden Väter) die Unantastbarkeit des Vaters in ihrer Nachkommenschaft aufgerichtet. Dies sei mittels Schuldgefühl, in dem das Urvergehen immer noch seine Darstellung fände, eingepflanzt worden, und dieses Schuldgefühl bestrafe gewissermaßen präventiv den gewünschten Übergriff auf den Vater.

> "Wir können nicht über die Annahme hinaus, daß das Schuldgefühl der Menschheit aus dem Ödipuskomplex stammt und bei der Tötung des Vaters durch die Brüdervereinigung erworben wurde. Damals wurde eine Aggression nicht unterdrückt, sondern ausgeführt, dieselbe Aggression, deren Unterdrückung beim Kinde die Quelle des Schuldgefühls sein soll." (S. 413 f)

Dieses Schuldgefühl ist so, nach Freud, ein unverzichtbarer Bestand, der die kulturellen Leistungen erst ermöglicht.

> "(...), das Schuldgefühl (ist) als das wichtigste Problem der Kulturentwicklung hinzustellen und darzutun, daß der Preis für den Kulturfortschritt in der Glückseinbuße durch die Erhöhung des Schuldgefühls bezahlt wird." (S. 416)

Dieses Schuldgefühl ist nun an die moralische Instanz Über-Ich gebunden, die so nach Laplanche/Pontalis als das Erbe des Ödipuskomplexes betrachtet werden darf. (Laplanche/Pontalis 1975: 540 ff, Stichwort: Über-Ich) In dieser Erbmasse finden aber auch die sozialen und kulturellen Forderungen von erzieherischen, moralischen und religiösen Institutionen Platz. Damit ist in das Über-Ich ein Ensemble von Verboten introjiziert, deren Setzung auf die Macht einer <u>äußeren Autorität</u> zurückgeht und die den Kulturfortschritt durch Triebverzicht absichern. Das Schuldgefühl erweist sich in diesem Zusammenhang als eine "topische Abart der Angst" (S. 416), in der sich die Furcht vor der früheren Autorität als "Angst vor dem Über-Ich" (S. 416 f) wiederholt. In diesem Zusammenhang löst Freud nun die Ambivalenzstruktur des Tabu auf: gewissermaßen archaische (Übertretungs-)Lust prallt mit kulturell erworbener (Übertretungs-)Angst zusammen, Libido vs. Abwehrarbeit. Der Rückstand, der von diesem Konflikt zeugt, ist das Schuldgefühl, das demnach einerseits eine Art von unverzichtbarer 'Erbsünde' vorstellt und das andererseits in der Zwangsneurose eine pathologische Ausprägung finden kann. Wie man sieht, bringt uns auch die Einführung des ödipalen Vaters nicht weiter, denn auch diese Argumentation mündet zwangsläufig in eine zentrale Voraussetzung ein: Sein Denken fußt auf der Unterstellung eines kulturell notwendigen und durch das Gesetz der großen Zahl legitimierten Standards von Triebverdrängung. Zieht man die Resultate der früheren Materialteile in Betracht, so zeichnet sich ein überraschender Konsensus der Psychoanalyse mit scheinbar konträren Konzepten ab: Es geht um eine Assimilierung von Kräften, die, so verschieden sie auch gefaßt sein mögen, in der Lage sind, eine 'wünschenswerte' gesellschaftliche Übereinkunft zu verhindern. Dabei ist die Stellung der Psychoanalyse diesen Kräften gegenüber durchaus doppelsinnig, wie ich mit Foucault bereits dargelegt habe. Auf der einen Seite stellt die Psychoanalyse die jene Kräfte kontrollierenden Verbote in Frage, - "Das Gebot der Wahrheit ist nun an die Infragestellung des Verbotes gebunden." (Foucault 1974c: 157) - aber nicht um sie zu beseitigen, sondern um eine rationale Kontrolle herzustellen, auf der anderen Seite versucht sie die pathologische Gesetzesstrenge, die neurotische 'Übertreibung' also, zu mildern. Was sich von Freud aus über diese Kräfte sagen läßt, ist, daß sie ein archaisch-organisches Fundament haben, denn sie sind als Triebe in der menschlichen Psyche verankert und zeugen von einer naturhaften Finalität des Organismus. In diesem Sinne können wir davon sprechen, daß die Psychoanalyse Techniken entwickelt, die darauf abzielen, <u>einen unsicheren</u>

Akkulturationsprozeß des Köpers zu festigen. Auch Foucault hat auf diese Tatsache hingewiesen, daß der Körper seit dem 18. Jahrhundert und hier mit dem entscheidenden Datum des Protestantismus, im Zentrum von Bemühungen steht, die ihn neu vermessen und erschließen. Dieses aus der immanenten Behandlung der Psychoanalyse herausgelöste Thema scheint mir den entscheidenden Bezugspunkt zur Novelle zu bilden, und von hier aus lassen sich gewichtige Kongruenzen herausstellen: Aschenbachs Leistungsmoral als eine Körpertechnik, die eine Ambivalenzstruktur zu bändigen sucht; die letztlich religiöse Struktur dieses Kontrollversuchs (analog: das Tabu und eine psychoanalytische Religionsgeschichte); der organische Gehalt der bedrohlichen Kräfte und ihre ansteckende Wirkung.

Wenn man nun die Konsequenzen, die aus jenem Pathologieproblem folgen, weiter ausspinnt, so kommt man dazu, daß Freud nicht der große, zumindest implizite, Kulturkritiker war, zu dem er gemacht wurde. Denn: Freud war zweifellos davon überzeugt, einen existierenden Normalitätsstandard aufgreifen zu können und ihn für die Psychoanalyse unterstellen zu können. Er hat deshalb eine rationale Legitimierung dieses Standards nur auf einer Ebene von Tauschgeschäften gesucht: Man tauscht Kulturfortschritt gegen Triebverzicht oder bezahlt den Preis für ihn als Glückseinbuße etc. Freud hat also eine Reihe von Transaktionen vorgeschlagen, wie die Kulturentwicklung in psychischer Münze auszudrücken sei, und diese Rationalität favorisiert er, wenn er die irrationalen Tauschgeschäfte verwirft, z.B. die Religion, die Triebverzicht gegen Gott handelt und dabei weder die Gerechtigkeit des Handels garantieren kann, daß also der Gläubige einen zu hohen Preis bezahlt hat, noch einen möglichen Rückfall verhindern kann, daß irgendwann doch lieber Trieberfüllung gewollt wird. All diese Transaktionen münden letztlich in eine Ordnung der Gesetze ein, in das Gesetz der familialen Allianz, des verbotenen Inzests und des Vater-Souveräns (S. 178 f). Auf diese Ordnung zielt die Doppelstrategie der Psychoanalyse: Herstellung eines rationalen Verbotsstandards, d.h. das kulturelle Äquivalent muß dem Triebverzicht entsprechen, und Beseitigung der pathologischen Gesetzesstrenge, d.h. man soll für den Kulturfortschritt nur so wenig wie nötig bezahlen. Natürlich bringt diese Gesetzesordnung die Psychoanalyse in Gemeinschaft mit eugenischen und rassistischen Konzepten, die Differenz ist jedoch nur eine strategische: das Gesetz des Tausches gegen das Gesetz des Geblüts.

Man kann also das Unterfangen der Psychoanalyse dahingehend resümieren, daß eine organische Finalität sich mit einer kulturellen in Tauschbeziehung setzt, und dieser Handel findet seinen Ausdruck in archaischen Gesetzen, die so alt wie Kultur sind. Diese archaischen Gesetze beschränken jene organische Finalität, und der so verbotene Bereich erzählt sich als Mythologie, die uns darüber Auskunft gibt, was passieren würde, wenn die Triebe losgelassen würden: Weil Ödipus seinen Vater getötet und seine Mutter zur Frau genommen hat, existiert das Gesetz des Vater-Souveräns und des verbotenen Inzests. Für die Triebe ist also eine bestimmte Äußerungsform unterstellt, die Mythologie repräsentiert sich damit zumindest noch im Unbewußten. Gegen diese mythologische Repräsentationskulisse, die unser Unbewußtes haben soll, ist von Deleuze/Guattari immer wieder polemisiert worden. Sie weisen aber mit Recht, wie ich meine, darauf hin, daß zumindest Freuds Werk voll von Anregungen ist, die vor allem über Ödipus hinausweisen:

> "(...): es gibt dort (scil. im Werk Freuds, F.M.S.) durchaus einen Aspekt der Maschinerie, der Wunschproduktion, der Produktionseinheiten. Und dann gibt es den anderen Aspekt, eine Personifizierung dieser Apparate (das Über-Ich, das Ich, das Es), eine Theater-Inszenierung, die bloße repräsentative Werte an die Stelle von wirklich produktiven Kräften des Unbewußten setzt. (...) Wir sagen gleichzeitig dies: Freud entdeckt den Wunsch als Libido, den Wunsch, der produziert; und er hat nichts Eiligeres zu tun, als die Libido wieder zu entfremden in der familialen Repräsentation (Ödipus)." (Deleuze/Guattari 1977: 53)

Diese Produktivität der Libido ist das zentrale Problem, denn mir scheint, daß ein Großteil der Schwierigkeiten, in die man mit der Psychoanalyse gerät, auf die Behauptung der bloßen Repräsentativität zurückgeht. Dies eben macht die Handhabung der Psychoanalyse so dürftig: Gegeben sei Ödipus, suche den Vater und die Mutter! Auch an der Novelle läßt sich jene Produktivität nachvollziehen, denn man kann an Aschenbach nichts entdecken, das darauf hinweisen würde, daß er Verdrängungsarbeit leistet. Die Verdrängungsarbeit erhält nur dann Sinn, wenn eine eigentlich mythologische Repräsentanz des Triebes gegeben ist. Freuds Annahmen über die Verdrängung waren keineswegs konsistent, denn es scheint mir geradezu geheimnisvoll, warum die Zwangsneurose die gesetzmäßige Tendenz hat, sich dem ursprünglichen Trieb wiederum anzunähern, wo sie doch eine wesentlich rigidere Verdrängungsarbeit leistet als die 'normale' gesellschaftliche Sublimation. Ich meine, man kann sich dieser Schwierigkeiten entheben, wenn man davon ausgeht, daß die Manifestation des Triebes eine produktive Leistung ist, die auf keinerlei Repräsentation verweist. Dies habe ich ja bereits in der Novelle als Wunschökonomie Aschenbachs herausgestellt. Denkt man diese Gedanken für die Psychoanalyse zuende, so stellen sich die Kernprobleme noch einmal neu: Der Konflikt organische vs. kulturelle Finalität und die mythologische Repräsentation können als Momente einer historischen Form von Wunschproduktion verstanden werden. Von diesem Standpunkt aus kann man sich die Ergebnisse der Psychoanalyse wiederum zunutze machen, ohne sich in ihren scheinbar unausweichlichen Fragestellungen, wie dem Balanceakt zwischen notwendiger Sublimation und pathologischer Abweichung, Ödipus etc., zu verheddern. Unter diesem Gesichtspunkt werde ich die Auseinandersetzung mit der Psychoanalyse weiterführen und Rückschlüsse auf die Novelle ziehen.

Ich werde nun das Konzept der Ambivalenzsstruktur weiterverfolgen, zumal es Freud durch die Einführung des Todestriebes einer tiefgreifenden Änderung unterworfen hatte. Diese Neuerung nahm Freud in dem Aufsatz "Jenseits des Lustprinzip" (Freud 1920: 184 ff) vor und es zeichnet sich darin ab, was Laplanche/Pontalis "die Wende der 20er Jahre" (S. 495, Stichwort: Todestrieb) nennen. Bezieht man sich auf "Totem und Tabu" zurück, so erschien dort der Abwehrkonflikt im wesentlichen einem äußerlich introjizierten Verbot zu entspringen. Freud hat dies nun dahingehend modifiziert, daß er die Verbotsenergie in eine triebhafte Haßkomponente übersetzt, so daß also das begehrte

Objekt zugleich Gegenstand des Hasses ist. Das Neue an dieser Vorstellung ist, daß jener Haß nicht auf eine libidinöse Verschiebungsleistung zurückgeht, sondern ein eigenständiges Triebreservoir besitzt.

> "In dieser Sicht wird die neurotische Symptombildung als ein Lösungsversuch eines solchen Konflikts aufgefaßt: so verschiebt die Phobie eine der Komponenten, den Haß, auf ein Ersatzobjekt; die Zwangsneurose versucht die feindselige Regung zu verdrängen, indem sie die libidinöse Reaktionsbildung verstärkt. Diese unterschiedliche Beleuchtung der Freudschen Konzeption des Konflikts ist insofern interessant, als sie den Abwehrkonflikt in die Triebdynamik verankert und dazu anregt, hinter dem Abwehrkonflikt, soweit er die Instanzen des psychischen Apparates ins Spiel bringt, die dem Triebleben inhärenten Widersprüche zu suchen." (S. 58, Stichwort: Ambivalenz)

Dieses gleichzeitige Ja und Nein einem Objekt gegenüber ist der Aschenbachschen Haltung sehr nahe, weil darin auch jene Inversionsbeziehung von Erstrebtem und Verworfenem mitauftaucht. In seiner letzten Schrift, dem "Abriß der Psychoanalyse"(Freud 1938) hat Freud diesen Widerspruch des Trieblebens dezidiert dargelegt. Er verweist darin zunächst nocheinmal auf die organische Fundierung des Es.

> "(...); sein Inhalt ist alles, was ererbt, bei Geburt mitgebracht, konstitutionell festgelegt ist, vor allem also die aus der Körperorganisation stammenden Triebe, <u>die hier einen ersten uns in seinen Formen unbekannten psychischen Ausdruck finden</u> (Hervorhebung von mir, F.M.S.)." (S. 9)

In dieser Instanz sieht Freud <u>zwei</u> Grundtriebe gegeben.

> "Nach langem Zögern und Schwanken haben wir uns entschlossen, nur zwei Grundtriebe anzunehmen, den <u>Eros</u> und den <u>Destruktionstrieb</u>. (...) Das Ziel des ersten ist, immer größere Einheiten herzustellen und so zu erhalten, also Bindung, das Ziel des anderen im Gegenteil, Zusammenhänge aufzulösen und so die Dinge zu zerstören. Beim Destruktionstrieb können wir daran denken, daß als sein letztes Ziel erscheint, das Lebende in den anorganischen Zustand zu überführen. Wir heißen ihn darum auch <u>Todestrieb</u>." (S. 12)

Es ist schon erstaunlich, daß Freud einerseits von einem unbekannten Ausdruck der Triebformen spricht, sich andererseits aber genötigt sieht, für diese nun fast schon formlos gewordene Triebenergie verschiedene Vorzeichen (+ , -) anzunehmen. So finden also Produktion und Anti-Produktion ihren biologischen Ausdruck, wobei diese Konstruktion der Konsequenz nicht mehr ausweichen kann, daß, wenn nun schon beides gewollt wird, jenes formlose Drängen eigentlich das Unbewußte charakterisiert, zumal es sich, wie Freud ja einräumt, der Erfahrung entzieht [35]. Kurzum: Die begehrte Anti-Produktion wie auch die Produktion sind wohl nur Sequenzen innerhalb der Selbstgestaltung eines formlosen Wunsches, der alles wünschen kann.

Bemerkenswerter als diese Kritik, die Deleuze/Guattari im "Anti-Ödipus" ausgeführt haben, scheint mir die Übereinstimmung von Freuds Grundtrieben mit dem Willen zur Form und dem zur Formlosigkeit, die ich bei Aschenbach konstatiert habe. Die Tendenz der beiden Grundtriebe bezeichnet Freud mit einem Begriffspaar, das uns wohlbekannt ist.

> "Über den Bereich des Lebenden hinaus führt die Analogie unserer beiden Grundtriebe zu dem im Anorganischen herrschenden Gegensatzpaar von Anziehung und Abstoßung." (Freud 1938: 12)

Es fällt Freud jedoch schwer, für den Todestrieb Gestaltungsformen anzunehmen, in gewisser Weise kann er nur neutralisiert und vom Eros umlagert werden. Darin reflektiert sich eine Befürchtung Freuds, daß der Destruktionstrieb wirklich Platz greifen könnte.

> "Einen Anfangszustand stellen wir uns in der Art vor, daß die gesamte verfügbare Energie des Eros, die wir von nun an Libido heißen werden, im noch undifferenzierten Ich-Es vorhanden ist und dazu dient, die gleichzeitig vorhandenen Destruktionsneigungen zu neutralisieren." (S. 12 f)

Auf die einfachste Formel gebracht bedeutet dies, daß nur der Eros kulturstiftend sein kann, daß ihm also die ganze Pflege der Sublimationsarbeit gelten müsse, deshalb sind auch, so Freud, nur die Schicksale der Libido nachzuverfolgen, Thanatos bleibt eine Leerstelle. Diese Leerstelle kann nur mit einem naturhaften Bild gefüllt werden, Thanatos entzieht sich also jeglichem Akkulturationsprozeß. Diese Schwierigkeit ist kein Versehen, sondern durchaus systematischer Art: Der Todestrieb muß ganz Natur bleiben, weil sein einziges Bestreben der formlose Anfangszustand ist. Eros kann Kultur werden, weil seine Formungstendenz per se eine Tendenz hat, Natur zu überschreiten. Eros hat so gesehen Kultur auf seiner Seite, Thanatos hingegen immer nur bloße triebhafte Natur. Auf diesem Wege kommt Freud dazu, ein Zerwürfnis von Kultur und Natur zu setzen, das sich als ein Konflikt von Formungs- und Deformierungskräften erweist. Der Analytiker leistet nun im Kleinen durch die Therapie einen Akkulturationsprozeß, wobei zum Inbegriff der kulturellen Leistungen das Ich wird. An diesem Ich bewährt sich das, was ich als Doppelstrategie der Psychoanalyse bezeichnet habe, in ihm wird sowohl der rationale Standard der Es-Verdrängung aufgerichtet, ebenso wie dies Ich auch vor der übermäßigen Verbotsstrenge des Über-Ich (Neurose) in Schutz genommen wird. Die Einpendelung dieses Ich spielt sich als eine Art Bürgerkrieg ab, den wir auch bei Aschenbach verfolgen konnten.

> "Das Ich ist durch den inneren Konflikt geschwächt, wir müssen ihm zu Hilfe kommen. Es ist wie in einem Bürgerkrieg, der durch den Beistand eines Bundesgenossen von außen entschieden werden soll. Der analytische Arzt und das geschwächte Ich des Kranken sollen, an die reale Außenwelt angelehnt, eine Partei bilden gegen die Feinde, die Triebansprüche des Es und die Gewissensansprüche des Über-Ichs." (S. 32)

Diesen Prozeß kann man Stück für Stück bei Aschenbach nachvollziehen: Aschenbach, mit der Unmittelbarkeit des Formungsstrebens nicht zufrieden, entwickelt mittels Körpertechniken kulturelle Gestaltungen, in denen ein verfeinerter Gestaltungswille zum Ausdruck kommt. Diesen Gestaltungswillen begleitet ein nicht assimilierbares naturhaftes Residuum, das Formlosigkeit will. Naturhaft und deformierend zugleich kann nur die Krankheit sein, das Modell der Urweltwildnis, ihre geistige Physiognomie ist eine nie abschließbare Akkulturation des Körpers. Von dieser geistigen Physiognomie her gibt es in der Tat eine Logik, die, wie dies vor allem die Interpreten der Novelle zuende imaginiert haben, zum Urmenschen, Kannibalen, d.h. zum Tier im Menschen führt. Betrachten wir einmal, welcher Kulturbegriff sich hieraus entwickelt! Die kulturelle Körperbeherrschung - dies und nichts anderes ist die Pointe des Problems! - ist günstigstenfalls ein "Käfig für das innere Tier" (Theweleit 1978: 30), ein Damm oder einfach Gegendruck. Das Bild der geordneten Landschaften, das als gewünschte Utopie hieraus entwickelt wird, ist somit nur eine Imagination eines spezifisch vermessenen und erschlossenen Körpers. Die Kümmerlichkeit dieser Utopie ergibt sich aus ihrer negativen Ausrichtung: Sie ist ganz auf das Tier im Menschen fixiert und erblickt im Kulturmenschen nur den Dompteur. Die Außenkonturen dieses Kulturkörpers, so Theweleit, können daher nicht mehr soziale Kontaktfläche sein, sondern nur mehr Isolierschicht.

> "Wer seine Peripherie zu einem Käfig für das innere Tier machen muß, entzieht ihr damit ihre sonstigen Funktionen, nämlich soziale Kontaktfläche zu sein. Wird aus der Kontaktfläche eine Isolierschicht, kann der Sozialkörper, in dem sich der isolierte Körper bewegt, nicht mehr erkannt werden. Was einmal vernichtend auf ihn von den gesellschaftlichen Instanzen, von seinen Modellierungspersonen her auf ihn eingewirkt hat, existiert dann nur noch als böses (`tierisches´) Innen - da es als Gesellschaftliches nicht mehr erkannt wird, muß es das `Urmenschliche´ sein. Wer das Tier derart in sich fühlt, dem wird der Kulturpessimismus schwer auszureden sein." (S. 30)

Aschenbach entsteht diese Naturhaftigkeit als Resultat eines langwierigen Prozesses der Erschließung einer inneren Wahrheit und, wie es auch bei Freud zum Ausdruck kam, wahrscheinlich gegen seine Hoffnungen, ist dieser Wille zur Formlosigkeit nicht verwandelt, nicht sublimiert, ja nicht einmal unbewußt. Alles spricht dafür, daß das Tier im Menschen eine historische Produktion vorstellt, und wer meint, daß dieses Tier einen irreduziblen organischen Bodensatz im Menschen verkörpert, der irrt, denn es ging und geht nie dabei um das Tier als Tier, sondern um das Tier als Monster[36]. Der Kern dieses Vorgangs ist, wie Foucault ausführt, daß der Bio-Körper zur Zielscheibe von Machttechniken wird, die ihn erschließen, um ihn zu beherrschen. Dieses Dispositiv ist der gemeinsame Hintergrund von Strategien, vor dem sie sich trotz ihrer Heterogenität überkreuzen und Interferenzen bilden. Ich habe versucht, drei Ebenen dieses Dispositivs entlang der Novelle herauszuarbeiten und in den Materialien solche Kreuzungs- und Interferenzbereiche dargelegt. Es handelt sich bei diesen drei Ebenen um

- eine Mikropolitik des Körpers, d.h. Strategien der Neuvermessung und Erschließung: z.B. Leistungsmoral, "preußische Ethik", "Ich-Stärke" etc. (Stichwort `Binnenstruktur´),

- eine Makropolitik des Körpers, d.h. Strategien der gesellschaftlichen Integration des Organischen: z.B. "Heroismus der Schwäche", "preußischer Sozialismus", Gesellschaftsphysiognomien, "Rasse", "Gemeinschaft" etc. (Stichwort 'Außenstruktur'),

- eine Ästhetik des neuen Körpers: z.B. "Doppelgesicht der Form", Schönheit der Technik, "Metallisierung" etc. (Stichwort "Wunder der wiedergeborenen Unbefangenheit").

Foucault hat die Herausbildung der ersten beiden dieser Ebenen, die er, wie bereits angeführt, als "politische Anatomie des menschlichen Körpers" einerseits und als "Bio-Politik der Bevölkerung" andererseits bezeichnet, als eine historische Neuerung beschrieben, in deren Gefolge die 'Todesmacht' von einer des Lebens abgelöst wird.

> "Die Disziplinen des Körpers und die Regulierungen der Bevölkerung bilden die beiden Pole, um die herum sich die Macht zum Leben organisiert hat. Die Installierung dieser großen doppelgesichtigen - anatomischen und biologischen, individualisierenden und spezifizierenden, auf Körperleistungen und Lebensprozesse bezogenen - Technologie charakterisiert eine Macht, deren höchste Funktion nicht mehr das Töten, sondern die vollständige Durchsetzung des Lebens ist. Die alte Mächtigkeit des Todes, in der sich die Souveränität symbolisierte, wird nun überdeckt durch die sorgfältige Verwaltung der Körper und die rechnerische Planung des Lebens. Im Laufe des klassischen Zeitalters entwickeln sich rasch die Disziplinen: Schulen, Internate, Kasernen, Fabriken. Auf dem Felde der politischen Praktiken und der ökonomischen Beobachtungen stellen sich die Probleme der Geburtenrate, der Lebensdauer, der öffentlichen Gesundheit, der Wanderung und Siedlung; verschiedenste Techniken zur Unterwerfung der Körper und zur Kontrolle der Bevölkerungen schießen aus dem Boden und eröffnen die Ära einer 'Bio-Macht'". (Foucault 1974c: 166 f)

Kommen wir von hier aus nochmals zurück auf die Vorstellung vom Tier im Menschen, so kann man resümieren, daß jenes Residuum sich im Zusammenhang mit dem machtstrategischen Zugriff auf den Körper entwickelt. Diese Vorstellung erfüllt wenigstens zwei Funktionen: Sie dient als Sinnreservoir, aus dem man wie aus einer dunklen Kiste immer neue Sinnstrukturen - ex negativo - entnehmen kann. Sie hält die Bedeutung der Kultur in der Schwebe, indem sie ihr keine 'positive' Bestimmung zubemißt, sondern nur die des abwesenden Tiers, und eröffnet so eine

Vielzahl von Bedeutungen. Zum anderen dient sie als Energiereservoir, die das Problem der Akkulturation auf einen Umsetzungsprozeß von Kräften verlagert, d.h. Kultur als Körperbeherrschung. Der Effekt dieses Vorgangs ist die Umcodierung der Machtstrategien, denn die Todesmacht des Souveräns, das Recht über Leben und Tod, wird in eine "Bio-Macht" übersetzt, die auf einer Erfassung, Kenntnis und Verwaltung des Lebens beruht. Der Tod wird so in das Leben eingebunden: Zwar hat unsere Kultur das Töten, die Gewalt und die Destruktion nicht abgeschafft, aber sie hat sie mit der Vorstellung verknüpft, daß die Legitimität ihrer Ausübung auf einem Recht zum (Über)Leben beruht.

> "Das Prinzip `Töten um zu leben´, auf dem die Taktik der Gefechte beruhte, ist zum Prinzip der Strategie zwischen Staaten geworden: auf dem Spiel steht aber nicht mehr die juridische Existenz der Souveränität, sondern die biologische Existenz einer Bevölkerung." (S. 164)

Die Kraft dieser Einbindung mag man auch daran ablesen, daß uns keine Vorstellung unerträglicher ist als die der sinnlosen, gänzlich unmotivierten Gewalt, die auf keinen anderen Zweck als sich selbst abzielt.[37)]

Die Ausbreitung der "Bio-Macht" vollzieht sich mit Hilfe eines doppelsinnigen Tauschgeschäfts, mit dessen Darstellung sich Freuds Transaktionen auf einen Nenner bringen lassen.

> "(...): Tausche das ganze Leben gegen den Sex, gegen die Wahrheit und die Souveränität des Sexes. Der Sex ist den Tod wohl wert. In diesem - rein historischen Sinne - ist der Sex heute vom Todestrieb durchkreuzt." (Foucault 1974c: 186)

Freud selbst hat diesen Gedanken, Abweisung des Todes zugunsten des Lebens und die Codierung des Lebens mit dem Eros, so ausgesprochen:

> "Die Schicksalsfrage der Menschenart scheint mir zu sein, ob und in welchem Maße es ihrer Kultuentwicklung gelingen wird, der Störung des Zusammenlebens durch den menschlichen Aggressions- und Selbstvernichtungstrieb Herr zu werden. Die Menschen haben es jetzt in der Beherrschung der Naturkräfte so weit gebracht, daß sie es mit deren Hilfe leicht haben, einander bis auf den letzten Mann auszurotten. (...) Und nun ist zu erwarten, daß die andere der beiden `himmlichen Mächte´, der ewige Eros, eine Anstrengung machen wird, um sich im Kampf mit seinem ebenso unsterblichen Gegner zu behaupten. Aber wer kann den Erfolg und Ausgang voraussehen?" (Freud 1930: 424)

Mir scheint, daß die Auseinandersetzung mit der Psychoanalyse unter dem Blickwinkel der Novelle Wesentliches erbracht hat, wenn es mir gelungen ist, einige gemeinsame historische Themen herauszustellen, deren Hintergrund durch jenes dreischichtige Dispositiv gebildet wird. Diese Auseinandersetzung hat mir einige Schwierigkeiten bereitet, nicht nur solche, die auf die Ergiebigkeit, ja die Überfülle des Materials bei der Psychoanalyse zurückzuführen sind, sondern vor allem auch die, den spezifischen Blickwinkel der Beschäftigung mit ihr plausibel zu machen. Die Rückkehr zu Freud hat ja immer noch einen anderen Status als die Rückkehr zu z.B. Ferdinand Tönnies oder Oswald Spengler. Den Ansätzen von letzteren wohnt schon eine Art von 'historischer Trägheit' inne, so daß sie müheloser unter einem anderen Blickwinkel betrachtet werden können. Nicht so Freud! Trotz der Überlappung zweier Problemkreise, die ich gerne auseinandergehalten hätte: Wie stehe ich zur Psychoanalyse? und: Wie fügen sich Psychoanalyse und Novelle in den Hintergrund besagten Dispositivs ein?, wollte ich auf diese Auseinandersetzung nicht verzichten. Bevor ich diese nun endgültig abschließe, möchte ich noch auf ein Problem eingehen, das sich m.E. aufdrängt: Warum wurde nicht versucht, Analoges zu Aschenbachs Überschreitungsstruktur der ästhetischen Ethik in der Psychoanalyse aufzufinden? Es lassen sich hier nur Widerstände gegen dieses Thema feststellen, die nur kurz referiert werden sollen, weil die entsprechenden Passagen in Freuds Werk wohlbekannt sind. Es handelt sich dabei um Abschnitte in der Schrift "Das Unbehagen in der Kultur", in denen Freud einen Entwurf von Romain Rolland, der sich gegen seine Behandlung der Religion richtet, abhandelt (vgl. S. 367 ff). Rolland stellt als eigentliche Quelle der Religiosität ein ozeanisches Gefühl unauflösbarer Verbundenheit mit der Außenwelt, kurz: einen Drang, das abgegrenzte Ich verschwinden zu lassen, heraus. Freud will dieses Gefühl bei sich nicht feststellen können und weist daraufhin, daß ein geformtes Ich sich nur in dem an das Pathologische grenzenden Fall der Verliebtheit an ein Objekt verlieren könne und dies sei "Allen Zeugnissen der Sinne entgegen...". Theweleit hat Freuds Einlassungen darauf sehr treffend kommentiert:

> "Gedankenflucht ist sonst Freuds Sache nicht, hier aber hat man den Eindruck." (Theweleit 1977: 319)

Am deutlichsten ist dies im letzten Abschnitt von Freuds Ausführungen zu diesem Thema.

> "Ein anderer meiner Freunde, (...) versicherte mir, daß man in den Yogapraktiken durch Abwendung von der Außenwelt, durch Bindung der Aufmerksamkeit an körperliche Funktionen, durch besondere Weisen der Atmung tatsächlich neue Empfindungen und Allgemeingefühle in sich erwecken kann, die er als Regressionen zu uralten, längst überlagerten Zuständen des Seelenlebens auffassen will. Er sieht in ihnen eine sozusagen physiologische Begründung vieler Weisheiten der Mystik. Beziehungen zu manchen dunklen Modifikationen des Seelenlebens, wie Trance und Ekstase, lägen hier nahe. Allein mich drängt es, auch einmal mit den Worten des Schillerschen Tauchers auszurufen: 'Es freue sich, wer da atmet im rosigen Licht.'" (Freud 1930: 373 f)

6.3.1.2. Eine Strategie der Hygiene.

Ich werde mich nun im folgenden mit einer neuen Verbindung, die die Elemente des eingeführten Dispositivs eingegangen sind, beschäftigen: den machttechnischen Imaginationen des Nationalsozialismus. Ich habe den Terminus Imagination mit Bedacht gewählt, denn ich weigere mich, die Bedeutung dieser Vorstellungen auf Begriffe wie Ideologie oder Propaganda zu verkürzen. Diese Begriffe gehen darauf aus darzulegen, daß unwissentlich oder wissentlich 'falsche' Überzeugungen verbreitet worden sind, und daß diesen Überzeugungen mittels einer ihnen äußerlichen Gewalttechnik, die von Verführung durch Suggestivität bis zur Unterdrückung durch physische Gewalt reicht, zur Geltung verholfen worden ist. Ich sagte: <u>verkürzen</u>, denn es wäre unsinnig, die Existenz solcher Gewalttechniken in Abrede zu stellen. Für ebenso überflüssig halte ich es, diese Überzeugungen zu <u>widerlegen</u>, sie des Irrationalismus und Mystizismus zu bezichtigen, denn sie scheinen mir solchen Einwürfen gegenüber resistent[38]. Klaus Theweleit hat darauf hingewiesen, daß es darum geht, diese Vorstellungen als <u>Teil</u> und nicht als <u>Ausdruck</u> einer geschichtlichen Epoche zu sehen (Theweleit 1978: 541). Wenn ich also von Imaginationen spreche, so meine ich damit eine <u>Produktivkraft</u>, die jene Vorstellungen zu dem gemacht hat, was sie heute für uns sind: geschichtliche Realität.

Zwei Aspekte werde ich in diesem Zusammenhang heruasarbeiten:

- Der Zugriff auf das Leben, bzw. den Körper, ist der Kampf gegen die Krankheit: Die Strategie der <u>Hygiene</u> im Mikro- und Makrobereich.

- Die Strategie der Hygiene entspringt einer 'paranoischen' Disjunktion: Die <u>Codierung</u> von Körperintensitäten.

Das Parteiprogramm der NSDAP beschreibt den Ausgangspunkt der Bewegung folgendermaßen:

> "Ist ein Volk in großes Unglück geraten, besitzt es aber noch lebendige seelische Kräfte, so wird die eindeutige Beantwortung der Frage nach den tieferen Gründen seines Niedergangs zur ersten Bedingung seiner Wiedergeburt. Die Tatsache allein schon, daß ein so großes Reich wie das deutsche einer ganzen Welt standhalten konnte, um dann zusammenzubrechen und - nach diesem Zusammenbruch - die schlimmsten Kehrseiten des ehemaligen Heldengeistes aufzuweisen, zwingt jedem Denkenden die ernstesten Fragen auf." (Rosenberg 1943: 121)[39]

Diese Aussage zwingt auch bestimmte Antworten auf. Wenn das deutsche Reich also <u>zusammengeklappt</u> ist, wiewohl es zu Heldentaten fähig war und wenn nach dem Zusammenklappen Kehrseiten dieses Heldengeistes Platz greifen, so verweist dies auf einen Prozeß im Innern, denn sonst wäre dieser Heldengeist zwar überwältigt, nicht aber gebrochen oder gar ins Gegenteil verkehrt. Das Programm fährt also fort:

> "Er wird erkennen, daß der Krämergeist, das rein auf das Ich eingestellte 'wirtschaftliche' Denken, der Geist des seelenlosen Internationalismus, verbunden mit einer weit verbreiteten Dünkelhaftigkeit, zwar am 9. November 1918 öffentlich die Herrschaft antrat, aber schon jahrelang, jahrzehntelang im Innern des Volkes wucherte." (S. 121)

Wir finden in dieser "Seelenlosigkeit" die zentrale Diagnose der Soziologie der damaligen Zeit wieder: das normative Vakuum. Diese Seelenlosigkeit ist jedoch hier nicht unangefochten, denn noch existieren "lebendige seelische Kräfte", die eine "Wiedergeburt" des Zusammengebrochenen vorbereiten. <u>Seelische</u>

Kräfte drängen also nach Wiederverkörperung und wollen damit den zusammengeklappten Heldengeist wieder aufrichten. Wodurch aber wurde dieser Geist geschwächt?

> "(..); von einem dämonischen Drang nach rein technischen, wirtschaftlichen Eroberungen getrieben, gefördert durch materielle Zwangslagen (Überbevölkerung usw.), ohne den Willen, das Raumproblem zu erfassen und demgemäß zielbewußt zu handeln, verlor das deutsche Volk sein seelisches Gleichgewicht und fiel Verführern zum Opfer, die den verflachenden Geisteszustand für die Einimpfung volksvergiftender Lehren ausnutzten (Menschheitskultur, Internationalismus, Pazifismus, Parlamentarismus usw.)." (S. 121)

In dem dämonischen Drang nach rein extensiven Wirkungen erkennen wir Spenglers Handschrift: der Verlust der kulturellen Entelechie als Zwang zum Imperialismus. Der Kern der Ausführungen ist jedoch, daß dieser Wille zum (unendlichen) Raum nicht erfaßt und zielbewußt umgesetzt worden ist und so das deutsche Volk einem Dämmerzustand verfiel, in dem Gifte in es injiziert worden sind. Das Zusammenklappen ist so gesehen die Folge des Giftes.

> "Die völkische Revolution gegen diesen krankhaften Zustand brachten die Augusttage 1914 und all die Heldentaten des deutschen Volkes in Feld und Heimat. Aber die Krankheitserreger saßen zu tief im Blut, und durch sie, durch Leid und Hunger zermürbt, stürzte der stolze Bau, der Traum der Jahrhunderte, in wenigen Tagen zusammen, ..." (S. 121 f)

Das deutsche Volk hat also gegen das Gift im Innern durch nach außen gerichtete Heldentaten rebelliert, und auch dieser Verzahnungsprozeß von innerer Schwache mit nach außen wirkender Stärke ist inzwischen wohlbekannt. Diese innere Schwäche ist die Krankheit, und ihre Charakteristika sind: wuchernd, eingeimpft und Folge eines Giftes zu sein. Das Krankheitsgift sitzt aber zu tief, und eben so konnte es geschehen, daß die beiden Wunschobjekte, "Heldengeist" und der "stolze Bau des Reichs", in sich zusammengefallen sind. Wie massiv und unwiderstehlich diese Krankheit ist, zeigt sich daran, daß ein "Traum der Jahrhunderte" in einem verschwindenden Bruchteil dieser Zeit, "in wenigen Tagen" nämlich, zuende geht. Wie aber ist Heilung möglich?

> "Jetzt ist die große Wende eingetreten, da es sich entscheiden muß, ob in Mitteleuropa nur ein Gemengsel Menschen leben wird, das zufällig die deutsche Sprache

> spricht, im übrigen aber keinen gemeinsamen Pulsschlag des Herzens mehr besitzt, oder aber ob aus tiefster Schande der alte Idealismus sich noch emporzurecken vermag, um 70 Millionen zu einer Bluts-, Volks- und Schicksalsgemeinschaft zusammenzuschmieden. Im ersten Fall ist der Untergang - der verdiente Untergang - besiegelt, im zweiten wird keine Macht der Welt die Auferstehung Deutschlands zu verhindern vermögen." (S. 122)

Wiederum, zweimal sogar, die Formel der energetischen Umsetzung: aus Schwäche wird Stärke. Die Neuformierung der Binnenstruktur ("aus tiefster Schande ... sich emporzurecken") erbringt als Resultat unbezwingliche Stärke nach außen ("keine Macht der Welt"). Auch die Seelenlosigkeit ist auf ihren Punkt gebracht in der Zufälligkeit von etwas, das doch offensichtlich gemeinsam sein muß, der Sprache. Seelenhaftigkeit ist demgemäß das Empfinden des gemeinsamen Pulsschlages des Herzens. Zieht man den Sinn dessen zusammen, so ergibt sich, daß das Blut die Sprache des Herzens ist. Kürzer läßt sich die vorliegende Sprache nicht umreißen, und wen wundert es, daß sie allgemein verständlich ist? Sie thematisiert Körpergefühle, sie wünscht dabei den gesunden Körper und verwirft den kranken. Der gesunde Körper ist der formierte ("Heroismus", "Idealismus", "Traum"), der kranke ist der formlose ("Schwäche", "Zusammenbruch", "Materialismus", "Schande").

Der Makrokörper ist der "Volkskörper" (S. 123), und in ihm hat sich die seelische Entelechie Gestalt gegeben durch eine Formung von innen nach außen.

> "Jeder neue, innerlich starke Gedanke tritt gesetzgebend in Erscheinung. Aus neuer innerer Richtung heraus knüpft er an Lebendiges an, formt es um und stellt es als Ziel ins Getriebe der Welt. Entspricht dies Ziel dem Wesen des dunklen Suchens einer Zeit oder eines Volkes, so wird die Bewegung, welche für seine Erreichung kämpft, auf die Dauer von keiner Macht unterdrückt werden können." (S. 184)

Die Antwort auf die Fragen der Zeit, gegeben in der Sprache des Herzens lautet also: Leib und Seele gehören zusammen, und aus Innerem muß Äußeres werden. Dies bedeutet, daß die "Zerschneidung des lebendigen Volkskörpers" (S. 179) bekämpft werden muß und "(...), daß gleiches Blut und gleiche Sprache und gleiche Kulturüberlieferungen auch einen Staat bilden müssen." (S. 131) Faßt man also zusammen, so ergibt sich: ein Leib, eine Seele, eine Sprache des Herzens, ein Blut. Diese Liste kann noch ergänzt werden um die Forderung nach "dienende(n) Organe(n)".

> "Die Parteien waren nicht mehr dienende Organe im Volksorganismus, sondern zu selbständigen Staaten im Staate geworden." (S. 128)

Zu den dienenden Organen tritt noch ein exekutierendes Organ, "eine eiserne Diktatorenfaust", so daß nun jenerKörper zusammengeschmiedet werden kann.

> "(...), doch setzt die Durchführung auch der besten Vorschläge eine eiserne Diktatorenfaust voraus, ..." (S.158)

Es kann keinen Zweifel darüber geben, daß die Körpersprache unzweideutig ist, ganz im Gegensatz zur körperlosen.
Der Körper wird entdeckt ('Seht, dies ist unser Körper!'), mit einem Wunschcode (Sprache des Herzens) erschlossen, Gegenbesetzungen werden abgestoßen (Ekel vor der Krankheit) und ein "Traum"-territorium wird geformt (innerlich Empfundenes wird wahr), das unbezwingbar ist ("keine Macht ...").

Es ließe sich eine umfängliche Liste der Krankheiten erstellen, die diesen Körper bedrohen, ich gebe nur eine Auswahl:

> "(...), und ihre Vertreter (scil. die des Klassenkampfs, F.M.S.) haben seit Jahrzehnten keinen Tag ohne den Versuch vergehen lassen, die Wunden im deutschen Volkskörper stets von neuem wieder aufzureißen." (S. 123,
>
> "(...), ehe nicht der Bazillus unschädlich gemacht worden ist, der unser Blut und unsere Seele vergiftet: der Jude ..." (S. 127)
>
> "Ein Krebsschaden aller bisherigen Parteibildungen ..." (S. 128)
>
> "(...), die auftretenden Fehler aber waren nicht Folgen dieses Systems, sondern die Ansteckungskeime gerade aus dem Geisteslager, in dem sich die Gegner des deutschen Volksheeres befanden. Das materialistische Gift ..." (S. 174)
>
> "Giftzentralen" (S. 176)

Es ist evident, daß sich gegen Krankheiten, deren Erreger und Gifte nur mit einer Strategie der Hygiene vorgehen läßt. Die Krankheit vollzieht die Gegenbewegung zur seelischen Entelechie, denn sie dringt von außen nach innen ein. Ihre tückischste Form ist die Verunreinigung von Reinem, die Deformierung einer organischen Einheit.

> "Der Nationalsozialismus sieht auch in der Art des Staatsaufbaus und der Staatsleitung einen Ausfluß eines bestimmten völkischen Charakters. Läßt man eine ganz fremde Rasse - folglich andere Triebe - daran teilnehmen, so wird die Reinheit des organischen Ausdrucks verfälscht und das volkliche Dasein verkrüppelt werden." (S. 138)

> "(...), daß aber eine Vermischung mit der ihrem ganzen geistigen und körperlichen Bau nach grundverschiedenen und feindlichen jüdischen Gegenrasse mit ähnlichen vorderasiatischen Ausstrahlungen nur Bastardierung zur Folge gehabt hat." (S. 139)

Von dieser Krankheit kann auch eine extrahierbare Essenz gebildet werden, die, auf eine Spritze aufgezogen, eingeimpft werden kann, dann handelt es sich um Gifte, die von Krankheitsideologen ("Klassenkämpfer", "Materialisten", "Presse" etc.) verabreicht werden. Die Strategie der Hygiene setzt dem die "Durchführung gesunder Gedanken" (S. 128) entgegen, die "rassisch-völkische Sauberkeit" (S. 142) gewährleisten.

Die Mikrostruktur, die Zelle des Volkskörpers, ist eine "preußische Ethik" des Arbeiters und des Soldaten. Die Arbeitsethik stimmt mit der Spenglers überein, sie kann daher kurz abgehandelt werden.

> "(...); der Nationalsozialismus erblickt in der Auffassung vom Wesen der Arbeit einen bezeichnenden Charakterzug der Völker und erklärt den Kampf der üblichen Anschauung, als sei Arbeit nur ein Mittel zum Erwerb stofflicher Güter, eine nur materielle Tätigkeit, bestenfalls eine Ausfüllung von Mußestunden. Diese geistige und seelische Einstellung bedeutet eine Verfälschung deutschen Fühlens und wurde möglich durch die vorangegangene Vergiftung des ganzen öffentlichen Lebens mittels einer vom feindlichen Gelde ausgehaltenen Presse, durch den angesichts der Überbevölkerung hervorgerufenen Konkurrenzkampf, der schlechte Instinkte an die Oberfläche rief; endlich durch die allgemeine Atmosphäre des planmäßig großgezüchteten theoretischen und praktischen Materialismus der letzten Jahrzehnte." (S. 143)

Wie bei Spengler also geht es darum, die "schlechten Instinkte" niederzukämpfen und mögliche materielle Zwecke der Arbeit abzulehnen, um so der selbstzweckhaften Pflicht zum Durchbruch zu verhelfen[40]. Es ist wesentlich in diesem Zusammenhang, daß diese Berufsauffassung als Kampfbestimmung gilt, wobei bis auf jene knappen Hinweise - die "schlechten Instinkte" und "Materialismus" - unklar ist, an welcher Front gekämpft wird.

> "Der Kampf um die Seele des deutschen Volkes ist mit in erster Linie auch ein Kampf für die alte deutsche Auffassung vom Wesen und Wert der Arbeit. In der Erfüllung einer jedem Menschen im Bereich seiner Veranlagung zugewiesenen Pflicht sehen die Nationalsozialisten den höchsten Stolz ..." (Rosenberg 1943: 143 f)

Worum gekämpft wird, wissen wir nun: um die Seele. Damit verstehbar wird, wogegen sich dieser Kampf richtet, muß die Hierarchie dieses Arbeitssystems, dessen unterste Stufe wir kennengelernt haben, weiterverfolgt werden.
Ein Modell und Vorbild dieser Pflichterfüllung existiert bereits, von den einleitenden Sätzen her darf es als heldenhaft bezeichnet werden.

> "Im Weltkrieg kämpften nicht Söldner und einzelne Volksteile, sondern die ganze Nation. Die Soldaten und Offiziere an der Front, der Arbeiter am Schraubstock, der Ingenieur am Schreibtisch, der Erfinder im Laboratorium - jeder leistete seine Pflicht dem Volke gegenüber." (S. 149)

Diese Ausführungen münden in einen Grundsatz ein, aus dem zu entnehmen ist, daß heldenhafte Pflichterfüllung "Opfer an Gut und Blut" (S. 150) bedeutet. Vorschnelle Schlüsse sind hier zu vermeiden, man kann zunächst nur im Sinne Spenglers daraus folgern, daß das "Höherspannen" der Richtungsenergie (das "dunkle Wollen", das Ausdruck sucht, wie es im Programm immer wieder heißt) in der Pflicht eine Preisgabe materieller Zwecke ("Gut") und ideell-seelischer Zwecke ("Blut") miteinbegreift. Diese Verausgabung ist höchste Stufe und zugleich Zweck, sie bedarf aber der Abstützung durch die untergeordneten Hierarchien eines Arbeitssystems, dessen Organisationsprinzip auf der funktionellen Ordnung eines Organismus beruht. Ein Beispiel:

> "Wir erkennen nicht nur die überragende Bedeutung des Nährstandes für unser Volk, sondern sehen im Landvolke auch den Hauptträger volklicher Erbgesundheit, den Jungbrunnen des Volkes und das <u>Rückgrat der Wehrkraft</u> (Hervorhebung von mir, F.M.S.)." (S. 162)

In der Tat ist das Heer der Träger dieser höchsten Pflichtauffassung und verkörpert so die Spitze der Hierarchie.

> "Ohne Zweifel hatten Millionen von Deutschen am alten Deutschland vieles auszusetzen, und doch zeigte es sich, daß trotz vieler Mängel des vorrevolutionären Staates selbst diese Millionen bereit waren, ihr Gut und Blut fürs Deutsche Reich herzugeben. Es ist sicherlich manches auch am alten Heere zu bemängeln gewesen, und doch war

> dieses Heer derjenige Fels im trüben Meer des Händlergeistes, wo Ehre und Pflicht nicht Dinge waren, über die ein welterfahrener Europäer lächelte, sondern treibende Kräfte des Lebens." (S. 173 f)

Rekapitulieren wir von da die Binnenstruktur des Volkskörpers: Die Mikrokörper strukturieren sich gemäß einer Pflichtethik zu einem Wehrkörper zusammen, dessen funktioneller Wert nur darin zu bestehen scheint, Pflicht als solche in Form der Kampfbestimmung zu verkörpern. Die ganze Operation mutet sinnlos und tautologisch an! Dieser so formierte Volkskörper ist jedoch ein Wunschkörper, der gegen das angeht, was ihn wieder in formlose Masse zurückverwandeln könnte ("Fels" vs. "trübes Meer"). Dieser Sachverhalt soll noch präzisiert werden:

> "Diese Ideen, straffe Manneszucht und das Bewußtsein völkischer Zusammengehörigkeit haben die Männer aus ihrer Dienstzeit mit heimgebracht und auf ihre Umgebung übertragen. Und wer nicht im Heere war, hat doch die Auswirkungen dieser Manneszucht an sich selbst verspürt." (S. 174)

Manneszucht und völkische Zusammengehörigkeit sind das, was dem anfänglich beschworenen Heldengeist, der ja zusammengebrochen ist, zukommt. Die Wiederbelebung dieses Heldengeistes wird so zum Gegenstand eines Züchtungsbestrebens.

> "Nicht um Welteroberungen zu vollbringen, wie äußere und innere Feinde behaupten, sondern um den Ehr- und Pflichtbegriff wieder hochzuzüchten gegen die Korruption der heutigen Welt. (scil. ist die Bildung eines Volksheeres notwendig, F.M.S.)" (S. 174 f)

Setzt man hinzu, daß jene Krankheiten, Keime und Gifte es waren, die den Zusammenbruch hervorgerufen haben, so kann man festhalten, daß die Front, an der gekämpft wird, die Krankheitsfront ist, deren Linie weltweit verläuft.

> "Der deutsche Kampf ist heute wiederum ein Weltkampf geworden, selbst wenn die deutschen Nationalsozialisten nichts, weiter garnichts leitete als die grenzenlose Liebe zum deutschen Volk und, daraus geboren, der grenzenlose Haß gegen seine Verderber ..." (S. 185)

Die Antwort des Nationalsozialismus auf die Krankheit ist also "(...) - durchaus unsentimental und ohne Aufzucht minderwertigen Materials und Errichtung von Idiotenanstalten - ..." (S. 156) eine Strategie der Hygiene. Die Formel dieser Strategie ist dabei, daß dem, was innerlich zersetzt, durch Formierung begegnet wird, um es äußerlich bekämpfen zu können.

Formierung (Wehrkraft) gestaltet durch die Bewegung von innen nach außen, Deformierung (Krankheit) verunstaltet durch die Bewegung von außen nach innen.

Das entscheidende Territorium, das es zu besetzen gilt, ist die Grenzlinie, die die Durchlässigkeit von außen und innen regelt. Hier gilt nachdrücklich: Keine Vermischung! Um dies zu erreichen, muß Inneres gegliedert werden gegen das Äußere. Die Kampfbestimmung ist dieser Gliederung implizit: "Seele" und "dunkles Wollen" finden ihren Ausdruck gegen die Verderber, ebenso wie die Arbeitsethik die inneren Werte gegen äußere Zweckbestimmungen o.ä. setzt. Nochmals also: Der wehrhafte Körper ist der Wunschkörper, er kontrolliert und verteidigt formiertes Inneres gegen das Außen, und wenn etwas jene Grenze überschreitet, dann ergießt es sich von innen nach außen (z.B. Blut). Die Krankheit dagegen besagt, Äußeres will nach innen: schmarotzende Rassen wollen sich vermischen, Keime stecken an, Gifte werden eingeimpft. Dennoch darf nicht vergessen werden, daß die Krankheit einen Aspekt der Innerlichkeit bezeichnet, einer abgestoßenen Innerlichkeit, sonst bedürfte es nicht des wehrhaften Körpers. Die Krankheit hat Gestaltungskraft, denn sie verwandelt z.B. den Helden in den Schwächling, und so ist sie nicht die Vision einer nur äußerlichen Bedrohung - das Vergießen von Blut z.B. schreckt nicht -, sondern eben die Äußerlichkeit, die nach innen dringt. Diese Krankheit ist Imagination, ihre Physiognomie ist geistig.

Was ich hier an dem Parteiprogramm ausgeführt habe, scheint mir exemplarisch zu sein, dieselbe Abfolge und Struktur der Argumentation findet sich auch in Adolf Hitlers "Mein Kampf" (Hitler 1933). Dem Titel entsprechend muß auch das Buch behandelt werden, wofür bzw. wogegen wird gekämpft? Auch hier gilt wiederum, daß ich das Buch als eine Darstellung von "Zuständen und Wünschen (Theweleit 1978: 541) gelesen habe und nicht als Propagandawerk.

Das zehnte Kapitel des ersten Bandes ("Eine Abrechnung") versucht die "Ursachen des Zusammenbruches" (Hitler 1933: 245 ff) zu diagnostizieren. Diagnose ist hier im medizinischen Sinne gemeint, denn ein klinischer Blick versucht zu sezieren und Visionen zu entwickeln.

> "So wie man zur Heilung einer Krankheit nur zu kommen vermag, wenn der Erreger derselben bekannt ist, so gilt das gleiche auch vom Heilen politischer Schäden. Freilich pflegt man die äußere Form einer Krankheit, ihre in das Auge stechende Erscheinung, leichter zu entdecken als die innere Ursache." (S. 246)

Präzisieren wir: Es geht um die Innerlichkeit der Krankheit, nicht um ihre Äußerlichkeit. Es gibt einen Zusammenbruch als Überwältigung, dann ist das Innere ungebrochen, es gibt aber auch einen Zusammenbruch als Ausdruck innerer Fäulnis, dann handelt es sich um Krankheit.

> "So sehen jetzt die meisten unter uns den deutschen Zusammenbruch in erster Linie nur in der allgemeinen wirtschaftlichen Not und den daraus sich ergebenden Folgen. (...) Viel weniger aber sieht die große Masse den Zusammenbruch in politischer, kultureller, sittlich-moralischer Hinsicht. Hier versagt bei vielen das Gefühl und auch der Verstand vollkommen." (S. 247)

Es ist wesentlich, sich vor Augen zu halten, daß wirtschaftliche Not u.ä. nicht als der Kern des Übels betrachtet werden, diese Äußerlichkeiten sind nur Ausdruck oder flankierende Faktoren des Zusammenbruchs, ihre Linderung ist daher von untergeordneter Bedeutung.

> "Gehen denn überhaupt Völker an verlorenen Kriegen an und für sich zugrunde?
> Die Antwort darauf kann sehr kurz sein: Immer dann, wenn Völker in ihrer militärischen Niederlage die Quittung für ihre innere Fäulnis, Feigheit, Charakterlosigkeit, kurz Unwürdigkeit erhalten." (S. 250)

Der katastrophische Zusammenbruch hat sogar eine reinigende Wirkung, denn er gibt dem Kämpfer gegen Krankheit eine Waffe zurück, die dieser zur Zeit des subversiven Nistens der Krankheit verloren hatte: "die Waffe des moralischen Rechts"(S.252). Die Katastrophe klärt also die Fronten, der Feind ist nun sichtbar und daher auch bekämpfbar.

> "Für das deutsche Volk darf man es fast als ein großes Glück betrachten, daß die Zeit seiner schleichenden Erkrankung plötzlich abgekürzt wurde, denn im anderen Falle wäre die Nation wohl langsamer, aber um so sicherer zugrunde gegangen. Die Krankheit wäre zu einer chronischen geworden, während sie in der akuten Form des Zusammenbruchs mindestens einer größeren Menge klar und deutlich erkennbar wurde. Der Mensch wurde nicht durch

> Zufall der Pest leichter Herr als der Tuberkulose. Die eine kommt in schrecklichen, die Menschheit aufrüttelnden Todeswellen, die andere in langsamem Schleichen; die eine führt zu entsetzlicher Furcht, die andere zur allmählichen Gleichgültigkeit. Die Folge aber ist, daß der Mensch der einen mit der ganzen Rücksichtslosigkeit seiner Energie entgegentrat, während er die Schwindsucht mit schwächlichen Mitteln einzudämmen versucht. So wurde er der Pest Herr, während die Tuberkulose ihn selber beherrscht.
> Genau so verhält es sich auch mit Erkrankungen von Volkskörpern. (Hervorhebung von mir, F.M.S.)" (S. 253)

Die Heilung des kranken Körpers ist nur dann möglich, wenn zwischen Erreger und Symptom unterschieden werden kann.

> "Das Wichtigste bleibt auch hier die Unterscheidung der Erreger von den durch sie hervorgerufenen Zuständen."(S.254)

Die wirtschaftliche Not - Hitler führt darunter folgende Erscheinungen auf: Vermehrung der Volkszahl, Schwächung des Bauernstandes, Götze Mammon, Materialismus, Aktiengesellschaften u.ä. - gehört in den Bereich der Symptome (vgl. 254 ff). Weitere Krankheitserscheinungen sind die "immer mehr um sich greifende Halbheit in allem und jedem" (S. 258), sowie "Feigheit vor der Verantwortung und die daraus sich ergebende Schwäche in der Behandlung selbst lebenswichtiger Probleme." (S. 262) Es gehört zur Krankheit selbst, sie zu bejahen oder wenigstens doch ihr gleichgültig gegenüberzustehen. Die Wehrlosigkeit ("Halbheit", "Feigheit", "Schwäche") ist so der Ausdruck der inneren Fäulnis, die Wehrhaftigkeit ("Rücksichtslosigkeit der Energie") aber wäre die gebührende Antwort, so z.B. gegenüber der Presse, die ungehindert und vom Recht der freien Meinungsäußerung geschützt, Gifte einimpft.

> "(...) - nur um das Prinzip der Pressefreiheit und der Freiheit der öffentlichen Meinung dreht es sich; allein dieses soll verteidigt werden. Vor diesem Geschrei aber werden die stärksten Männer schwach, ..." (S. 268)

Diese Schwäche aber ist fatal, denn sie ist eine List der Krankheit. Wo eigene Schwäche droht, muß Stärke umso unerbittlicher durchgreifen.

> "So konnte dieses Gift ungehindert in den Blutlauf unseres Volkes eindringen und wirken, ohne daß der Staat die Kraft besaß, der Krankheit Herr zu werden. In den lächerlich halben Mitteln, die er dagegen anwandte, zeigte sich der bereits drohende Verfall des Reiches. Denn eine Institution, die nicht mehr entschlossen ist, sich selbst mit allen Waffen zu schützen, gibt sich praktisch auf."
> (S. 268 f)

Sich wehren ist also Lebensprinzip. Die gebührende Antwort auf die Presse lautet demnach:

> "Eine Dreißig-Zentimeter-Granate zischte immer noch mehr als tausend jüdische Zeitungsvipern - also laßt sie denn nur zischen!" (S. 269)

Auch hier sind die Krankheiten, die Keime und Gifte nicht metaphorisch gemeint, sondern wollen eine reale Zuständlichkeit bezeichnen, d.h. eine Befindlichkeit des Körpers zwischen den spezifischen Polen Gesundheit und Krankheit. Noch aber kennen wir den Erreger nicht, noch ist die Krankheit nicht beim Namen genannt, bei ihrem medizinischen Namen.

> "(...): Parallel der politischen, sittlichen und moralischen Verseuchung des Volkes lief schon seit vielen Jahren eine nicht minder entsetzliche gesundheitliche Vergiftung des Volkskörpers. Die Syphilis begann besonders in den Großstädten immer mehr zu grassieren, während die Tuberkulose gleichmäßig fast im ganzen Lande ihre Todesernte hielt! Trotzdem in beiden Fällen die Folgen für die Nation entsetzlich waren, vermochte man sich nicht zu entscheidenden Maßnahmen dagegen aufzuraffen. Besonders der Syphilis gegenüber kann man das Verhalten der Volks- und Staatsleitung nur mit vollkommener Kapitulation bezeichnen." (S. 269)[41]

In der Syphilis laufen alle Stränge zusammen und sammeln sich zu einem einheitlichen Syndrom.

> "Die Ursache aber liegt in erster Linie in unserer Prostituierung der Liebe. Auch wenn ihr Ergebnis nicht diese fürchterliche Seuche wäre, wäre sie dennoch von tiefstem Schaden für das Volk, denn es genügen schon die moralischen Verheerungen, die diese Entartung mit sich bringt, um ein Volk langsam, aber sicher zugrunde zu richten. Diese Verjudung unseres Seelenlebens und Mammonisierung unseres Paarungstriebes werden früher oder später unseren gesamten Nachwuchs verderben, denn an die Stelle kraftvoller Kinder werden nur mehr die Jammergestalten finanzieller Zweckmäßigkeit treten." (S. 270)

"Prostituierung" bedeutet "Mammonisierung" und "Verjudung", bedeutet Ansteckung, bedeutet Entartung. Das Entscheidende an dieser Kette ist, daß das Unmoralische, das Unreine und Minderwertige <u>infektiös</u> geworden ist und seine Wirkung ist die einer <u>Epidemie</u>.[42]

> "Die sichtbarsten Resultate dieser Massenverseuchung kann man auf der einen Seite in den Irrenanstalten finden, auf der anderen aber leider in unseren Kindern. Besonders diese sind das traurige Elenderzeugnis der unaufhaltsam fortschreitenden Verpestung unseres Sexuallebens, <u>in den Krankheiten der Kinder offenbaren sich die Laster der Eltern</u>.

(Hervorhebung von mir, F.M.S.)" (S. 271)

Die Feststellung, daß Unmoral eine hereditäre Belastung bildet, mündet nun in die Strategie der Hygiene, deren höchstes Ziel die Reinheit der biologischen Art ist.

> "Die Sünde wider Blut und Rasse ist die Erbsünde dieser Welt und das Ende einer sich ihr ergebenden Menschheit." (S. 272)

Ausgehend von dieser Feststellung richten sich nun alle Machttechniken direkt an den Körper in dem Sinne, daß die Bereiche wie Moral, Politik, Kunst etc. insgesamt in dem medizinisch radikalisierten Dispositiv aufgehen. Die von Hitler angeführten Disjunktionen: Moral - Laster, Stärke - Schwäche, Art - Entartung etc. fassen sich in der großen Polarität Gesundheit - Krankheit zusammen. Strategie der Hygiene meint Kampf um die Reinheit - das große "Reinemachen" und "Säubern" des Volkskörpers von mikrobischen Erregern, formlosen Massen und Epidemien.

> "Nein, wer der Prostitution zu Leibe gehen will, muß in erster Linie die geistigen Voraussetzungen zu derselben beseitigen helfen. Er muß mit dem Unrat unserer sittlichen Verpestung der großstädtischen 'Kultur' aufräumen, und zwar rücksichtslos und ohne Schwanken vor allem Geschrei und Gezeter, das natürlich losgelassen werden wird. Wenn wir die Jugend nicht aus dem Morast ihrer heutigen Umgebung herausheben, wird sie in demselben untersinken. (...) Dieses Reinemachen unserer Kultur hat sich auf fast alle Gebiete zu erstrecken. Theater, Kunst, Literatur, Presse, Plakat und Auslagen sind von den Erscheinungen einer verfaulenden Welt zu säubern und in den Dienst einer sittlichen Staats- und Kulturidee zu stellen. Das öffentliche Leben muß von dem erstickenden Parfüm unserer modernen Erotik befreit werden, genau so wie von jeder unmännlichen prüden Unaufrichtigkeit. In allen diesen Dingen muß das Ziel und der Weg bestimmt werden von der Sorge für die Erhaltung der Gesundheit unseres Volkes an Leib und Seele. Das Recht der persönlichen Freiheit tritt zurück gegenüber der Pflicht der Erhaltung der Rasse." (S. 278 f)

Es genügt hier der Hinweis, daß in diesen Imaginationen sich der Wunschkörper wiederum als Soldaten-, bzw. Heereskörper formiert: der formierte Einzelne und die formierte Masse. (S. 305 ff)

Das darin angelegte Kampfprinzip soll nun unter einem anderen Aspekt, den ich bereits angekündigt habe, betrachtet werden. Wie dieses Kampfprinzip verfährt, ist ohne weiteres zugänglich, denn es ist in der faschistischen Sprache selbst enthalten, weniger in dem, was diese Sprache bedeutet oder anrichtet, sondern in dem, was sie selbst tut: sie zerspaltet und zerschrotet, um Ordnung zu stiften. In dieser (Kampfes)Ordnung der Sprache stehen feindliche Potentiale gegeneinander, die nach dem Gesetz von Druck und Gegendruck aufeinander einwirken. Daß diese Intensitäten Körperempfindungen und -zuständlichkeiten sind, muß nicht erst über Symbole oder Unbewußtes entschlüsselt werden, sie sind ganz unverhohlen körperlich. Die Formel dieser Kraftwirkungen läßt sich so angeben: Der Mensch ist zur Stärke verdammt, weil er zur Schwäche geboren ist. So ein metaphysischer Versuch Hitlers:

> "Die letzte Erkenntnis aber ist das Verstehen der Instinktursachen - das heißt: der Mensch darf niemals in den Irrsinn verfallen, zu glauben, daß er wirklich zum Herrn und Meister der Natur aufgerückt sei - (...). Er wird dann fühlen, daß in einer Welt, in der Planeten und Sonnen kreisen, Monde und Planeten ziehen, in der immer nur die Kraft Herrin der Schwäche ist und sie zum gehorsamen Diener zwingt oder zerbricht, ... (Hervorhebung von mir, F.M.S.)" (S. 267)

Man stößt daher in den verschiedensten Ausführungen dieser Art auf jene Kraftformeln - und darum handelt es sich ja bei diesen Versuchen -, die die aufgezeigten "Kraftströme" kontrollieren wollen. Der Herausgeber von Rosenbergs "Pest in Rußland", Georg Leibbrandt, beschreibt dieses Unterfangen sehr treffend:

> "Rosenberg zeigt in dieser Arbeit die verschiedensten Kraftströme auf, die zur russischen Revolution beitrugen." (Rosenberg 1943: 189)

Die Kraftströme sind immer zweipolig, sie stärken oder sie schwächen. Es kommt daher darauf an, immer neue Energiepotentiale zu erschließen und nutzbar zu machen, um Schwäche abwehren zu können. Eine Auswahl:

> "Wir anerkennen nur Ideen und Ideale, die uns einen Kraftzuschuß mitteilen, die unseren Willen stählen, um unbekümmert um eine Meute von Feinden und schwach gewordenen Freunden den Weg zu gehen, auf dem wir uns zusammengefunden haben." (S. 501)

> "Denn nur durch falsche Weichheit, durch uferlose Schwärmerei, durch feigen 'Takt', durch 'Toleranz', die nur verkappte Angst war, durch Abkehr von unserem Wesen zum mammonistisch-jüdischen Götzen gelang es, uns so zu demütigen, wie es heute der Fall ist." (S. 503)

> "Und diese Tausende erwarteten auch, daß ein Ernst und ein Wille hinter den Worten stand, der nicht gleich liebenswürdig zusammenklappte, wenn er sich von einer Meute Feinden umgeben sah." (S. 550)

> "Die Worte müssen böse, sehr böse sein, mit denen wir alles Jämmerliche bezeichnen; so allein halten wir alles Faule von uns ferne, so allein werden wir die Starken gewinnen." (S. 551)

Der Ausgangspunkt ist eine einfache (`paranoische´) <u>Disjunktion</u> der Kraftwirkungen: Anziehung der Stärke und Abstoßung der Schwäche. Die Beziehung dieser Wirkungen faßt sich in der Alternative "Kampf oder Untergang" (S. 739) zusammen. Diese Alternative ist mit vielen Namen codiert, Namen, die Intensitäten zum Ausdruck bringen, die wiederum allesamt auf jene einfache Formel der Kräftebeziehung rückführbar sind.

Die Bedeutung dieser Codierungen ist dabei ebenso einfach und einleuchtend wie die eines Staudamms: standhalten oder bersten. Die Vielzahl der Namen dieser Codierung erfüllt hingegen eine `explorative´ Funktion: In immer neue Körperzonen wird die disjunktive Kartographie eingetragen, d.h. Neuvermessung und Erschließung des Körpers mit Hilfe jener einfachen Kraftformel. Von da aus gesehen ließen sich die Namen der Stärke unter den Oberbegriffen "Gesundheit", "Sauberkeit", "Wehrhaftigkeit" zusammenfassen und gemäß der Kraftformel könnten ihnen die Namen der Schwäche unter den Oberbegriffen "Krankheit", "Schmutz", "Feigheit" gegenübergestellt werden und man könnte so jene Kartographie nachzeichnen.

Ein wesentlicher Aspekt dieser Kampfordnung, den ich bislang nur unzureichend herausgearbeitet habe, ist es, daß es sich um einen <u>Zweifrontenkrieg</u> handelt, den Kampf <u>mit</u> dem und <u>gegen</u> den Körper. Um einen Kampf mit dem formierten Körper geht es, insofern der Feind `draußen´ abgewehrt wird, um einen Kampf gegen den Körper aber, insofern diese Formierung dem Feind `drinnen´, dem inneren Chaos, abgerungen ist. Zwei oft wiederholte Schemata ergeben sich aus dieser Konstellation: Die bereits dargelegte Verzahnung von innerer Schwäche mit nach außen wirkender Stärke und außerdem ein Wunder der wiedergeborenen Gestaltung, d.h. Gesundheit aus Schmutz und Chaos heraus. Für letzteres soll exemplarisch eine Passage aus Rosenbergs Pestanalyse angeführt werden:

> "Dem deutschen Volk ist die Aufgabe beschieden, inmitten von Schmutz und Schlamm der heutigen Welt, inmitten seiner größten Erniedrigungen und bittersten Verhöhnungen

> aus der tiefsten Tiefe (Hervorhebung von mir, F.M.S.) den Gedanken einer neuen Weltgestaltung zu gebären." (S. 248)

Der Kampf zielt also darauf ab, die Rückverwandlung in das innere Chaos, aus dem Gestaltung geboren wurde, zu vermeiden[43]. Die massive Bedrohung durch den äußeren Feind ist deshalb so zwingend, weil ihm ein innerer Feind entspricht, der durch Formierung eingesperrt worden ist. Auch der innere Feind hat ein biologisches Fundament, wie man dies ja schon aus Hitlers metaphysischem Versuch entnehmen konnte. Die Namen, mit denen dieser Feind codiert wird, sind: "dunkle", "anarchistische", "entfesselte Triebe", bzw. ebensolche "Instinkte". In der kopf- und führerlosen Masse greifen diese Triebe als "Gewitter", "Feuerwelle", "Schmutzflut", "Schlamm", "Morast" und "trübes Meer" Platz.[44]

Da, wo es darum geht, die Bedrohung durch diese Feinde zu schildern, gebiert die innere Logik der Imagination ihre Phantasmen. Diese Phantasmen sind nicht bloße Hirngespinste, wiewohl sie fraglos jeder Tatsächlichkeit entbehren. Ich erblicke in ihnen eher Zwangsphantasien, die der assoziativen Struktur der Imagination entspringen, wobei gewissermaßen etwas 'zuende gedacht wird', was in ihnen angelegt ist, und gerade aus dieser Kohärenz beziehen sie ihre Überzeugungskraft. Dies gilt z.B. für das Phantasma, das man 'die Krankheit als Waffe' nennen könnte. Die russische rote Armee, so Rosenberg, versuchte mangels Führern Offiziere aus der alten zaristischen Armee zu rekrutieren. Viele dieser Offiziere, soweit sie nicht den Tod der Schande vorzogen, wurden mit folgenden Mitteln bezwungen:

> "Viele (scil. Offiziere, F.M.S.) wiederum ergaben sich unter der Einwirkung eines der niederträchtigsten Mittel, deren sich die jüdische Sowjetregierung seit Jahren mit ausgesuchter Grausamkeit bedient: dem Geiselsystem. Die Drohung, seine Familie von Syphilitikern schänden zu lassen (Hervorhebung von mir, F.M.S.), oder durch Dienstverweigerung ihren Tod herbeizuführen, hat manchen Mann gebrochen ..." (S. 217)

Auch die Logik der Ansteckung hat ihre Phantasmen, z.B. den Kannibalismus, der uns aus ähnlichen assoziativen Verbindungen schon bekannt ist.

> "Daß mit dem Hunger auch die Seuchen ihren verheerenden Zug antraten, versteht sich von selbst(Hervorhebung von

mir, F.M.S.); namentlich der Typhus und die Cholera waren seine ständigen Gefährten. Die Entwicklung geht schnell weiter (Hervorhebung von mir, F.M.S.). Hunger und Seuchen haben auch noch ein Drittes, Ungeheuerliches gezeitigt: Kannibalismus. Die Fälle sind schon zahlreich, und an der Tatsache, daß eine Mutter ein Kind erschlägt, um ihre anderen mit dessen Fleisch zu nähren, kann - leider - nicht mehr gezweifelt werden. Der Ring des Unheils ist geschlossen, und man kann verstehen, daß die kommunistische Exekutive verfügte, Nervenschwache und Leute unter 22 Jahren dürften sich nicht an den Hilfeleistungen in den Hungergebieten beteiligen ... " (S. 217)

Rosenberg ist nervenstark genug, sich dies auszumalen ... Was er hier als "Ring des Unheils" tituliert, ist das, was ich mit jener inneren Logik der Imagination meine, und sie tritt bei ihm als notwendige Konsequenz des Unheils hervor. Diese innere Kohärenz ist so produktiv wie eine Ereignismaschine, die fortwährend ihre Fälle auswirft, gleichgültig was in sie eingegeben wird. Ihr Funktionieren ist zu denken wie das eines Fleischwolfs, wobei sich aus der zerstückelten Masse der Erkenntnisgewinn ziehen läßt, noch zu leben, bzw. überlebt zu haben, wie Klaus Theweleit dies unter Berufung auf Elias Canetti ausführt.

"Nicht Leichen liebt dieser Mann, er liebt sein eigenes Leben; er liebt es jedoch - und das scheint mir Canettis vorzüglichste Erkenntnis zu sein - als ein Überleben. Die Leichenberge zeigen ihn selbst als Sieger, als einen, dem es gelungen ist, das eigene Tote zu veräußern, als einen, der immer noch da ist, 'wenn alles in Scherben fällt...' " (Theweleit 1978: 26. Er beruft sich dabei auf E. Canetti 1960: 260 - 266)

Die Strategie der Hygiene codiert damit die disjunktiven Kraftfelder zum Überlebenskampf, bei dem, so Foucault, die biologische Existenz auf dem Spiel steht. In diesem Sinne hat auch Hitler jene Kraftformel modifiziert:

"Wenn die Kraft zum Kampfe um die eigene Gesundheit nicht mehr vorhanden ist, endet das Recht zum Leben in dieser Welt des Kampfes." (Hitler 1933: 282)

Damit schließe ich nicht nur diesen Materialteil, sondern jene Einschübe insgesamt ab, und ich gebe daher noch ein kurzes Resümee meiner Vorgehensweise und ihrer Ergebnisse:

- Ich habe die Novelle in Themen und Probleme aufgegliedert, wie sie im zeitgenössischen intellektuellen Kräftefeld zu finden waren. Damit wurde die Novelle zunächst einmal in jenem Kräftefeld plaziert, zugleich habe ich gezeigt, an welchen Elementen des Feldes sie partizipiert. Nie ist es meine Absicht gewesen, einen einheitlichen Entwurf der Novelle in z.B. einen Entwurf der Soziologie aufzulösen, und niemand wird daher aus meiner Arbeit den Schluß ziehen können, daß Thomas Mann Max Weber gelesen hat oder gelesen haben muß. Wer eine solche Einheitlichkeit in anderen Entwürfen wiederfinden will, bedarf des argumentativen Scharniers "Autor als Ursprungsort des Schreibens", eines Glieds also, dessen Vernachlässigung ich begründet habe. Persönliche Denunziation (z.B. Thomans Mann als Präfaschist) oder Lobpreis des Autors ist das eine, die historische Verschränkung des literarischen Diskurses mit anderen ist aber ein davon Unterschiedenes. Meine Vorgehensweise war gewissermaßen horizontal, also Ausdehnungen abschreitend, die andere Vorgehensweise wäre vertikal, also hierarchische Ebenen ineinander auflösend.

- Die Kraftlinien jenes Feldes entfalten sich zwischen Natur auf der einen und einem der Ökonomie entlehnten Kalkül der Naturbeherrschung auf der anderen Seite. Diese Eckpunkte können als Wertquellen gelten und ihre Verknüpfung vollzieht sich, wie Max Weber gezeigt hat, in der eigentümlichen Form einer Alltagsethik, die den überirdischen Gott durch ein Bild des Menschen ersetzt. Diese ethische Verknüpfung ist nicht nur (von der Novelle her gesehen) unumgänglich thematisch, dieser Verknüpfungsmodus ist auch paradigmatisch, denn das Bezugsfeld dieser Wertquellen ist damit präzise ausgedrückt: Sie schließen sich aus (Polarität), sie strukturieren sich wechselseitig (Wunschökonomie) und sie werden je verschieden favorisiert (Inversion). Beginnt man bei Ferdinand Tönnies' prosaischer Dichotomie, so läßt sich ein 'idealisierter' Verlauf der Differenzierung und Verästelung des Körperdispositivs nachzeichnen: Max Weber arbeitet die Implikationen einer fortschreitenden Rationalisierung aus, und zusammen mit Ernst Troeltsch entdeckt er eine historisch verflossene Verbindung der Wertquellen in der protestantischen Ethik. Der naturbezogene Respons auf die fortschreitende Ra-

tionalisierung zeichnet sich sodann als Sozialkörper bei Sombart und Vierkandt, als Kulturkörper bei Scheler und Alfred Weber ab. Spengler bildet Synthesen der Wertquellen auf mikro- und makrologischer Ebene, preußische Ethik und Sozialismus, und Natur befindet sich nun in der Doppelrolle als überwundene individuelle Natur (preußische Ethik) einerseits, als dominante kollektive Natur (preußischer Sozialismus) andererseits. Bei Freud wiederum ist Natur wie (rationale) Kultur in dieser Doppelrolle, denn aus der abgewiesenen Natur (Thanatos) entwickelt sich Kultur, diese gilt aber zugleich als Derivat der Natur (Eros) ...
Diese Konzepte sind zweifellos heterogen, was sich jedoch in ihnen und durch sie herausbildet, ist eine Objektkonstruktion, die die Form eines strategischen Spiels hat: Der Körper, manifestes oder wenigstens doch implizites Zentrum der Entwürfe, wird zwischen vier, je verschieden besetzten Punkten aufgespannt.

Schaubild 3:

Das Körperdispositiv

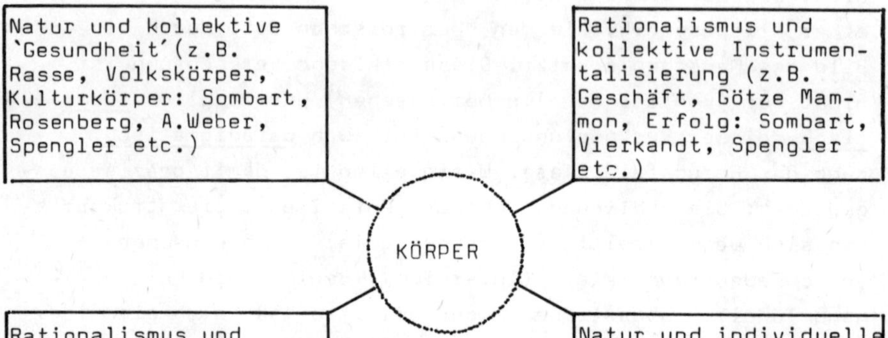

Der Körper wird so mit einem Netz disjunktiver Bedeutungselemente überzogen, deren vermittelnde Schaltstellen jene Alltagsethiken sind.

- In diesem Feld zeichnet sich eine neue Ästhetik ab, die wie der Futurismus die Formierung (Metallisierung) und Deformierung des Körpers zum Gegenstand hat. Diese Ästhetik bringt Disparates auf einen Nenner: Sie preist die Schönheit der Technik (Spengler) und fordert zugleich eine Herrschaft der menschlichen Natur über die Technik (Spengler, Marinetti), oder sie preist die Schönheit der ursprünglichen Natur, die sich ihr jedoch als Quasi-Produkt des Industrialismus darstellt (Key).

- Was die Novelle vor allem leistet, ist dies: Sie zeichnet die in jenem disjunktiven Bedeutungsfeld möglichen Körpererfahrungen nach, sie zeigt eine Alltagsethik als Schaltstelle, sie entwickelt die aus jener Konstellation folgende Ästhetik, führt das gesamte ethische Ensemble in einen sakralen Bereich hinein und weist die Möglichkeit der mystischen Zuspitzung der Alltagsethik auf. Aschenbachs Körper ist so ein Schauplatz der Geschichte des Körpers.

6.4. Die Hingabe an die Vollkommenheit: Das Wunder der wiedergeborenen Schönheit (Fortsetzung).

Kehren wir nun zur Novelle zurück, so kommen wir zu dem einzig noch verblieben Schauplatz der Geschehnisse: zu Aschenbach und seiner inneren Wahrheit.

> "In dieser Nacht hatte er einen furchtbaren Traum, - wenn man als Traum ein körperhaft-geistiges Erlebnis bezeichnen kann, das ihm zwar im tiefsten Schlaf und in völligster Unabhängigkeit und sinnlicher Gegenwart widerfuhr, aber ohne daß er sich außer den Geschehnissen im Raume wandelnd und anwesend sah; sondern ihr Schauplatz war vielmehr seine Seele selbst, ..." (S. 392)

Diese Passage hat den Rang einer Definition für das, was das "zölibatäre" Erleben genannt werden kann. Die Innerlichkeit

überschwemmt die Äußerlichkeiten und kann dabei körperhaft-geistig erlebt werden, wobei sich dies in völligster Unabhängigkeit von jeglichen Umständen ereignet, nur im Alleinsein und nur unwillkürlich. Die Psychoanalyse würde hier wahrscheinlich von Ich-Verlust sprechen, denn Ich kann sich nicht mehr als Objekt betrachten ("ohne daß er sich außer den Geschehnissen ... wandelnd und anwesend sah"). Mit Meister Eckehart wäre aber hier vom gestorbenen Ich zu sprechen, denn diese Geschehnisse "(...) ließen seine Existenz, ließen die Kultur seines Lebens verheert und vernichtet zurück." (S. 393)
Verheerung und Vernichtung trifft hier durchaus den Kern dessen, was Meister Eckehart ausgeführt hat. Nachdrücklich weist er darauf hin, daß dieses Sterben nichts mehr mit schönen Gefühlen für das Herz zu tun hat.

> "Es gibt gewisse Leute, welche wähnen, sie seien gewandelt in der Dreifaltigkeit, die doch noch nie aus sich selber gekommen sind. Das liebe Ich möchten sie doch nicht gerne darangeben! Immer wollen sie möglichst viel eigenen Gewinn und Genuß haben und schöne Gefühle fürs Herz: des sie sich doch alles entschlagen müßten im Gedenken und Begehr. Diese Leute sind nicht Nachfolger unsers Herrn Jesu Christi, als welcher nie und nirgend auf schmelzende Gefühle aus war mit seinen Werken! Sprach er doch selber: 'Meine Seele ist betrübt bis in den Tod!' Da meinte er seine viel edle Seele, er meinte aber auch sein leiblich Leben, ..." (Büttner 1921: 152)

Natürlich bedeutet dies in letzter Konsequenz den Tod zu begehren, nicht 'irgendeinen' Tod, sondern den Tod, der als Höhepunkt und Zusammenfassung des Lebens gilt. Zwischen Tod und Leben besteht jenes dargelegte Verhältnis der Inversion: den Tod um des Lebens willen begehren. Es kann daher als eine zentrale Weisheit der Mystik der folgende Spruch gelten: "Fortis est ut mors dilectio" (S. 130), d.h. Stark wie der Tod ist die Liebe. Bataille hat diesen Gedanken von einer anderen Seite her expliziert, die uns vielleicht weniger fremd ist:

> "Wir wissen, daß der Besitz dieses Objektes, das uns glühend erregt, unmöglich ist. Wir müssen zwischen zwei Dingen wählen: Das Verlangen wird uns verzehren, oder sein Objekt wird aufhören, uns zu erregen. Wir können es nur unter der einen Bedingung besitzen, daß nach und nach das Verlangen, das es in uns weckt, nachläßt. Aber lieber der Tod des Verlangens als unser eigener Tod!" (Bataille 1974: 75)

Für Aschenbach gilt dies umgekehrt: Lieber der eigene Tod als der Tod seines Verlangens. Von daher gesehen ist es natürlich ganz ausgeschlossen, daß Aschenbach Tadzio jemals berührt, denn es geht ihm um das Äußerste seines Verlangens und nicht um den Besitz Tadzios. Diese Struktur des Verlangens ist also notwendig "zölibatär".

Welche Rolle spielt nun Tadzio in diesen Geschehnissen? Tadzios Bedeutung findet in jenem Traum ihren letztgültigen Ausdruck: Er ist die Losung des fremden Gottes. Die Erhärtung dieses Zusammenhangs bedarf allerdings noch einer Rekonstruktion, die auf die erste Sequenz zurückgeht. Von Tadzios Namen hieß es dort:

> "Aber schon schien man besorgt um ihn, schon riefen Frauenstimmen nach ihm von den Hütten, stießen wiederum diesen Namen aus, der den Strand beinahe wie eine Losung beherrschte und, mit seinen weichen Mitlauten, seinem gezogenen u-Ruf am Ende, etwas zugleich Süßes und Wildes hatte: 'Tadziu! Tadziu!' (Hervorhebung von mir, F.M.S.)" (S. 363 f)

Zweimal taucht diese "Losung" (S. 394) in Aschenbachs Traum auf, zuletzt mit der oberen Passage identisch.

> "Und die Begeisterten heulten den Ruf aus weichen Mitlauten und gezogenem u-Ruf am Ende, süß und wild zugleich (Hervorhebung von mir, F.M.S.) wie kein jemals erhörter: ..." (S. 393)

Aschenbach weiß, was diese Losung besagt.

> "Aber er wußte ein Wort, dunkel, doch das benennend, was kam: 'Der fremde Gott!'" (S. 393)

Was Aschenbach also an Tadzio entfaltet hat, ist eine Losung, die Zugang zu jenem fremden Gotte ermöglicht. Tadzios Rolle in drei Sequenzen läßt sich auf die folgenden kurzen Formeln bringen:

- unwiderlegbare Schönheit,
- Inschrift des Gottes,
- Losung des fremden Gottes.

Dieser fremde Gott ist die unteilbare Einheit der Zerteilungen, der Meister des disjunktiven Syllogismus, von dem Tadzio durch jene vielfältigen polaren Eigenschaften, nach dem Muster: süß und wild zugleich, nur Zeugnis abgelegt hatte.

Dieser fremde Gott ist auch Numen in dem Sinne, wie es Rudolf Otto verstanden hatte: die gemeinsame Kraft, die sich in disjunktiven Bestimmungen nur ausdrückt, nicht aber mit ihnen zusammenfällt.[45] Es ist evident, daß diese Kraft weder positive noch negative Vorzeichen besitzt, und desgleichen, daß sie das Äußerste des Positiven wie Negativen unter sich befaßt, weil sie jenes erst setzt. Aschenbachs Erleben dieses fremden Gottes ist demgemäß qualitätslos, von reiner Intensität: also "zölibatär". Wir sehen also Aschenbach, wie bereits angekündigt, als Sebastian-Gestalt.

<u>Schaubild 4:</u>

Aschenbach als Sebastian-Gestalt

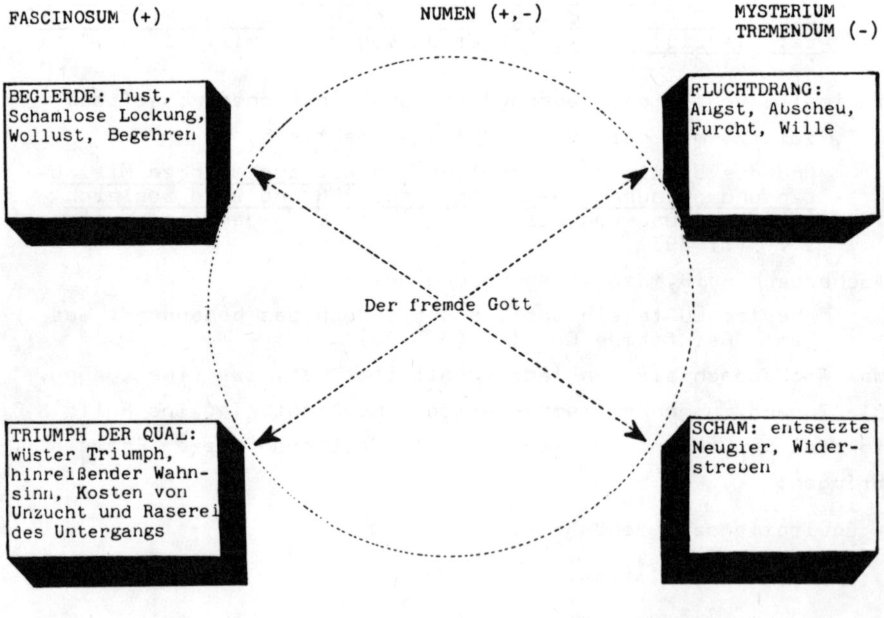

Der fremde Gott ist mehr als jener, den Aschenbach fassen zu können meinte, als er in Tadzio "die Form als Gottesgedanken" verstand. Dieser Gott enthält auch das, wovon Aschenbach sich um der Form, der "Vollkommenheit" und der "Schönheit" willen trennen wollte, also "Formlosigkeit", "Ungenügsamkeit" und "Häßlichkeit". Diese beiden Seiten sind in Aschenbachs Traum versammelt:

> "Angst war der Anfang, Angst und Lust und eine entsetzte Neugier nach dem, was kommen wollte." (S. 393)

Was hier Anfang ist, ist uns als Ende von Aschenbachs Urweltvision bekannt. Der Gehalt dieser Vision wird nun ausgeschöpft, und es ist dabei nicht so, daß Aschenbach einfach auf die Seite dessen, was er damals verworfen hatte, überwechselt, er bringt vielmehr das, was ihn vor diesem rätselhaften Verlangen hat zurückweichen lassen, in das Erleben mit ein:

> "Lockte er (scil. der tiefe, lockende Flötenton, F.M.S.) nicht auch ihn, den widerstrebend Erlebenden, schamlos beharrlich zum Fest und Unmaß des äußersten Opfers? Groß war sein Abscheu, groß seine Furcht, redlich sein Wille, ..." (S. 393)

Widerstrebende Zustimmung, übersetzen wir: verneinende Bejahung zum ehedem Verworfenen charakterisiert diesen Traum. So ist also der fremde Gott die Chiffre einer Erfahrung, die beides will und nicht will, beidem verfällt und die Stirne bietet. Deshalb bezeichnet diesen Gott ein obszönes Symbol, das die "eine und reine Vollkommenheit" bedeutet, ebenso wie dieser Gott sich durch die Losung beschwören läßt, die Aschenbach sich als die "eine und reine Vollkommenheit" erschlossen hat, die nun aber Obszönität besagt.

> "Das obszöne Symbol, riesig aus Holz, ward enthüllt und erhöht: da heulten sie zügelloser die Losung. (...) Aber mit ihnen, in ihnen war der Träumende nun und dem fremden Gotte gehörig." (S. 394)

Wenn nun diesem Traumerlebnis Aschenbachs tatsächlich die Qualität einer neuen Vereinigung zukommt, so muß sich dieses Resultat vor dem Hintergrund dessen, was früher zur ästhetischen Ethik ausgeführt wurde, überprüfen und ausdifferenzieren lassen. Es liegt auf der Hand, daß das, wovon sich Aschenbach um der Schönheit der Form willen abzusetzen trachtete, nach dieser Vereinigung nun anders figurieren muß. Rekapituliert man noch einmal kurz die Stationen der Einbindung des Verworfenen in die ästhetische Ethik, so ergibt sich folgendes Bild: Die Verwerfung durch Einschluß und die Verwerfung durch Ausschluß führte zum "Wunder der wiedergeborenen Unbefangenheit", dessen letzte Entfaltungsstufe die "doppelgesichtige Form" war. Ich habe dabei immer diese Ethik als eine Technik apostrophiert, die den Körper mit einem Netz disjunktiver Bedeutungen umgab, um so eine Wunschökonomie durchzusetzen. Nachdem nun weder eine binnenstrukturelle Überformung des Verworfenen, noch eine außenstrukturelle Abstoßung mehr nötig ist, müßte sich analog dem ersten Wunder wiederum eines der Wiedergeburt abzeichnen: ein Wunder einer sich wiederverkörpernden Schönheit. Diese Schönheit wäre allerdings eine ungeteilte, die weder Furcht vor dem Formlosen noch Verlangen nach ihm empfindet. Diese Frage nach der Verkörperung war schon als Problem in der ersten Sequenz aufgetaucht, als Aschenbach sich im Spiegel betrachtete und die Einschreibungen der ästhetischen Ethik nur in Richtung auf jenes Trotzdem entziffern konnte. Zunächst überkommt Aschenbach wiederum eine <u>hoffnungslose Erregung</u>, als er seinen Körper betrachtet.

> "Wie irgendein Liebender wünschte er, zu gefallen, und empfand bittere Angst, daß es nicht möglich sein möchte. Er fügte seinem Anzuge jugendlich aufheiternde Einzelheiten hinzu, er legte Edelsteine an und benutzte Parfums, er brauchte mehrmals am Tage viel Zeit für seine Toilette und kam geschmückt, erregt und gespannt zu Tische. Angesichts der süßen Jugend, die es ihm angetan, ekelte ihn sein alternder Leib; der Anblick seines Haares, seiner scharfen Gesichtszüge stürzte ihn in Scham und Hoffnungslosigkeit. Es trieb ihn, sich körperlich zu erquicken und wiederherzustellen; er besuchte häufig den Coiffeur des Hauses.
> Im Frisiermantel, unter den pflegenden Händen des Schwätzers im Stuhl zurückgelehnt, betrachtete er gequälten Blickes sein Spiegelbild." (S. 394)

In Aschenbachs Betrachtung des eigenen Leibes finden wir all jene Attribute und Gefühlsregungen wieder, die sein <u>Zurückweichen</u> vor dem Formlosen ausgeprägt hatte: "Angst", "Ekel", "Scham", "Hoffnungslosigkeit", "Qual". Die Wahrnehmung strukturiert unter dem Blickwinkel des Trotzdem, nicht nur weil Aschenbach <u>trotz</u> "Angst", "Ekel" etc. "erregt und gespannt" ist, sondern auch weil er weit davon entfernt ist, sich "in dankbarer Eintracht", wie dies jene russische Familie tat, mit diesen Behinderungen abzufinden. Dieser Blick auf den Körper ist also imaginativ, er ist bereit, den Ungenügsamkeiten zum Trotz sich Lust und Entzücken zu verschaffen. Und doch unterscheidet sich dies von Aschenbachs früherem Schönheitsschaffen ganz erheblich, denn der Wunsch kehrt auf den eigenen Körper zurück, und damit hat diese Selbstmodellierung alle Züge der vorangegangenen neuen Vereinigung, denn in den formlosen Körper selbst wird die Form eingeschrieben: <u>er ist beides</u>, oder um die imaginative Arbeit dieser Modellierung zu betonen: <u>er bedeutet beides</u>.

Hatte Aschenbach bei seinem Blick in den Spiegel vergeblich versucht, seiner Wahrnehmung die fehlende Interpretationshilfe zu geben, so gelingt dies dem Coiffeur.

> "'Grau', sagte er (scil. Aschenbach, F.M.S.) mit verzerrtem Munde.
> 'Ein wenig', antwortete der Mensch. 'Nämlich durch Schuld einer kleinen Vernachlässigung, einer Indifferenz in äußerlichen Dingen, die bei bedeutenden Personen begreiflich ist, die man aber doch nicht unbedingt loben kann, und zwar um so weniger, als gerade solchen Personen Vorurteile in Sachen des Natürlichen oder Künstlichen wenig angemessen sind. Würde sich die Sittenstrenge gewisser Leute gegenüber der kosmetischen Kunst logischerweise auf ihre Zähne erstrecken, so würden sie nicht wenig Anstoß erregen. Schließlich sind wir so alt, wie unser Geist, unser Herz sich fühlen, und graues Haar bedeutet unter Umständen eine wirklichere Unwahrheit, als die verschmähte Korrektur bedeuten würde. In Ihrem Falle, mein Herr, hat man ein Recht auf seine natürliche Haarfarbe. Sie erlauben mir, Ihnen die Ihrige einfach zurückzugeben?'" (S. 394 f)

Wir müssen diese Wahrheit, die der Coiffeur meint, wenn er von "Unwahrheit" spricht, nicht ironisch verstehen, sondern im Sinne Aschenbachs durchaus emphatisch. In Wahrheit nämlich ist es eine wirkliche Frage der Sittenstrenge, die Ungenügsamkeiten und Formlosigkeiten der Natur und damit auch der eigenen, körperlichen Natur <u>nicht</u> hinzunehmen. Und wenn auch Aschenbach an den Worten des Coiffeurs zweifeln mag, so überzeugt ihn doch der Blick in den Spiegel, in dem er die Wiedergeburt seiner Schönheit mitverfolgen kann.

> "Aschenbach, bequem ruhend, der Abwehr nicht fähig, hoffnungsvoll erregt vielmehr von dme, was geschah, sah im Glase seine Brauen sich entschiedener und ebenmäßiger

> wölben, den Schnitt seiner Augen sich verlängern, ihren Glanz durch eine leichte Untermalung des Lides sich heben, sah weiter unten, wo die Haut bräunlich-ledern gewesen, weich aufgetragen, ein zartes Karmin erwachen, seine Lippen, blutarm soeben noch, himbeerfarben schwellen, die Furchen der Wangen, des Mundes, die Runzeln der Augen unter Creme und Jugendhauch verschwinden, - erblickte mit Herzklopfen einen blühenden Jüngling. (...) Der Berückte ging, traumglücklich, verwirrt und furchtsam." (S. 395)

Man erinnert sich, daß Aschenbach nach jenem ersten Blick in den Spiegel an Tadzio bereits einmal eindringlich gedacht hatte, warum Schönheit schamhaft mache und genau diese Scham empfindet er nun selbst. Aus der hoffnungslosen Erregung ist nun auch hoffnungsvolle geworden, und Aschenbach ist nun die Schönheit, die dem Trotzdem entspringt: sein Körper ist zugleich alt und ekelerregend, wie er auch jung und blühend ist. Die Erregung, die diesen Körper durchfährt, ist autoerotisch, sie ist nur in Aschenbachs Betrachtung seiner selbst. Was ehedem mühselige Arbeit einer Vermittlung war und in Polaritäten endete, ist nun ganz unmittelbar und im selben Objekt vereinigt. Die Wunschimagination ist damit allmächtig und grenzenlos geworden, und doch läßt sich ihr Territorium genau bezeichnen: als "zölibatärer" Körper, den weder Furcht noch Verlangen nach einem äußeren Objekt belästigen und dessen Einheit keine disjunktive Polarität auf ihm selbst zerreißt. Mit Aschenbach selbst läßt sich ein möglicher Einwand entkräften: Welche Schönheit wäre zeitgemäßer? Oder betrachten wir es von einer anderen Seite: Existiert noch eine Aufgabenstellung der ästhetischen Ethik, die Aschenbach mit der Verwandlung in den Zölibatär nicht gelöst hätte?

Ein Selbstgespräch, gehalten in "seltsamer Traumlogik" (S. 397) - wir können sie jetzt als die Logik des Wunsches bezeichnen - offenbart die Dominanz des Wunsches vorab, in all den Bemühungen, die die ästhetische Ethik je unternommen hat.

> "Denn du mußt wissen, daß wir Dichter den Weg der Schönheit nicht gehen können, ohne daß Eros sich zugesellt und sich zum Führer aufwirft; ja mögen wir auch Helden auf unsere Art und züchtige Kriegsleute sein, so sind wir wie Weiber, denn Leidenschaft ist unsere Erhebung, und unsere Sehnsucht muß Liebe bleiben - das ist unsere Lust und unsere Schande. (Hervorhebung von mir, F.M.S.)" (S. 397)

In der Tat hat ja die ästhetische Ethik die Leidenschaft u.ä. nie unterbunden, im Gegenteil sogar entfaltet, und dabei war es ihr Problem, jene zerteilen zu müssen, also zu erstreben und zu verwerfen. Die Traumlogik enthüllt, daß das Verworfene (der "Abgrund") solange zum Erstrebten unablässig hinzutritt, bis es bejaht wird. Je weiter, so hatte ich bereits einmal formuliert, sich Aschenbach vom "Abgrund" abgesetzt hat (in Form und Unbefangenheit), desto näher ist er diesem wiederum.

> "So sagen wir etwa der auflösenden Erkenntnis ab, denn Erkenntnis, Phaidros, hat keine Würde und Strenge; sie ist wissend, verstehend, verzeihend, ohne Haltung und Form; sie hat Sympathie mit dem Abgrund, sie <u>ist</u> der Abgrund. Diese verwerfen wir also mit Entschlossenheit, und fortan gilt unser Trachten einzig der Schönheit, das will sagen der Einfachheit, Größe und neuen Strenge, der zweiten Unbefangenheit und der Form. <u>Aber Form und Unbefangenheit</u>, Phaidros, führen zum Rausch und zur Begierde, führen den Edlen vielleicht zu grauenhaftem Gefühlsfrevel, den seine eigene schöne Strenge als infam verwirft, führen zum Abgrund, ... (Hervorhebung von mir, F.M.S.)" (S. 397 f)

Es gibt also <u>notwendig</u>, d.h. unter der Bedingung, daß der Bereich und die Aufgabenstellung der ästhetischen Ethik verlassen werden, eine Aufhebung der polaren Strömungen, die Aschenbach auf jeder Stufe neu zerreißen, nur dann, wenn ihre "zölibatäre" Einheit dem eigenen Körper eingeschrieben wird, wenn der Triumph dieser Strömungen zugleich und in einem abgebildet wird. Niemand hat dieses Erleben des Entzifferns dieser neuen Einheit, die den gequälten und zerrissenen Körper überwindet, genauer beschrieben als der Offizier in Kafkas "Strafkolonie":

> "Wie still aber wird dann der Mann um die sechste Stunde! Verstand geht dem Blödesten auf. Um die Augen beginnt es. Von hier aus verbreitet es sich. Ein Anblick, der einen verführen könnte, sich mit unter die Egge zu legen. Es geschieht ja nichts weiter, der Mann fängt bloß an, die Schrift zu entziffenr, er spitzt den Mund, als horche er. Sie haben gesehen, es ist nicht leicht, die Schrift mit den Augen zu entziffern; unser Mann entziffert sie aber mit seinen Wunden. Es ist allerdings viel Arbeit; ..."

Nirgendwo zeichnet sich die "zölibatäre" Einheit klarer ab als im Traum des eigenen Todes. Was ist das für ein Tod, was bedeutet er? Seine geistige Physiognomie geht ineins mit der der Krankheit: Ist die Krankheit <u>die</u> Anti-Produktion, so ist der Tod gegenüber der Lebenslogik Aschenbachs, dem System der ästhetischen Ethik, <u>das</u> Anti-System. Ein kurzer Nachtrag hierzu:

> "Zumal seit sein Leben sich langsam neigte, seit seine Künstlerfurcht, nicht fertig zu werden - diese Besorgnis, die Uhr möchte abgelaufen sein, bevor er das Seine getan und völlig sich selbst gegeben -, nicht mehr als bloße Grille von der Hand zu weisen war, hatte sein äußeres Dasein sich fast ausschließlich auf die schöne Stadt, die ihm zur Heimat geworden, und auf den rauhen Landsitz beschränkt, den er sich im Gebirge errichtet und wo er die regnerischen Sommer verbrachte." (S. 341)

> "Auch wünschte er sehnlichst, alt zu werden, denn er hatte von jeher dafür gehalten, daß wahrhaft groß, umfassend nur das Künstlertum zu nennen sei, dem es beschieden war, auf allen Stufen des Menschlichen charakteristisch fruchtbar zu sein." (S. 343 f)

Halten wir also fest, daß von Aschenbachs Lebenslogik aus der Tod nie innerhalb derselben, sondern nur außerhalb als unvermeidliches Ende figurieren konnte. Fast tautologisch, aber dennoch anmerkenswert ist es, daß diese Lebenslogik an die eng begrenzte, ethisch strukturierte Kontinuität des Lebens gebunden war. Von dieser Kontinuität aus gesehen, erhält Gewicht, was diese durchkreuzen könnte, jene kranken Naturhaftigkeiten also, nach deren Überwindung und Beherrschung Aschenbach trachtete. An der Spitze der Hierarchie dieser Naturhaftigkeiten steht der Tod als eine Macht, die die unvermeidliche Wiederkehr der durch ethische Lebenstechnik zunächst bezwungenen \`Biologismen´ ankündigt. Vor diesem Hintergrund ist der Traum des eigenen Todes der durch nichts mehr begrenzbare Traum des Lebens; der letzte noch verbliebene Gegenspieler wird Teil der "zölibatären" Einheit. Die Physiognomie des Todes läßt sich daher mit dem "verführerischen Hange zum Ungegliederten, Maßlosen, Ewigen, zum Nichts" charakterisieren. Das Begehren nach dem Tode beantwortet daher eine Frage, die bereits gestellt war:

> "Am Vollkommenen zu ruhen, ist die Sehnsucht dessen, der sich um das Vortreffliche müht; und ist nicht das Nichts eine Form des Vollkommenen?" (S. 362)

Es ist eine Form der Vollkommenheit, wenn umfassende, ungeteilte Vollkommenheit gesucht wird. Diese Antwort wird am selben Ort gegeben, an dem jene Frage aufgetaucht war: am Meer.

> "Tadzio ging schräg hinunter zum Wasser. (...) Am Rande der Flut verweilte er sich, gesenkten Hauptes, mit einer Fußspitze Figuren im feuchten Sand zeichnend, und ging dann in die seichte Vorsee, die an ihrer tiefsten Stelle noch nicht seine Kniee benetzte, durchschritt sie, lässig

> vordringend, und gelangte zur Sandbank. Dort stand er einen Augenblick, das Gesicht der Weite zugekehrt, und begann hierauf, die lange und schmale Strecke entblößten Grundes nach links hin abzuschreiten. Vom Festlande geschieden durch breite Wasser, geschieden von den Genossen durch stolze Laune, wandelte er, eine höchst abgesonderte und verbindungslose Erscheinung, mit flatterndem Haar dort draußen im Meere, im Winde, vorm Nebelhaft-Grenzenlosen. Abermals blieb er zur Ausschau stehen. Und plötzlich, wie unter einer Erinnerung, einem Impuls, wandte er den Oberkörper, eine Hand in der Hüfte, in schöner Drehung aus seiner Grundpositur und blickte über die Schulter zum Ufer. Der Schauende dort saß, wie er einst gesessen, als zuerst, von jener Schwelle zurückgesandt, dieser dämmergraue Blick dem seinen begegnet war. Sein Haupt war an der Lehne des Stuhles langsam der Bewegung des draußen Schreitenden gefolgt; nun hob es sich, gleichsam den Blicke entgegen, und sank auf die Brust, so daß seine Augen von unten sahen, indes sein Antlitz den schlaffen, innig versunkenen Ausdruck tiefen Schlummers zeigte. Ihm war aber, als ob der bleiche und liebliche Psychagog dort draußen ihm lächle, ihm winke; als ob er, die Hand aus der Hüfte lösend, hinausdeute, voranschwebe ins Verheißungsvoll-Ungeheure. Und wie so oft, machte er sich auf, ihm zu folgen." (S. 399)

Dieser Blick wird nicht mehr, wie ehedem, eingeholt, denn er verliert sich in dem, was dieser Wahrnehmung Fluchtpunkt ist. Es gibt keine Aschenbach gegebene Möglichkeit, die sich nicht hierunter befassen würde. Alles ist präsent und doch wissen wir nicht, ob Aschenbach darin schon tot ist. Erlebt er dies noch oder stirbt er dies schon? Im flüssigen Augenblick des Todes sind Alles und Nichts vereinigt, und "unser Mann" hat diese Chiffre mit seinen Wunden entziffert.

> "Dann aber spießt ihn die Egge vollständig auf und wirft ihn in die Grube, wo er auf das Blutwasser und die Watte niederklatscht. Dann ist das Gericht zu Ende, und wir, ich und der Soldat, scharren ihn ein."

E N D E

ANMERKUNGEN

1) Zugrunde liegt die Ausgabe: Thomas Mann, Das erzählerische Werk, Bd. 11, Erzählungen 1, Frankfurt a.M. 1975, S. 388 ff.

2) Z.B. Hans F.K. Günther, der die Dominanz des Körpers in allen Bereichen findet. Zur Verwissenschaftlichung der Körpersprache siehe: ders., Kleine Rassenkunde des deutschen Volkes, 1929. Zum Begriff des dominierenden Geblüts siehe: ders., Adel und Rasse, 1927. Zum Begriff des dominierenden Geblüts in der Kunst siehe: ders., Rasse und Stil, 1926.

3) Dieser Punkt, den Mannheim ausführt, ist unzureichend berücksichtigt worden, vor allem in den Versuchen, Webers Rationalitätsbegriff zu kritisieren. So bei Herbert Marcuse, der versucht, diese "technische Vernunft" als einen Typus von politischer Herrschaft aufzudecken (1965: 107ff), aber auch bei Jürgen Habermas, der auf Marcuse mit einer Trennung von "zweckrationalem" und "kommunikativem" Handeln antwortet und der das Herrschaftsproblem in der ideologischen Verwischung der Differenz beider Handlungsarten sieht (1971: 48 ff). Daß es sich bei dieser Rationalität um eine Machttechnik handelt, ist unbestritten, der Typus von Macht jedoch, auf den Marcuse und Habermas abzielen, faßt sich letztlich im Bild Herrschaft-Unterdrückung zusammen. Gerade mit Verweis auf Mannheim scheint es plausibel, jenen Typus von Macht nicht nur als einen zu behandeln, der den Individuen angetan wird, sondern auch als einen, den sie für sich selbst entfalten und ausüben. Diesen Machtbegriff hat Foucault eingebracht: "Die Macht muß als etwas analysiert werden, das zirkuliert, oder vielmehr als etwas, das nur in einer Kette funktioniert. Sie ist niemals hier oder dort lokalisiert, niemals in den Händen einiger weniger, sie wird niemals wie ein Gut oder wie Reichtum angeeignet. Die Macht funktioniert und wird ausgeübt über eine netzförmige Organisation. Und die Individuen zirkulieren nicht nur in ihren Maschen, sondern sind auch stets in einer Position, in der sie diese Macht zugleich erfahren und ausüben; sie sind niemals die unbewegliche und bewußte Zielscheibe dieser Macht, sie sind stets ihre Verbindungselemente. Mit anderen Worten: die Macht wird nicht auf die Individuen angewandt, sie geht durch sie hindurch." (1978b: 82)

4) Diese Weiterentwicklung eines zweckrationalen Idealtypus zwingt mich zu einer terminologischen Festlegung: Mit Zweckrationalität und zweckrational wird auch weiterhin die vom mir so genannte weiche Variante des Begriffs gemeint sein. Dies hat den Sinn, ihn, bildlich gesprochen, als Nullpunkt aller Weiterentwicklungen festzuhalten.

5) Wenn auch die Unterscheidung zwischen Sittlichkeit und Unsittlichkeit der Form von hier aus sehr klar erscheint, so muß man dennoch davon ausgehen, wie es sich später noch zeigen wird, daß dem Leistungsmoralisten dies keineswegs leicht fällt. Von seiner Perspektive aus wird Schönheit als ästhetische Form dem Guten als ethischer Form entsprechen. Dieser Konflikt ist der ästhetischen Ethik immanent und bildet einen unumgänglichen Labilitätspunkt. Ein weiterer Aspekt tritt hier noch in den Vordergrund: Die Vernunftethik Kants und die Vernunftästhetik Vischers räumen dem Guten und Schönen nur insoweit Geltung ein, als sich diese an Erkenntnis binden. Demgegenüber schafft sich die ästhetische Ethik, indem sie die Dominanz der Form postuliert, einen geradezu universellen Geltungsbereich: Er reicht von den Leistungshelden des Alltags bis zum Kunstwerk. Zieht man hier noch in Betracht, daß sich die ästhetische Ethik gemäß einem ökonomischen Prinzip organisiert, ohne allerdings dessen autonomen Zweckprimat zu übernehmen, und daß das Resultat dieser Organisation Schönheit ist, so kann man darin dieselbe Abstraktion erblicken wie die, die eine Schönheit der Technik inauguriert. Gemäß meiner Einteilung ist jedoch die Schönheit der Technik nur die Außenstruktur dieses Vorgangs, der Binnenstruktur - ich habe hierfür schon den Terminus Körpertechnik benutzt - entspricht also die Technisierung oder Maschinisierung des Körpers.

6) Es ist mir ein Anliegen auszuführen, warum ich Nietzsche, auf den sich Spengler dauernd beruft, dessen Spuren auch der Quellenanalytiker im "Tod in Venedig" ausfindig machen kann, nicht behandle. Die Spuren im "Tod in Venedig" sind die Abweisung des Mitleidssatzes (vgl. Nietzsche 1969a: 614), sowie die Aussage, daß alles Große als ein Trotzdem dastehe (vgl. Nietzsche 1969c: 575). Dennoch existieren keinerlei Schnittpunkte zwischen Nietzsches Philosophie und der Leistungsmoral oder preußischen Ethik. Nietzsche faßt eine Philosophie jenseits von Gut und Böse, also jenseits des moralischen Gegensatzes der Werte, ins Auge und nicht umgekehrt eines Moral jenseits des Wissens. Jenseits von Gut und Böse ist die Leistungsmoral oder preußische Ethik nur, insofern man Gut und Böse als Kategorien einer vernünftigen Moral versteht. In Absetzung von dieser wird jedoch ein neuer Gegensatz der Werte postuliert. Das Trotzdem begreift Nietzsche zwar als eine Voraussetzung, neben ihr steht jedoch "die große Gesundheit" (S. 576) als fröhliches Gegenstück. Nietzsche spielt demgemäß nicht Krankheit gegen Gesundheit oder vice versa aus. Deleuze hat dies ebenfalls dargelegt: "Nietzsche hat die Philosophie niemals so konzipiert, als könne sie aus Leiden, Krankheit oder Angst hervorgehen - auch wenn der Philosoph, der Typus des Philosophen nach Nietzsche ein Exzeß des Leidens sein soll. Aber er begreift die Krankheit auch nicht mehr nur als ein Ereignis, das ein Körper-Objekt von außen erregt. Er sieht in der Krankheit eher einen Aussichtspunkt auf die Gesundheit und in der Gesundheit einen Aussichtspunkt auf die Krankheit." (Deleuze, 1979: 10 f)

7) Vgl.: "Die großen Theorien sind Evangelien. Ihre Überzeugungskraft beruht nicht auf Gründen, (...) sondern auf der sakramentalen Weihe ihrer Schlagworte. (...) Sie werden zuletzt nicht etwa widerlegt, sondern langweilig." (Spengler 1922: 568)

8) Vgl.: Bataille 1975: 9 - 31. Bataille bezieht sich vor allem auf den Begriff der "Gabe" von Marcel Mauss (1968) zurück.

9) Klaus Theweleit zeigt, daß Spenglers Ideal in den Freikorps und in der Kadettenanstalt praktisch geworden ist und daß man sich nachdrücklich auf ihn rückbezogen hat. (Vgl.: Theweleit 1978: vor allem 202 ff)

10) Laplanche/Pontalis 1975. Vgl. zum Ausgeführten in Bd. I die Stichpunkte "Es" (S. 147 ff), "Ich" (S. 186 ff) und "Ichideal" (S. 202 ff), außerdem noch "Ökonomisch" (Bd. II, S. 357 ff).

11) Das Ärgerliche an Kohuts Analyse ist, daß er den Text wie ein Suchbild behandelt, unter dem die Aufforderung steht: 'Finde die versteckten Eltern samt Ödipus!' Demgemäß findet Kohut inklusive Aschenbach fünf (!) Väter, einen Mutterschß und einen ödipalen Sohn. Daß aber Aschenbach und Tadzio Mythologie verkehrt darstellen, daß also der Vater den Sohn liebt, stört Kohut nicht. Er löst dieses Problem durch die Einführung eines nun allerdings gänzlich verborgenen (Über-)Vaters, nämlich den Aschenbachs, an den dieser sich eigentlich wendet. Wenn Kohut also die Herrschaft des toten Übervaters aufgerichtet hat, aber dann zu Aschenbachs Pathologie anmerkt, "(...), daß das archaische Ich des Zwangsneurotikers besonders dazu neigt, an die magische Gewalt der Toten zu glauben." (S. 159), halte ich dies für eine nicht mehr überbietbare Form ungewollter Selbstironie.

12) Der französische Begriff "dispositif" bei Foucault ist unübersetzbar. Er bezeichnet die Vorkehrungen, die es erlauben, eine strategische Operation durchzuführen.

13) Auf diese Vergleichbarkeit, vor allem mit Freuds "Totem und Tabu", weist Theodor W. Adorno in seiner Einleitung zu Durkheims Ausführungen hin. (In: Durkheim 1976) Meine Einlassung zu Durkheim umfaßt jedoch nur das darin enthaltene zweite Kapitel "Bestimmung der moralischen Tatsache" (S. 84 ff). Durkheim gilt zudem als schulbildend für die französische Soziologie. Sein Schüler Marcel Mauss (1873-1950) hat vor allem in ethnologischen Studien (z.B. in dem bereits erwähnten Buch "Die Gabe") die Existenz einer Verschwendungsökonomie in primitiven Gesellschaften nachgewiesen. Dies scheint mir erwähnenswert, weil Georges Bataille (1897-1962), auf den ich mich berufen habe, die Themen von Durkheim und Mauss weiterführt. Das Zentralstück dieser Verschwendungsökonomie sieht Bataille in der unproduktiven Verausgabung. Die unproduktive Verausgabung

ist für ihn jedoch kein verflossenes historisches Phänomen, sondern existiert in der Notwendigkeit, einen Energieüberschuß abzutragen, mehr denn je. In ihrer intensivsten Ausprägung bindet sich die Verausgabung an die Verschränkung von Gesetz und Begehren, vor allem in der Religion und Erotik: Sie ist an den Akt der Übertretung gebunden. Das Begehren liegt nicht einfach jenseits des Gesetzes, es setzt dieses auch nicht außer Kraft, es erhält vielmehr aus der Gültigkeit des Gesetzes die an die Übertretung gebundene Form. Die durch die Übertretung erreichbare Sphäre, so Bataille, galt früher als die des Heiligen oder der Souveränität, d.h. eine ausschließliche menschliche, im Sinne von unanimalische, Zwecksphäre. Das bedeutet also, daß die Negation der Natur im Gesetz (Gib deinen unmittelbaren Regungen nicht nach, sondern verschiebe sie auf später! Binde sie an Arbeit!) auch im Begehren irreversibel ist. (Vgl. Bataille 1974)

14) Das Bedrohliche dieser Vision kommt erst mit ihrer Wiederkehr zum Vorschein (vgl. S. 210 ff).

15) Theweleit hat eine ausgezeichnete Analyse der Bilder von Damm, Flut etc. gegeben (vgl. 1977: 287 ff, sowie 492 ff).

16) Nachzulesen bei Ignace Feuerlicht 1966: 58 ff. "Manns `ozeanische´ Gefühle gehen auf seine Kindheitserlebnisse in Travemünde zurück, wie Tonio Krögers und Castorps verwandte Empfindungen in ihrer Kindheit begannen. Das stimmt mit Freuds Theorie überein, daß die ozeanischen Empfindungen ein Überbleibsel der allumfassenden Gefühle des Kindes sind." (S. 60) Das nenne ich Freud beim Wort nehmen! Was aber ist mit denen, die dem Ozean nicht so nahe sind wie die Travemünder?

17) Die Abgrenzung richtet sich also in erster Linie gegen eine Profanierung, d.h. Verwissenschaftlichung, wie man sieht.

18) Jaspers kommentiert diese Überschreitung wie folgt: "Der spekulative Antrieb hört nicht auf: Über alles, was sagbar ist und dadurch bestimmt wird, hinauszudringen, - denn alles Sagbare und bestimmt Gedachte ist endlich geworden, selbst die Unendlichkeit ist, gesagt und denkend behandelt, endlich gemacht. Um aber dieses `darüber hinaus´ zu vollziehen, muß gedacht werden. Über das Denkbare hinaus wird ein Denken vollzogen, das einen Augenblick anscheinend tiefste Einsicht gewährt, dann aber, Sprache geworden, als Sprache enttäuscht, und wieder den Antrieb erweckt: darüber hinaus. Daher ist die Spekulation der Weg, jenseits aller Bilder, Chiffren, bestimmte Gedanken das eigentliche Ziel zu finden, wo der Anker geworfen wird und hält." (S. 96 f)

19) Ich finde keinen klareren Ausdruck für diesen zweideutigen Sachverhalt.

20) Auf eine paradoxe mathematische Formel gebracht hätte diese Gleichzeitigkeit das Aussehen: + = - .

21) Dieser Tod findet sich im übrigen auch bei Heinrich Seuse, der ihn in einer visionären Begegnung mit Johannes dem Futerer beschreibt:
"Der andere Bruder, Johannes, zeigte ihm auch in dem Gesicht die wonnigliche Schönheit, mit der seine Seele verklärt war; und von dem begehrte er auch, daß er ihm eine Frage ausrichte. Die Frage lautete also: er frage, welche unter allen Übungen die sei, die einem Menschen am allerwehesten täte und ihm am allernützesten sei? Da hub er an und sprach, daß nichts dem Menschen wehtuender und nützer sei, als wenn der Mensch in Verlassenheit von Gott sich selbst (seinen eigenen Willen) geduldig aufgebe und also um Gottes Willen auf Gott verzichte." (Seuse 1922: 20 f)

22) Als Äbtissin war Hildegard dem Zölibat verpflichtet.

23) Wenn es mir an solchen Stellen selbst schwer fällt, die Aussage, daß Natur gut ist, für glaubhaft zu befinden, so liegt dies daran, daß ich damit implizit verbinde, daß diese Natur dann auch gut behandelt werden muß. Nicht so die Mystik, wie man sieht! Die entscheidende Differenz, so spitzfindig sie auch scheinen mag, ist die zwischen Natur und Naturwillen. In dem Begriff Naturwille ist die Distanz des Menschen zu seiner Natur schon enthalten. Wäre dies nicht so, hätte de Vries notwendigerweise von Instinkt, d.h. einer 'determinierten' Entscheidung für die Natur, sprechen müssen. So gesehen ist diese Unterscheidung sehr präzise, sie verwischt sich jedoch, weil die Brechung des Naturwillens auf eine der Natur hinausläuft. So jedenfalls stellt es sich bei Seuse dar.

24) Auf diesen Begriff von Antonin Artaud komme ich noch zurück.

25) Die Bindung der ästhetischen Ethik an ein Sakrales ist verschieden von der der christlichen Ethik. Während die christliche Ethik einem als homogen angesehenen System von Ritus, Dogmatik etc., also kurz: Konfessionalität, verpflichtet ist, handelt es sich bei der ästhetischen Ethik um ein heterogenes System, in dem nahezu jede Form von Religiosität assimilierbar ist. In der Novelle reicht die Palette von der griechischen bis zu einer christlichen Religiosität. Für diese Beziehung zu einem Sakralen läßt sich die Durkheimsche Formel anwenden, daß ohne die Bindung an ein Sakrales "Moral (...) unbegreiflich wäre." Würde man also Aschenbach fragen, ob er an Gott glaube, würde er wahrscheinlich in Kantscher Manier, wie Deleuze/Guattari, antworten, daß er an Gott nur als den "Meister des disjunktiven Syllogismus" glaube. Man kann also festhalten, daß die ästhetische Ethik nicht in einem bestimmten religiösen Hintergrund aufgeht, daß die "Frucht" auch dieser Ethik jedoch notwendig einen sakralen Status hat. Diese Kombination mit beliebiger Religiosität wird oft "Klassizismus" oder "Parodie" genannt (z.B. E. Heller, Th. Mann 1975: 102 ff). Parodiert oder klassizistisch nachgeahmt wird also ein ehemals homogenes System von Religiosität. Offensichtlich hat eine Entheiligung stattgefunden, mit dem Resultat, daß das Sa-

krale von seiner traditionellen Verklammerung mit der Kirche oder religiösen Institutionen gelöst worden ist. Diese Re-kombination der gelösten Elemente mag nun durchaus parodistisch sein, es sollte dabei jedoch nicht vergessen werden, daß das Verschwinden einer klaren Grenzziehung zwischen dem heiligen und profanen Bereich zunächst einmal einen wesentlich universalistischeren Geltungsraum des Sakralen möglich macht. Dieser These wäre eigentlich eine ausführlichere Behandlung angemessen, sie überfordert jedoch den Rahmen meiner Arbeit. Zur Illustration dieser These verweise ich vor allem auf die in den Materialteilen dargestellten Ausführungen von Oswald Spengler und Ellen Key. Die Fragestellung, die sich von hier aus eröffnet, ist die nach dem Heiligen im Alltagsleben. Michel Leiris hat dieses Problem in einer Weise aufgeworfen, die mir paradigmatisch erscheint: "Was ist für mich das Heilige? Oder genauer: Worin besteht mein Heiliges? Welche Gegenstände, Orte und Situationen erwecken in mir jene Mischung aus Furcht und Hingabe, jene zweideutige, vom Herannahen eines sowohl verlockenden als auch gefährlichen, glorreichen und zurückgestoßenen Etwas bestimmte Einstellung, jene Mischung aus Respekt, Begierde und Schrecken, die für das psychologische Anzeichen des Heiligen gelten kann?" (Leiris 1977: 228) Auch Freud hat diese Frage gestellt mit einer Konsequenz, die noch behandelt werden wird, daß diese Struktur des Heiligen (Freud nennt es Tabu) mit der der Zwangsneurose ineinszusetzen ist. Aus diesen verstreuten Beispielen läßt sich mit einiger Plausibilität die Tendenz herauskristallisieren, gewissermaßen die analytische Kehrseite dieses Lösungsvorganges, daß die Frage nach dem Heiligen keine der Auslegung, also der Theologie, mehr ist, sondern in den verschiedensten Bereichen aufgenommen wird: Die Soziologie, Psychologie etc. des Heiligen. Carsten Colpe datiert diesen Prozeß auf das letzte Drittel des 19. Jahrhunderts zurück (vgl. Vorwort, in: Elsas 1975: 10 f). Christoph Elsas hat hierzu einen problemgeschichtlichen Überblick zusammengestellt, eine ausführliche Bibliographie findet sich ebenfalls, in der ich jedoch die Arbeiten von Georges Bataille vermisse (S. 15 ff, bzw. S. 337 ff).

26) Diese Textpassage ist unauflösbar zweideutig, wie dies auch Aschenbachs Liebesgeständnis ist. Diese Zweideutigkeit ist dieselbe Produktion, wie sie schon in den Schriften der Mechthild von Magdeburg zu finden war: weder der Heiligkeit noch der Obszönität zurechenbar, sondern beidem gleichermaßen angehörig. Bataille hat die Möglichkeiten dieser Zweideutigkeit auszuschöpfen versucht, systematisch, wie mir scheint, weil der Spielraum, der sich der Phantasie hier bietet, offensichtlich begrenzt ist. Er bedient sich dabei desselben Arrangements wie die Novelle. "In dieser angespannten Stille, im Dunst meiner Betrunkenheit schien es mir, als ob der Wind sich legte; ein langes Schweigen kam aus der unendlichen Weite des Himmels herab. Der Abbé kniete nieder, leise ... Er sang entsetzt, langsam wie bei einem Toten: Miserere mei Deus, secundum misericordiam tuam. Dieses Stöhnen einer wollüstigen Melodie war so zwei-

deutig. Es gestand sonderbarerweise die Angst vor den Wonnen der Nacktheit ein. Der Abbé mußte uns bezwingen, indem er sich uns versagte, und sogar die Bemühung, sich uns zu entziehen, bestätigte das noch mehr. Die Schönheit seines Gesangs unter schweigendem Himmel verschloß ihn in seiner krankhaft genießerischen Einsamkeit ... So ward ich in meiner Zärtlichkeit erhoben durch einen glücklichen, unendlichen Zuruf, der aber schon in Vergessen überging. Sobald Eponine den Abbé sah, sie war sichtlich schlaftrunken und noch benommen, da begann sie zu lachen, so schnell, daß sie sich vor Lachen bog; sie drehte sich um, und über die Balustrade gelehnt schien sie von Lachen geschüttelt wie ein Kind. Sie lachte und hielt sich das Gesicht mit beiden Händen, und der Abbé, der ein kaum zurückzuhaltendes Glucksen unterdrückte, hob die Arme nach oben gestreckt den Kopf vor einem nackten Hintern: der Wind hatte ihren Mantel hochgeweht, den sie, als sie das Lachen übermannt hatte, nicht mehr geschlossen halten konnte." (Bataille, zit. nach Foucault 1974a: 70 f) Haben nun doch jene Interpreten der Novelle, die Aschenbach verwerfen, recht, weil sie vielleicht mit gutem Grund solche Zweideutigkeiten mißbilligen? Ich meine, daß man hier beachten muß, wie diese Zweideutigkeit überhaupt entsteht. Sie entspringt einer Kohärenz der Novelle und der interpretativen Phantasie. Diese Kohärenz ist nicht ausschließlich das Produkt des Textes, sondern ebensosehr Leistung der Interpretation. Man kann also sagen, daß die Interpretation ein Potential aktiviert, das durch den Text gegeben ist, und zweifellos verfährt diese Aktivierung gemäß den Regeln, von denen man annimmt, daß die Wissenschaftlichkeit dieses Bemühens dadurch gewährleistet wird. Fraglos scheint mir ebenfalls, daß diese Regeln anfechtbar sind, wobei mir hier weniger ein Dissens literaturwissenschaftlicher Schulen vorschwebt. Was spricht dagegen, den Text wie ein Gebet zu behandeln, das nur zu gewissen Anlässen rituell und unverändert verlesen werden kann? Was spricht dagegen, den Text nach kabbalistischen Regeln auszulegen und die Schrift in der Schrift aufzufinden? Diese Einwürfe mögen ironisch sein, sie zielen jedoch darauf ab, herauszustellen, daß der Text keine, gewissermaßen objektiven, Interpretationsverfahren verbürgt, ihre Absicherung scheint mir vielmehr eine Frage ihrer Institutionalisierung zu sein (einer "Ordnung des Diskurses", wie Foucault sagen würde). Die Interpretation ist demgemäß eine Re-produktion des Textes nach bestimmten Regeln, wobei die Pointe dieser Regeln nun wiederum ist, daß sie diesen reproduktiven Charakter verschwinden lassen wollen.

27) Dieses Selbstresümee Aschenbachs ist übrigens eine Richtschnur, nach der ich die Analyse versucht habe auszurichten: Eben jene Kontinuität, die Aschenbach sich selbst zubilligt, nachzuvollziehen. "Auch er (scil. Aschenbach, F. M.S.) hatte gedient, auch er war Soldat und Kriegsmann gewesen, gleich manchem von ihnen, - denn die Kunst war ein Krieg, ein aufreibender Kampf, für welchen man heute nicht lange taugte. Ein Leben der Selbstüberwindung und des Trotzdem, ein herbes, standhaftes und enthaltsames Leben,

das er zum Sinnbild für einen zarten und zeitgemäßen Heroismus gestaltet hatte, - wohl durfte er es männlich, durfte es tapfer nennen, und es wollte ihm scheinen, als sei der Eros, der sich seiner bemeistert, einem solchen Leben auf irgendeine Weise besonders gemäß und geneigt." (S. 383 f)

28) "Jetzt sollen sie entwöhnt werden und dies geschieht in der dunklen Nacht Sinne. Gott verdunkelt das Licht, das ihnen bei ihren religiösen Übungen leuchtete, er verstopft die Quelle der süßen Wasser des Geistes." (Wild 1933: 111) Wir kennen dieses Stadium auch bereits von Seuse her.

29) Georges Bataille, der sich als "Philosoph des Gelächters" bezeichnet, hat ein solches Lachen genauer gefaßt: "Aber dieses Lachen, das den Gegensatz von Lust und Schmerz hervorhebt (der Schmerz und der Tod sind der Achtung würdig, während die Lust lächerlich ist und der Verachtung preisgegeben wird), enthüllt auch ihre tiefe Verwandtschaft. Das Lachen ist nicht ehrfurchtsvoll, sondern ein Zeichen des Schreckens. Das Lachen ist die Kompromiß-Haltung, die der Mensch etwas Widerwärtigem gegenüber einnimmt, wenn ihm der widerwärtige Aspekt nicht mehr ernst erscheint." (1974: 261)

30) "Wovon uns jenes große Lachen, der liederliche Spott ablenkt ist die Identität der äußersten Lust und des äußersten Schmerzes: die Identität des Seins und des Todes, des Wissens, das mit diesem blendenden Ausblick endet, und der endgültigen Finsternis." (S. 262 f)

31) Antonin Artaud verwendet diesen Begriff bei seiner Darstellung der Pest und versucht damit einen Überschuß über eine 'körperliche' Physiognomie (z.B. Krankheit als medizinisches Phänomen) zu kennzeichnen. Dieser Begriff ist nicht gleichbedeutend mit Fiktion o.ä., sondern meint das sehr reale Erleben und Verarbeiten der Krankheit, das sich nicht in medizinisch-physiologische Tatbestände auflösen läßt. Diese Produktion von Erleben und Erfahren (Imagination) versucht Artaud zu systematisieren und er arbeitet damit 'Realphantasien' heraus, die der Krankheit beigesellt sind und ihre Wahrnehmung bestimmen. "Aus diesen Seltsamkeiten, diesen Geheimnissen, diesen Widersprüchen und Wesenszügen gilt es, die geistige Physiognomie einer Krankheit zu bilden, die Organismus und Leben aushöhlt bis zur Zerreißung und bis zum Krampf, wie ein Schmerz, der seine Wege und Reichtümer in allen Bereichen der Sensibilität vervielfacht, ..." (Artaud 1969: 25) Zwar geht es in der Novelle nicht um die Pest, sondern um die Cholera, was aber jene "geistige Physiognomie" angeht, sind die beiden jedoch durchaus identisch. Auch Herrmann Stresau unterläuft diese Gleichsetzung, wenn er bei der Analyse der Novelle vom "Untergangsduft der Pest" (S. 105) spricht.

32) Freuds Aufsatz fügt sich in die Tendenz ein, die ich in einer kurzen These zusammengefaßt vorgetragen habe, daß nämlich die Profanierung religiöser Inhalte zunächst ein-

mal ihre Universalierung bedeutet. Es ist erstaunlich, in welchen Bereichen, siehe Freud, Religiöses oder Sakrales am Wirken gesehen wird.

33) Auch Bataille weist die Auffassung zurück, daß das Heilige nur mit dem Guten, bzw. dem Reinen zu identifizieren sei. Er räumt jedoch ein, daß die "Ambivalenz des Heiligen" erst sehr spät Anerkennung in der Forschung gewonnen hatte. (1974: 117 ff) Bataille hat dies später noch einmal, auch im Zusammenhang mit dem Tabu, ausführlich dargestellt (vgl. Bataille 1978: 50 ff).

34) "Bei einer dieser Affektionen, der Zwangsneurose, drängt sich das Schuldgefühl überlaut dem Bewußtsein auf, es beherrscht das Krankheitsbild wie das Leben des Kranken,..." (Freud 1930: 416)

35) "Freud verbarg nicht, worum es wirklich beim Todestrieb ging, um keine Tatsache, sondern allein um das Prinzip. Der Todestrieb ist reines Schweigen, reine Transzendenz, in der Erfahrung weder gegeben, noch überhaupt möglich. Dieser Punkt ist höchst bemerkenswert: weil, so Freud, der Tod kein Modell besitzt, an keine Erfahrung gebunden ist, verwandelt er ihn in ein transzendentes Prinzip." (Deleuze/Guattari 1974: 429)

36) Diese These ist zentral bei Erich Fromm (1974). Fromm unterscheidet zwischen der "gutartigen Aggression" (S. 165ff), die ihm als biologisch adaptiv gilt und eine Art von Selbsterhaltungsinstinkt darstellt, und der "bösartigen Aggression" (S. 243 ff), die nur ein sozialer Defekt sein kann. Fromm sucht nun seine Abkehr von Freuds Todestriebkonzeption (S. 399 ff) positiv zu untermauern, indem er die bösartige Aggression nicht biologisch, sondern charakterstrukturell (S. 227 ff) fundiert. Die bösartige Aggression ist also seiner Ansicht nach Teil eines pathologischen Charakters, den er in die Formen sadistisch, anal-hortend und vor allem nekrophil einteilt. Auf der einen Seite möchte Fromm nun einen soziokulturellen Defekt aufweisen, der durch historische Faktoren (z.B. Naturbewältigung) begünstigt worden ist, auf der anderen Seite stellt er die individuelle Krankengeschichte `großer´ Neurotiker (Stalin, Himmler, Hitler) dar. Das Verdikt, das Fromm bei letzteren ausspricht, ist jeweils: "ein klinischer Fall von ...". Die Verknüpfung von individueller und gesellschaftlicher Pathologie gelingt Fromm m.E. nur unzureichend, sie verfährt nach dem Prinzip "Unter uns leben Tausende von Himmlers". (S. 293) So wichtig es auch sein mag, den Mythos der großen Neurotiker zu zerstören, so wenig vermag dies das Etikett "Krankheit": Mir graut vor einer auch meinetwegen humanistischen Vision der gigantischen Klinik, in die jene Tausende von Himmlers gesteckt werden. Fromm nimmt hier den Massenwunsch z.B. nach dem Faschismus nur als Krankheit ernst (darin ist er sich wohl einig mit Wilhelm Reich) und betrachtet den Dschungel dieser Visionen nur mit dem klinischen Blick. Die klinifizierende Analyse selbst ist das

Problem, und es sollte doch zu denken geben, daß sie im Arsenal des Faschismus einen festen Platz hatte. Die gutgemeinte Absicht von Fromm ist weniger gewichtig als der Versuch, das Machtzentrum zu besetzen, von dem aus Normalisierung und Pathologisierung entschieden werden.

37) Jean Baudrillard hat die Unerträglichkeit dieser Vorstellung vor allem am Tod herausgearbeitet (1979). Baudrillard zeigt, daß die biologische Neutralisierung des Todes eine historische Leistung ist, die die gesellschaftliche Einbettung des Todes, z.B. in sog. primitiven Kulturen der symbolische Tausch von Geburt und Tod, zerstört. "Die Wilden haben keinen biologischen Begriff vom Tode. Beziehungsweise das biologische Faktum - Tod, Geburt oder Krankheit - alles, was natürlich ist und dem wir ein Privileg von Notwendigkeit und Objektivität beilegen, hat für sie ganz einfach keinen Sinn. Es ist die absolute Unordnung, weil es sich nicht symbolisch austauschen läßt; und was sich nicht symbolisch austauschen läßt, bildet für für die Gruppe eine tödliche Gefahr. (...) Wir haben den Tod desozialisiert, indem wir ihn bio-anthropologischen Gesetzen unterstellen, ihm die Immunität der Wissenschaft beilegen und ihn als individuelles Schicksal verselbständigten." (S. 21) Da, wo der Tod, so Baudrillard, die Logik dessen, was wir unter Leben verstehen, durchkreuzt, wird er zum signifikanten Punkt der Abwesenheit dieser Lebenslogik reduziert: Zufall, Sinnlosigkeit, das Nicht-Ereignis schlechthin (vgl. S. 87 ff). Dieses Todestrauma sieht Baudrillard durchaus doppeldeutig: Wiewohl doch alles darauf angelegt ist, den Tod zu verdrängen, im Sinne von: exterritorialisieren, in Ghettos zusammenziehen, feiert dieser doch immer wieder souveräne Rückkunft gewissermaßen unter metaphysischen Vorzeichen. Baudrillard versucht dies an Freuds Eros/Thanatos zu belegen: Thanatos ist nicht assimilierbar, nicht innerlich zersetzbar, sondern nur als äußerlicher Gegner zu bekämpfen. Seine metaphysische Souveränität erhält er aus seinem Dasein als dies irreduzible Prinzip, wie Freud es verstanden hatte (vgl. S. 61 ff). Kurz: Tod, wie auch der Trieb danach, ist gemäß unserer Lebensvernunft nie rationalisierbar, und von daher wendet ihn Baudrillard gegen diese Vernunft. "Der Todestrieb muß in der Tat gegen Freud und gegen die Psychoanalyse interpretiert werden, wenn man ihm seine Radikalität bewahren will. Der Todestrieb muß als gegen die ganze wissenschaftliche Positivität des psychoanalytischen Apparates, so wie Freud ihn ausgearbeitet hat, wirkend begriffen werden. Der Todestrieb ist weder ihre höchste Formulierung, noch die radikalste Folgerung, sondern ihre Rückentwicklung; und diejenigen, die die Idee zurückgewiesen haben, haben auf gewisse Weise eher Recht als diejenigen, die sie auf der Ebene der Psychoanalyse akzeptiert haben, ..." (S. 73)
Von ganz anderen Voraussetzungen und auch Intentionen her gelangt Jean Améry zum selben Resultat (1976). In seinem Grübeln über den Freitod findet Améry, daß er im Grunde genommen von unserer Lebenslogik her gedacht werden kann und daß dieser Logik das Leben als ein herrisches Postulat zu-

grundeliegt. "Spreche ich also von einer Lebenslogik oder Logik des Seins, dann meine ich, daß alle logischen Schlüsse, die wir in Aussagen über das Leben ziehen, stets an das Faktum dieses Lebens gebunden sind. Man kann nicht sagen, um gut zu leben, ist es am besten, nicht zu leben, dies wäre reiner Unsinn. So umgreift nun die Logik des Seienden auch die Logik der Gesellschaft, die Logik des Verhaltens im allgemeinen, die Logik täglicher Verrichtung und schließlich jene formale Logik, die den Tod ausscheiden muß. (...) Aber mehr als leer, abgründig widerwärtig für den, der es mit dem Tod zu tun hat, ist der Gedanke, daß dieser seine Logik hat. Die Todeslogik ist keine im üblichen und allein der Vernunft standhaltenden Sinne, denn sie erlaubt keinen anderen Schluß als nur den einen, immer und immer wieder: nicht ist gleich nicht, ..." (S. 24 f). Festzuhalten bleibt aus diesen Ausführungen von Baudrillard und Améry das Dasein des Todes(triebs) als Residuum. Daran ändert auch nichts jenes Wirken der Lebensmacht, die zwar eine (historische) Todesmacht ablöst, den Begriff des Todes aber, den sie zugleich aufrichtet und bekämpft, nicht zu eliminieren vermag.

38) Diese Position ist nicht neu, schon Wilhelm Reich hat sie vertreten: "Es kommt bei der vorliegenden Untersuchung der Rassentheorie, die statt von Tatsachen zu Wertungen, von den Wertungen zu Verzerrungen von Tatsachen gelangt, nicht auf ihren rationalen Gehalt an. Wir werden auch keinen Faschisten, der von der überragenden Wertigkeit seines Germanentums narzißtisch überzeugt ist, mit Argumenten beikommen, schon deshalb nicht, weil er nicht mit Argumenten, sondern mit irrationalen Gefühlen operiert." (Reich 1971: 98)

39) Der Verfasser, Rosenberg, verweist darauf, daß Parteiprogramm und Kommentierung, darum handelt es sich bei der angegebenen Schrift, in allen wesentlichen Punkten seit dem ersten Erscheinen (1923) gleichgeblieben seien.

40) Wie ich später noch genauer zeigen werde, laufen solche Instinkte, z.B. dumpfer Masseninstinkt, anarchistische Triebe etc., dem völkischen Empfinden zuwider. Klaus Theweleit hat diesen Punkt präzisiert (vgl. 1977: 287 ff und 492 ff, sowie 1978: 9 ff).

41) Den bisherigen Krankheitserscheinungen hat Hitler 14 Seiten gewidmet, mit der Syphilis aber beschäftigt er sich nahezu 20 Seiten lang. Es lohnt nicht, dies insgesamt nachzuvollziehen, es genügt, die Typik an wenigen Stellen zu zeigen.

42) Dieser Ansteckungsbegriff wäre es wert, genauer untersucht zu werden: Er geht aus von großen Formationen (Rasse, Geld u.ä.), deren Charakteristik immer mehr verengt wird, bis eine Mikroform (Keim, Erreger u.ä.) übrigbleibt, die nur einen winzigen Ausschnitt aus dem Spektrum der großen Formation überträgt. Man kann diese Struktur des Denkens als eine magische bezeichnen, allerdings im strengen Sinne des

Begriffs. Henri Hubert und Marcel Mauss haben diesen Begriff dargelegt (1974). Sie fassen diesen Begriff in drei Gesetzen zusammen, einem Gesetz der Sympathie, der Ähnlichkeit und der Kontiguität. Das Gesetz der Kontiguität beruht auf einem Prinzip, das sich mit `pars pro toto´ umschreiben ließe: Ein Teil aus einem Ganzen vermittelt eine Wirkung, die ein neues, verschiedenes Ganzes erbringt, so z.B. verschafft Mumienstaub lange Lebensdauer und tötet nicht etwa. Diese Wirkung pflanzt sich entlang sympathetischer Ketten fort, deren Glieder sich gemäß jener selektiven Wirkung beeinflussen. Dies impliziert "die Idee einer Anstekkung". (S 99) "Die Wirkungen der Sympathie werden immer auf eine gewollte Wirkung beschränkt. Einerseits durchbricht man in einem genau bestimmten Augenblick den sympathetischen Strom, andererseits übermittelt man nur eine kleine Anzahl übertragbarer Eigenschaften." (S. 100) Analog gilt für das Gesetz der Ähnlichkeit ein Wirkungsprinzip, das sich mit der Leistung eines tertium comparationis fassen ließe.

Dennoch halte ich es für unsinnig, trotz dieser verblüffenden Übereinstimmung, von einem Rückfall in primitive Denkstrukturen beim Faschismus zu sprechen. Das wäre dann doch zu einfach! Mit Lévi-Strauss behandle ich diese Denkstruktur als eine von der Wissenschaft verworfene, die dennoch beharrlich in ihren Poren nistet und vermutlich auch weiterhin nisten wird. Lévi-Strauss spricht in diesem Zusammenhang vom "mythischen Denken", das er mit Hilfe des uns geläufigen Begriffs der "Bastelei" ("bricolage") aktualisiert: "Die Eigenart des mythischen Denkens besteht, wie die der Bastelei auf praktischem Gebiet, darin, strukturierte Gesamtheiten zu erarbeiten, nicht unmittelbar mit Hilfe anderer strukturierter Gesamtheiten, sondern durch Verwendung der Überreste von Ereignissen: `odds and ends´, würde das Englische sagen, Abfälle und Bruchstücke, fossile Zeugen der Geschichte eines Individuums oder einer Gesellschaft. In gewissem Sinn ist also das Verhältnis zwischen Diachronie und Synchronie umgekehrt: das mythische Denken, dieser Bastler, erarbeitet Strukturen, indem es Ereignisse oder vielmehr Überreste von Ereignissen ordnet, während die Wissenschaft, `unterwegs´ allein deshalb, weil sie sich stets begründet, sich in Form von Ereignissen ihre Mittel und Ergebnisse schafft, dank den Strukturen, die sie unermüdlich herstellt und die ihre Hypothesen und ihre Theorien bilden. Aber täuschen wir uns nicht: es handelt sich nicht um zwei Stadien oder um zwei Phasen der Entwicklung des Wissens, denn beide Wege sind gleichermaßen gültig. Schon streben Physik und Chemie danach, wieder qualitativ zu werden, d.h. auch den sekundären Qualitäten Rechnung zu tragen, die, wenn sie erklärt sein werden, wiederum Mittel der Erklärung werden; und vielleicht tritt die Biologie in Erwartung dieser Vollendung auf der Stelle, um dann ihrerseits das Leben erklären zu können. Und das mythische Denken ist nicht nur der Gefangene von Ereignissen und Erfahrungen, die es unablässig ordnet und neuordnet, um in ihnen einen Sinn zu entdecken; es ist auch befreiend: durch den Protest, den es gegen den Un-sinn erhebt, mit dem die Wissenschaft zunächst resignierend einen Kompromiß schloß." (Lévi-Strauss 1968: 35 f) Zweifellos ist Hitler (und nicht nur er!) in diesem Sinne ein Bastler, der aus Abfällen, Bruchstücken und fossilen Überresten große Formationen baut. Diese Bastelei ist es auch, die die Wunschproduktion dieser Imagination so betont. Allerdings ist Hitler ein `paranoischer´ Bastler, der die aus Fragmenten gewonnene Formation nicht wiederum refragmentiert. Was dabei ausgeschieden wird, ist die "molekulare" Kraft des Wunsches. Diese beiden Begriffe von Deleuze/Guattari seien kurz erläutert: Die "molekulare" Kraft des Wunsches ist seine Fähigkeit, mit beliebigen Fragmenten zu arbeiten, kurzum: zu basteln, wie auch Deleuze/Guattari mit Verweis auf Lévi-Strauss ausführen. Was dabei entstehen kann, ist eine "molare" Formation (Lévi-Strauss: "Struktur"), ein makrologischer Aspekt im Gegensatz zum mikrologischen (vgl. 1974: 361 ff). Diese "molare" Organisation kann jedoch wiederum "molekulares" Fragment einer erneuten Bastelei werden ... "Molar" und "molekular" sind also zwei Organisationsformen des Wunsches, die sich fortwährend überschneiden. Der `paranoische´ Bastler baut jedoch "molare" Organisationen, um "molekulare" Kräfte abstoßen zu können. Gerade bei Hitler bewährt sich diese Terminologie: "Molar" ist der formierte, wehrhafte Körper, der "molekulare" Kräfte (Zellen im wörtlichen Sinne: Keime, Erreger etc.) fernhalten will. Der Wunschcode des `Paranoikers´ beruht auf einer Disjunktion "molarer" und "molekularer" Kräfte, sein ganzes Bestreben richtet sich darauf, das "molekulare" Gewimmel auf seinem Körper loszuwerden. "Vergegenwärtigen wir uns die großen Züge der molaren Formation oder Form der Massenhaftigkeit. Durch statistische, den Gesetzen der großen Zahl folgende Anhäufungen bewirken sie die Vereinheitlichung, die Totalisierung der molekularen Kräfte. Diese Einheit kann die biologische Einheit einer A r t oder die strukturale eines Sozius sein: ein gesellschaftlicher oder lebender Organismus wird zu einem Ganzen, einem ganzen oder Totalobjekt zusammengefügt." (Hervorhebung von mir, F.M.S.) (S. 442)

43) Dies ist eine zentrale These bei Klaus Theweleit.

44) Soweit diese Namen nicht schon angeführt wurden, sind sie Rosenbergs "Pest in Rußland entnommen. Für genauere Ausführungen zu diesen Namen kann ich wiederum nur auf die Arbeit von Klaus Theweleit verweisen, der diese aufgelistet, belegt und analysiert hat.

45) Der Sinn dieses Beiwortes "fremd" läßt sich analog der Mystik erklären, die hier vom "bilder- und weiselosen Gott" spricht. "Er sprach (scil. Seuse zu seiner Schülerin Elsbeth Stagel, F.M.S.): `Wie kann man Bildloses in Bildern und Weiseloses in Weisen fassen, was über alle Sinne und über menschliche Vernunft ist? Denn was man dem auch für Gleichnis gibt, so ist es tausendmal ungleicher als es gleich ist." (Seuse 1922: 164) Eines der wenigen Bilder, die die Mystik gelten läßt, möchte ich hier jedoch noch

anführen, denn es hat die Gestaltung des Schaubilds, das ich in drei Versionen vorgestellt habe, beeinflußt. "(...) Nun höre: Es sagt ein weiser Meister, daß Gott nach seiner Gottheit als ein gar weiter Ring aufzufassen sei, dessen Mittelpunkt allenthalben und dessen Umfang nirgends sei." (S. 164) Um dies zu veranschaulichen, läßt Seuse seine Schülerin sich ein Wasser vorstellen, in das ein Stein geworfen wird, so kräftig, daß sich unendlich viele konzentrische Kreise von da aus ausbreiten. Die Kraft, die jene Kreise aufwirft, könne man, so Seuse, als die göttliche Schöpfungskraft bezeichnen, die sich, im Sinne Eckeharts, entäußert. Schöpfung ist also die Entäußerung Gottes von der Einfachheit zur Mannigfaltigkeit. Diese Mannigfaltigkeit geht von der personalen Dreifaltigkeit bis zur Natur, zum Menschen. Alles ist also Gott und in allem, ergo auch im Menschen. Erkenntnis oder Weg zu Gott ist demnach die Umkehrung des Schöpfungsaktes, statt von der Einfaltigkeit zur Mannigfaltigkeit, von der Mannigfaltigkeit zur Einfaltigkeit. Wenn also Gott in diesem Sinne in allem ist, muß auch von jedem beliebigen Schöpfungswerk der Weg zu ihm möglich sein, oder, um in Seuses Bild zu bleiben, in allem findet sich ein verkleinertes Modell dieser konzentrischen Kreise. "Wer nun das in Bilder fassen will, der nehme eines Menschen Form, aus dessen innerstem Grunde entspränge eine gleiche Gestalt, also, daß sie allezeit wieder hineinstarrte." (S. 165) Die Aufgabe, Gott in diesem Innersten zu finden, ist jedoch nicht so einfach, wie es anmutet, denn der Mensch ist nur Schöpfungspartikel und nicht das Ganze der Schöpfung. "Da die Kreatur ein zerteiltes Sein ist, so ist auch ihr Geben und ihr Entgießen geteilt und abgemessen." (S. 155) Eben diese Zerteilung, ich habe hier von Disjunktionen gesprochen, ist die Charakteristik der menschlichen Werke. Daß diese Zerteilung Gott nicht fassen kann, so wie er in seiner Einfachheit ist, zeigt Seuse wie schon Eckehart an der Ethik, die in Gutes und Böses zerteilt. "Nach gewöhnlicher Weise zu reden, so nimmt man Gott als einen Herrn aller Welt, der keine Bosheit ungestraft hingehen und kein gutes Werk unbelohnt läßt. Wer nun Sünde tut, dem ist Gott ein furchtbarer Gott, (...) Auch wer auf großen Lohn hin Gott dient, hat einen großen Gott, der ihm reichlich lohnen kann. Aber ein wohlgeübter verständiger Mensch, der sich fehlerhafter Dinge, die Gott haßt, mit mannigfaltigem Sterben entäußert hat und Gott in inbrünstiger Liebe allezeit dient, der faßt Gott in seinem Herzen nicht in vorerwähnter Weise, er ist wohl entgottet; er faßt ihn als ein herzlich liebreiches Lieb, von dem die knechtliche Furcht abgefallen ist, (Hervorhebung von mir, F.M.S.)..." (S. 157). Wenn etwas Metapher ist in der Mystik, dann die Bezeichnung Liebe für diesen letzten Zustand, der ja keines der zerteilten Merkmale des menschlichen Tuns und Fühlens mehr haben soll. Ich fasse also zusammen in der Terminologie, wie ich sie entwickelt habe: Der Mensch, so die Mystik, orientiert sich innerhalb von disjunktiven Zerlegungen. Es gilt in diesen Zerteilungen die Wiederkehr des Gleichen zu erfahren, die beliebig diese oder jene Form annimmt. Diese Wiederkehr des Gleichen führt zum Bild des

Kreises, der nun als ganzes Schöpfung Gottes ist. Die gleiche Substanz der zerteilten Formen ist letztlich Gott. Seine Erfahrung ist demnach an die Überwindung der disjungierten Formen gebunden - dies ist die 'Technik' seiner Erkenntnis, ebenso wie die disjungierten Formen einer einheitlichen, unteilbaren Kraft entspringen - dies ist die 'Technik' der Schöpfung.

Verzeichnis der erwähnten oder zitierten Literatur:

Améry (1976) : Améry Jean: Hand an sich legen. Diskurs über den über den Freitod, Stuttgart 1976.

Artaud (1969) : Artaud, Antonin: Das Theater und die Pest, in: ders.: Das Theater und sein Double, Frankfurt a.M. 1969, S. 17 ff.

Barthes (1969) : Barthes, Roland: Literatur oder Geschichte, Frankfurt a.M. 1969.

Bataille (1974) : Bataille, Georges: Der heilige Eros, Frankfurt/Berlin/Wien 1974.

Bataille (1975) : Bataille, Georges: Das theoretische Werk Bd. I. Die Aufhebung der Ökonomie, München 1975.

Bataille (1978) : Bataille, Georges, Die Souveränität, in: ders.: Die psychologische Struktur des Faschismus. Die Souveränität, München 1978, S. 45 ff.

Baudrillard (1979) : Baudrillard, Jean: Der Tod tanzt aus der Reihe, Berlin 1979.

Benjamin (1974) : Benjamin, Walter: Das Kunstwerk im Zeitalter seiner technischen Reproduzierbarkeit, Frankfurt a.M. 1974.

Borges (1970) : Borges, Jorge Louis: Sämtliche Erzählungen, München 1970.

Bourdieu (1974) : Bourdieu, Pierre: Soziologie der symbolischen Formen, Frankfurt a,M. 1974.

Bourdieu (1976) : Bourdieu, Pierre: Die politische Ontologie Martin Heideggers, Frankfurt a.M. 1976.

Büttner (1921) : Büttner, Herrmann (Hrsg.): Meister Eckeharts Schriften und Predigten, Bd. II, Jena 1921.

Canetti (1960) : Canetti, Elias: Masse und Macht, Hamburg 1960.

Carrouges (1976) : Carrouges, Michel: Les machines célibataires, Paris 1976.

Chastonay (1925/1926) : Chastonay, Paul von: Die Mystik des heiligen Franz von Sales, in: Zeitschrift für Mystik und Aszese (= ZfAuM) Jhrg. 1, Innsbruck/Wien/München 1926/ 1927, S. 45 ff.

Christlicher Verein im nördlichen Deutschland (1884) : Christlicher Verein im nördlichen Deutschland (Hrsg.): Altchristliche Geschichten und Sagen gemeinhin Legenden genannt, Eisleben/Leipzig 1884.

Deleuze (1968) : Deleuze, Gilles: Différence et répétition, Paris 1968.

Deleuze (1969) : Deleuze, Gilles: Logique du sens, Paris 1969.

Deleuze (1977) : Deleuze, Gilles: Ein neuer Archivar, in: ders./Foucault, Michel: Der Faden ist gerissen, Berlin 1977, S. 59 ff.

Deleuze (1979) : Deleuze, Gilles: Nietzsche. Ein Lesebuch von Gilles Deleuze, Berlin 1979.

Deleuze/Guattari (1974) : Deleuze, Gilles/Guattari, Félix: Anti-Ödipus. Kapitalismus und Schizophrenie I, Frankfurt a.M. 1974.

Deleuze/Guattari (1977) : Deleuze, Gilles/Guattari, Félix: Rhizom, Berlin 1977,

Descombes (1981) : Descombes, Vincent: Das Selbe und das Andere. 45 Jahre Philosophie in Frankreich 1933 - 1978, Frankfurt a.M. 1981.

Dreyfus/Rabinow (1982) : Dreyfus, Hubert L./Rabinow, Paul: Michel Foucault, beyond structuralism and hermeneutics, Chicago 1982.

Diersen (1959) : Diersen, Inge: Untersuchungen zu Thomas Mann, Berlin (Ost) 1959.

Dorsch (1925/1926) : Dorsch, Emil: Zum Begriff der Mystik, in: ZfAuM Jahrg. 1, 1925/1926, S. 13 ff.

Durkheim (1976) : Durkheim, Emile: Soziologie und Philosophie, Frankfurt a.M. 1976

Eco (1972) : Eco, Umberto: Einführung in die Semiotik, München 1972.

Feuchtersleben (o.J.) : Feuchtersleben, Ernst Freiherr von: Diätetik der Seele, Berlin o.J. (zuerst: 1838).

Feuerlicht (1966) : Feuerlicht, Ignace: Thomas Mann und die Grenzen des Ich, Heidelberg 1966.

Foucault (1969) : Foucault, Michel: Wahnsinn und Gesellschaft, Frankfurt a.M. 1969.

Foucault (1973) : Foucault, Michel: Archäologie des Wissens, Frankfurt a.M. 1973.

Foucault (1974a) : Foucault, Michel: Schriften zur Literatur, München 1974.

Foucault (1974b) : Foucault, Michel: Die Ordnung des Diskurses, München 1974.

Foucault (1974c) : Foucault, Michel: Sexualität und Wahrheit, Frankfurt a.M. 1974.

Foucault (1977) : Foucault, Michel: Theatrum Philosophicum, in: Deleuze, Gilles/ders.: Der Faden ist gerissen, Berlin 1977, S, 21 ff.

Foucault (1978a) : Foucault, Michel: Die Ordnung der Dinge, Frankfurt a.M. 1978.

Foucault (1978b) : Foucault, Michel: Dispositive der Macht, Berlin 1978.

Foucault (1982) : Foucault, Michel: The subject and power, in: Dreyfus/Rabinow 1982: 208 ff.

Franz (von Sales) (1947) : Franz (von Sales): Anleitung zum frommen Leben, Eichstätt 1947 (zuerst: 1609).

Freud (1907) : Freud, Sigmund: Zwangshandlung und Religionsübung, in: Werkausgabe Bd. II, (zuerst: 1907), S. 193ff.

Freud (1912/1913) : Freud, Sigmund: Totem und Tabu, in: Werkausgabe Bd. II, (zuerst: 1912/1913), S. 201 ff.

Freud (1920) : Freud, Sigmund: Jenseits des Lustprinzips, in: Werkausgabe Bd. II, (zuerst: 1920), S. 184 ff.

Freud (1925) : Freud, Sigmund: Die Widerstände gegen die Psychoanalyse, in: Werkausgabe Bd. II, (zuerst: 1925), S. 52 ff.

Freud (1930) : Freud, Sigmund: Das Unbehagen in der Kultur, in: Freud, Anna/Grubrich-Simitis (Hrsg.): Werkausgabe in zwei Bänden, Bd. II, Frankfurt a.M./Königstein 1978 (zuerst: 1930), S. 367 ff.

Freud (1938) : Freud, Sigmund; Abriß der Psychoanalyse, Frankfurt a.M. 1972 (zuerst: 1938).

Fromm (1974) : Fromm, Erich: Anatomie der menschlichen Destruktivität, Stuttgart 1974.

Günther (1926) : Günther, Hans F.K.: Rasse und Stil, München 1926.

Günther (1927) : Günther, Hans F.K.: Adel und Rasse, München 1927.

Günther (1929) : Günther, Hans F.K.: Kleine Rassenkunde des deutschen Volkes, München 1929.

Habermas (1971) : Habermas, Jürgen: Technik und Wissenschaft als `Ideologie´, Frankfurt a.M. 1971.

Habermas (1974) : Habermas, Jürgen: Vorbereitende Bemerkungen zu einer Theorie der kommunikativen Kompetenz, in: ders./Luhmann, Niklas: Theorie der Gesellschaft oder Sozialtechnologie, Frankfurt a.M. 1974, S. 101 ff.

Heller, E. (1975) : Heller, Erich: Thomas Mann. Der ironische Deutsche, Frankfurt a.M. 1975

Heller, P. (1978) : Heller, Peter: Der Tod in Venedig und Thomas Manns Grund-Motiv, in: Schulte/Chapple (Hrsg.): Thomas Mann. Ein Kolloquium, Bonn 1978, S. 35 ff.

Hellersberg-Wendriner (1969) : Hellersberg-Wendriner, Anna: Mystik der Gottesferne, Bern/München 1960.

Hildegard (von Bingen) (1957) : Hildegard (von Bingen): Geheimnis der Liebe, Olten 1957.

Hilpisch (1933) : Hilpisch, Stephanus: Die Schmach der Sünde um Christi Willen, in: ZfAuM Jhrg. 8, 1933, S. 289 ff.

Hilpisch (1931) : Hilpisch, Stephanus: Die Torheit um Christi Willen, in: ZfAuM Jhrg. 6, 1931, S. 121 ff.

Hitler (1933) : Hitler, Adolf: Mein Kampf Bd. I/II, München 1933.

Hubert/Mauss (1974) : Hubert, Henri/Mauss, Marcel: Soziologie und Anthropologie I. Theorie der Magie. Soziale Morphologie, München 1974.

Jaspers (1968) : Jaspers, Karl: Nikolaus Cusanus, München 1968.

Kafka (1976) : Kafka, Franz: In der Strafkolonie, in: Gesammelte Werke (Hrsg. Brod, Max) Bd. IV, Frankfurt a.M. 1976, S. 151 ff.

Kant (1924/1974) : Kant, Immanuel: Kritik der Urteilskraft (Hrsg. Vorländer, Karl), Hamburg 1924/1974.

Kant (1929/1974) : Kant, Immanuel: Kritik der praktischen Vernunft (Hrsg. Vorländer, Karl), Hamburg 1929/1974.

Karsunke (1976) : Karsunke, Yaak: "... von der albernen Sucht besonders zu sein", in: Text und Kritik, München 1976, S. 61 ff.

Key (1899) : Key, Ellen: Schönheit, in: Neue Deutsche Rundschau, Jhrg. 10, Berlin 1899, S. 106 ff.

Kiss (1973/1975) : Kiss, Gabor: Einführung in die soziologischen Theorien Bd. II, Opladen 1973/1975.

König (1955) : König, René: Die Begriffe Gemeinschaft und Gesellschaft bei Ferdinand Tönnies, in: Kölner Zeitschrift für Soziologie und Sozialpsychologie Jhrg. 7, 1955, S. 361 ff.

Kohut (1972) : Kohut, Heinz: Thomas Manns 'Tod in Venedig'. Zerfall einer künstlerischen Sublimierung, in: Mitscherlich, Alexander (Hrsg.): Psychopathographien, Frankfurt a.M. 1972, S. 142 ff.

Laplanche/Pontalis (1975) : Laplanche, J./Pontalis, J.-B.: Das Vokabular der Psychoanalyse Bd. I/II, Frankfurt a.M. 1975.

Leiris (1977) : Leiris, Michel: Das Heilige im Alltagsleben, in: Die eigene und die fremde Kultur, Frankfurt a.M. 1977, S. 228 ff.

Lévi-Strauss (1968) : Lévi-Strauss, Claude: Das wilde Denken, Frankfurt a.M. 1968.

Luft (1976) : Luft, Herrmann: Der Konflikt zwischen Geist und Sinnlichkeit in Thomas Manns 'Tod in Venedig', Bern/ Frankfurt a.M. 1976.

Lúkacs (1968) : Lúkacs, Georg: Faust und Faustus, Reinbek 1968.

Mann (1975) : Mann, Thomas: Der Tod in Venedig, in: Das erzählerische Werk Bd. XI, Erzählungen I, Frankfurt a.M. 1975, S. 338 ff.

Mannheim (1958) : Mannheim, Karl: Mensch und Gesellschaft im Zeitalter des Umbaus, Darmstadt 1958.

Marcuse (1965) : Marcuse, Herbert: Kultur und Gesellschaft Bd. II, Frankfurt a.M. 1965.

Mauss (1968): Mauss, Marcel: Die Gabe, Frankfurt a.M. 1968.

Mechthild (von Magdeburg) : Mechthild (von Magdeburg): Das fließenden Licht der Gottheit, Einsiedeln/Zürich/Köln 1955.

Nagl (1972) : Nagl, Manfred: Science Fiction in Deutschland, Tübingen 1972.

Nietzsche (1969a) : Nietzsche, Friedrich: Der Antichrist, in: Schlechta, Karl (Hrsg.): Werke in drei Bänden (Nachdruck der 6. durchgesehenen Auflage München 1969), Bd. III, Frankfurt/Berlin/Wien 1979, S. 607 ff.

Nietzsche (1969b) : Nietzsche, Friedrich: Die Genealogie der Moral, in: Werke Bd. III, S. 207 ff.

Nietzsche (1969c) : Nietzsche, Friedrich: Ecce Homo, in: Werke Bd. III, S. 509 ff.

Nietzsche (1969d) : Nietzsche, Friedrich: Jenseits von Gut und Böse, in: Werke Bd. III, S. 9 ff.

Noble (1970) : Noble, Cecil A.M.: Krankheit, Verbrechen und künstlerisches Schaffen bei Thomas Mann, Bern 1970.

Otto (1921) : Otto, Rudolf: Das Heilige, Breslau 1921.

Pareto (1955) : Pareto, Vilfredo: Allgemeine Soziologie (Hrsg. Brinkmann, Carl), Tübingen 1955 (zuerst: 1916).

Przywara (1936) : Przywara, Erich: Thomas von Aquin, Ignatius von Loyola, Friedrich Nietzsche, in: ZfAuM Jhrg. 11, 1936, S. 257 ff.

Raitz von Frentz (1937) : Raitz von Frentz, Erich: Kann Gott an der Abtötung der Frommen Freude haben?, in: ZfAuM Jhrg. 12, 1937, S. 137 ff.

Rasch (1977) : Rasch, Wolfdietrich: Thomas Mann und die Décadence, in: Bludau, Beatrix et.al. (Hrsg.): Thomas Mann 1875 - 1975. Vorträge in München - Zürich - Lübeck, Frankfurt a.M. 1977, S. 271 ff.

Reich (1971) : Reich, Wilhelm: Massenpsychologie des Faschismus, Köln 1971 (zuerst: 1933), S. 85 ff.

Richwien (1981) : Richwien, Stefan: Das fiktive Werk Paul Koslowskis, München 1981 (Unveröffentlichtes Manuskript).

Rosenberg (1943) : Rosenberg, Alfred: Schriften und Reden Bd. II, München 1943.

Schär (1975) : Schär, Hans: Die menschliche Notwendigkeit verschiedener Erlösungswege, in: Elsas, Christoph (Hrsg.): Religion, München 1975, S. 312 ff.

Scheler (1960) : Scheler, Max: Die Wissensformen und die Gesellschaft, Bern/München 1960 (zuerst: 1927).

Schücking (1961) : Schücking, Levin L.: Soziologie der literarischen Geschmacksbildung, Bern 1961 (zuerst: 1923).

Schuster (1935) : Schuster, Johann B.: Ist das Opfer höchstes Kriterium für den Wert einer sittlichen Leistung? in: ZfAuM Jhrg. 10, 1935, S. 253 ff.

Seidel (1927) : Seidel, Alfred: Bewußtsein als Verhängnis. Aus dem Nachlaß herausgegeben von Hans Prinzhorn, Bonn 1927.

Seuse (1922) : Seuse, Heinrich: Deutsche Schriften Bd. I, Jena 1922.

Sombart (1923) : Sombart, Werner: Der Bourgeois, München/Leipzig 1923 (zuerst: 1913).

Sombart (1934) : Sombart, Werner: Deutscher Sozialismus, Berlin 1934.

Spengler (1920) : Spengler, Oswald: Preußentum und Sozialismus, München 1920.

Spengler (1923/1922) : Spengler, Oswald: Der Untergang des Abendlandes Bd. I/II, München 1923/1922.

Stresau (1963) : Stresau, Herrmann: Thomas Mann und sein Werk, Frankfurt a.M. 1963.

Theweleit (1977/1978) : Theweleit, Klaus: Männerphantasien Bd. I/II, Frankfurt a.M. 1977/1978.

Titzmann (1977) : Titzmann, Michael: Strukturale Textanalyse, München 1977.

Tönnies (1970) : Tönnies, Ferdinand: Gemeinschaft und Gesellschaft, Darmstadt 1970 (zuerst: 1887).

Troeltsch (1928) : Troeltsch, Ernst: Die Bedeutung des Protestantismus für die Entstehung der modernen Welt, München/ Berlin 1928.

Vierkandt (1929) : Vierkandt, Alfred: Staat und Gesellschaft in der Gegenwart, Leipzig 1929 (zuerst: 1916).

Vierkandt (1949) : Vierkandt, Alfred: Kleine Gesellschaftslehre, Stuttgart 1949 (zuerst: 1936).

Vischer (1922) : Vischer, Friedrich Th.: Ästhetik Bd. I. Die Metaphysik des Schönen, München 1922.

Vries (1939) : Vries, Joseph de: Weltflucht, Heiligkeit und Ordensstand, in: ZfAuM Jhrg. 14, 1939, S. 1 ff.

Weber, A. (1950) : Weber, Alfred: Kulturgeschichte als Kultursoziologie, München 1950 (zuerst: 1935).

Weber, A. (1951) : Weber, Alfred: Prinzipien der Geschichts- und Kultursoziologie, München 1951.

Weber, M. (1960) : Weber, Max: Soziologische Grundbegriffe (Hrsg. Winckelmann); Sonderdruck aus: Wirtschaft und Gesellschaft, Tübingen 1960.

Weber, M. (1973) : Weber, Max: Die protestantische Ethik I (Hrsg. Winckelmann), Hamburg 1973 (zuerst: 1920).

Wild (1933) : Wild, Karl: Das Höchstziel des mystischen Gnadenlebens, in: ZfAuM Jhrg. 8, 1933, S. 97 ff.

Wild (1934) : Wild, Karl: Das Wesen der mystischen Beschauung nach dem hl. Johannes vom Kreuz, in: ZfAuM Jhrg. 9, 1934, S. 107 ff.